ANDREA WERNICKE

Die Organisation der Künstlersozialversicherung

Schriften zum Sozial- und Arbeitsrecht

Band 137

Die Organisation der Künstlersozialversicherung

Von

Andrea Wernicke

Duncker & Humblot · Berlin

Die Deutsche Bibliothek – CIP-Einheitsaufnahme

Wernicke, Andrea:
Die Organisation der Künstlersozialversicherung / von Andrea Wernicke. – Berlin : Duncker und Humblot, 1995
(Schriften zum Sozial- und Arbeitsrecht ; Bd. 137)
Zugl.: Bochum, Univ., Diss., 1994
ISBN 3-428-08350-4
NE: GT

Fotoprint: Werner Hildebrand, Berlin
Printed in Germany

ISSN 0582-0227
ISBN 3-428-08350-4

Gedruckt auf alterungsbeständigem (säurefreiem) Papier
gemäß der ANSI-Norm für Bibliotheken

In memoriam

meiner Mutter

Geleitwort

Die Künstlersozialversicherung stellt ein Rechtsgebiet dar, das auch den Insidern des Sozialrechts zumeist nur in den Grundzügen geläufig ist. Das gilt vermehrt für ihre organisatorische Ausgestaltung, die ohne Vorbild ist: Zwischen Versicherte, Abgabepflichtige und Leistungsträger (Krankenkassen und Bundesversicherungsanstalt für Angestellte) ist mit der Künstlersozialkasse eine weitere Institution eingeschaltet, die eigenverantwortlich Teilakte des "Gesamtgeschäfts Künstlersozialversicherung" durchführt. Die Künstlersozialkasse wurde ursprünglich als Anstalt des öffentlichen Rechts errrichtet und betrieben, später jedoch der Landesversicherungsanstalt Oldenburg-Bremen eingegliedert.

Aus dieser ungewöhnlichen Konstruktion resultieren zahlreiche Probleme, die im sozialrechtlichen Schrifttum kaum einmal auch nur Erwähnung finden. Es ist verdienstvoll, daß die Verfasserin der vorliegenden Schrift - ausgestattet mit gründlichen Kenntnissen der Organisationsrechtsdogmatik - sich diesem Unikum zugewendet hat. Es zeigt sich dabei en passant, daß man auch und gerade bei entlegenen Materien nicht umhinkommt, Rückgriff auf verfassungs- und verwaltungsrechtliche Grundkategorien zu nehmen, vor allem dann, wenn die Rechtswirklichkeit sich nicht an bewährten Strukturen ausrichtet, sondern eigene Wege geht, die durch (vermeintliche?) Erfordernisse der Praxis erzwungen werden.

Das gilt auch im Hinblick auf die jüngst in Kraft getretene Änderung des Art. 87 Abs. 2 GG, der die Kriterien für die Bundes- oder Landesunmittelbarkeit von Trägern der sozialen Sicherheit neu absteckt. Hier leistet die Untersuchung, die von der Juristischen Fakultät der Ruhr-Universität Bochum als Dissertation angenommen worden ist, wertvolle Grundlagenarbeit. Anerkennung verdient dabei die sichere Art und Weise, in der eine junge Juristin die sensible Materie des Organisationsrechts handhabt und für die unorthodoxe und neuartige Konstruktion der Künstlersozialversicherung entfaltet.

Prof. Dr. iur. Friedrich E. Schnapp
Geschäftsführender Direktor
des Instituts für Sozialrecht
der Ruhr-Universität Bochum

Vorwort

Die vorliegende Abhandlung hat im Sommersemester 1994 der Juristischen Fakultät der Ruhr-Universität Bochum als Dissertation vorgelegen. Rechtsprechung und Literatur konnten bis November 1994 berücksichtigt werden.

Für die Betreuung der Arbeit bin ich meinem verehrten Lehrer, Herrn Professor Dr. Friedrich E. Schnapp, zu Dank verpflichtet; Herrn Professor Dr. Hans D. Jarass danke ich für die rasche Erstellung des Zweitgutachtens. Mein Dank gilt ferner allen, die mich in vielfältiger Weise unterstützten und dadurch zum Gelingen der Arbeit beigetragen haben.

Die Erstellung der Dissertation wurde von der Friedrich-Naumann-Stiftung mit einem Stipendium gefördert.

Dieses Buch habe ich meiner Mutter zum Gedächtnis gewidmet. Sie ermöglichte mir, was ihr verwehrt blieb.

Andrea Katharina Wernicke

Inhaltsverzeichnis

Abkürzungsverzeichnis

a.A.	anderer Ansicht
Abg.	Abgeordneter
Abs.	Absatz
a.E.	am Ende
a.F.	alte Fassung
AFG	Arbeitsförderungsgesetz
AfP	Archiv für Presserecht - Zeitschrift für das gesamte Medienrecht
AGBG	Gesetz zur Regelung des Rechts der Allgemeinen Geschäftsbedingungen
AK	Alternativkommentar
AO	Abgabenordnung
AöR	Archiv des öffentlichen Rechts
Anm.	Anmerkung
Arg.	Argument aus
Art.	Artikel
AVG	Angestelltenversicherungsgesetz
BArbBl.	Bundesarbeitsblatt
BayVBl.	Bayerische Verwaltungsblätter
BayVGH	Bayerischer Verwaltungsgerichtshof
BB	Der Betriebs-Berater
BBG	Bundesbeamtengesetz
BfA	Bundesversicherungsanstalt für Angestellte
BGBl.	Bundesgesetzblatt
BKK	Die Betriebskrankenkasse
BMA	Bundesminister für Arbeit und Sozialordnung
BMF	Bundesminister für Finanzen
BR-Drucks.	Bundesrats-Drucksache
BRRG	Beamtenrechtsrahmengesetz
BSG	Bundessozialgericht
BSG E	Entscheidungen des Bundessozialgerichts
BT-Drucks.	Bundestags-Drucksache

BT-StenBer	Stenographische Berichte der Verhandlungen des Deutschen Bundestages
BÜVO	Beitragsüberwachungsverordnung
BVA	Bundesversicherungsamt
BVAG	Bundesversicherungsamtsgesetz
BVerfG	Bundesverfassungsgericht
BVerfG E	Entscheidungen des Bundesverfassungsgerichts
BVerfGG	Bundesverfassungsgerichtsgesetz
BVerwG	Bundesverwaltungsgericht
BVerwG E	Entscheidungen des Bundesverwaltungsgerichts
bzw.	beziehungsweise
CDU	Christlich Demokratische Union
CSU	Christlich-Soziale Union
DAngVers	Die Angestelltenversicherung
DB	Der Betrieb
dens.	denselben
Ders.	Derselbe
d.h.	das heißt
Dies.	Dieselben
Diss.	Dissertation
DÖV	Die Öffentliche Verwaltung
DVBl.	Deutsches Verwaltungsblatt
Erl.	Erläuterung
Ersk	Die Ersatzkasse
f./ff.	folgende
FDP	Freie Demokratische Partei
FGO	Finanzgerichtsordnung
Fn.	Fußnote
FS	Festschrift
GG	Grundgesetz
GK-SGB	Gemeinschaftskommentar zum Sozialgesetzbuch
GO-NW	Gemeindeordnung für das Land Nordrhein-Westfalen
GMBl.	Gemeinsames Ministerialblatt
HdbkSV	Handbuch zur kommunalen Selbstverwaltung
HdbkWP	Handbuch der kommunalen Wissenschaft und Praxis

HdbStR	Handbuch des Staatsrecht der Bundesrepublik Deutschland
HessVGH	Hessischer Verwaltungsgerichtshof
H.M./h.M.	herrschende Meinung
Hrsg.	Herausgeber
HS	Halbsatz
HwO	Handwerksordnung
i.d.R.	in der Regel
i.S.d.	im Sinne des/der
i.S.v.	im Sinne von
i.V.m.	in Verbindung mit
JA	Juristische Arbeitsblätter
Jura	Juristische Ausbildung
JuS	Juristische Schulung
JZ	Juristenzeitung
KSK	Künstlersozialkasse
KSK-VO	Verordnung über die Satzung der Künstlersozialkasse vom 13.08.1982 geändert durch die Verordnung vom 26.11.1992
KSVG	Künstlersozialversicherungsgesetz
LOG-NW	Landesorganisationsgesetz Nordrhein-Westfalen
LSG	Landessozialgericht
LVA	Landesversicherungsanstalt
m.w.N.	mit weiteren Nachweisen
NJW	Neue Juristische Wochenschrift
Nr.	Nummer
NVwZ	Neue Zeitschrift für Verwaltungsrecht
NWVBL	Nordrhein-Westfälische Verwaltungsblätter
NZA	Neue Zeitschrift für Arbeits- und Sozialrecht
OVG	Oberverwaltungsgericht
OVG E	Entscheidungen des Oberverwaltungsgerichts
Rdn.	Randnummer
RGZ	Entscheidungen des Reichsgerichts in Zivilsachen
RiA	Recht im Amt
RRG	Gesetz zur Reform der gesetzlichen Rentenversicherung
Rspr.	Rechtsprechung
RVO	Reichsversicherungsordnung

S.	Seite
SDSRV	Schriftenreihe des Deutschen Sozialrechtsverbandes
SF	Sozialer Fortschritt
SG	Sozialgericht
SGB	Sozialgesetzbuch
SGb	Die Sozialgerichtsbarkeit
SGG	Sozialgerichtsgesetz
sog.	sogenannte
SPD	Sozialdemokratische Partei Deutschlands
SRVwV	Allgemeine Verwaltungsvorschrift über das Rechnungswesen in der Sozialversicherung
SVHV	Verordnung über das Haushaltswesen in der Sozialversicherung
u.a.	unter anderem
u.ä.	und ähnliche
u.s.w.	und so weiter
UWG	Gesetz gegen den unlauteren Wettbewerb
v.a.	vor allem
VBlBW	Verwaltungsblätter für Baden-Württemberg
VerwArch	Verwaltungsarchiv
VG	Verwaltungsgericht
VGH	Verwaltungsgerichtshof
Vgl./vgl.	vergleiche
VO	Verordnung(s)
VR	Verwaltungsrundschau
VSSR	Vierteljahresschrift für Sozialrecht
VVDStRL	Veröffentlichungen der Vereinigung der Deutschen Staatsrechtslehrer
VwGO	Verwaltungsgerichtsordnung
VwVfG	Verwaltungsverfahrensgesetz
VwVG	Verwaltungsvollstreckungsgesetz
WissR	Wissenschaftsrecht - Wissenschaftsverwaltung - Wissenschaftsförderung
WP	Wahlperiode
Z.B./z.B.	zum Beispiel
ZfS	Zentralblatt für Sozialversicherung, Sozialhilfe und Versorgung
ZSR	Zeitschrift für Sozialreform
ZUM	Zeitschrift für Urheber- und Medienrecht

A. Einleitung

I. Problemstellung und Gang der Untersuchung

Nach einem außergewöhnlich langen und kontroversen Gesetzgebungsverfahren trat im Januar 1983 das Künstlersozialversicherungsgesetz (KSVG) in Kraft[1]. Seither sind durch dieses Gesetz selbständige Künstler und Publizisten - soweit nicht anderweitig abgesichert - in die gesetzliche Kranken- und Rentenversicherung einbezogen. Dabei wurde eine für die Sozialversicherung neue und ungewöhnliche Organisation gewählt: Zwischen Versicherte beziehungsweise Künstlersozialabgabepflichtige auf der einen Seite und den Sozialleistungsträgern (Krankenkassen und Bundesversicherungsanstalt für Angestellte) auf der anderen Seite wurde eine eigene Institution geschaltet, die Künstlersozialkasse (KSK). Diese wurde als rechtsfähige Anstalt des öffentlichen Rechts mit Sitz in Wilhelmshaven errichtet. Der KSK wurde insbesondere die Aufgabe zugewiesen, die Versicherten und Abgabepflichtigen zu erfassen, die Beiträge und Abgaben einzuziehen und an die Versicherungsträger weiterzuleiten[2].

In der Rechtswissenschaft intensiv diskutiert wurde die Verfassungsmäßigkeit des KSVG. Vor allem die (Teil-)Finanzierung der Künstlersozialversicherung durch die von Verwertern künstlerischer Produkte zu leistende Künstlersozialabgabe wurde als verfassungswidrige Sonderabgabe gebrandmarkt[3]. Einige dieser Abgabepflichtigen legten denn auch Verfassungsbeschwerden ein, die vor dem Bundesverfassungsgericht jedoch keinen Erfolg hatten[4].

Diese zunächst unklare verfassungsrechtliche Lage bewirkte allerdings, daß viele Abgabeverpflichtete ihrer Melde- und Zahlungspflicht nicht nachkamen, was die KSK von Anfang an vor erhebliche Probleme gerade in finanzieller

---

1 BGBl. I 1981, S. 705. Näher zum Gesetzgebungsverfahren siehe unten A II 1.

2 Zu den Aufgaben der KSK im einzelnen siehe unten B I.

3 *Arndt/Kraft*, DAngVers 1988, 49 ff.; *Bittner*, BB 1986, 2126 f.; *Bunge*, JZ 1981, 119 ff.; *von Einem*, DVBl. 1988, 12 ff.; *Franz Klein*, DB 1981, 370 ff.; *Osterloh*, NJW 1982, 1617 ff.

4 *BVerfG* E 75, 108 ff; zum Urteil siehe näher unten A II 2.

Hinsicht stellte[5]. Bei der KSK zeigten sich darüber hinaus grundlegende Schwierigkeiten bei der Bewältigung ihrer Aufgaben, die durch eine schlecht funktionierende EDV-Anlage noch verstärkt wurden[6]. Die Unzufriedenheit der vom KSVG Betroffenen führte zu Petitionen an den Bundestag, der sich mehrmals mit der KSK befassen mußte[7]. Auch aufsichtsrechtliche Maßnahmen konnten die Schwierigkeiten der KSK nicht beheben[8]. Wie unhaltbar die Situation gewesen sein muß, läßt sich daran ersehen, daß zum 01.04.1987 die kommissarische Leitung der KSK dem Geschäftsführer der räumlich benachbarten Landesversicherungsanstalt Oldenburg/Bremen bzw. dessen Stellvertreter übertragen wurde[9]. Dieser Zustand der lediglich kommissarischen Leitung hielt jedoch nicht lange an. Durch das "Gesetz zur finanziellen Sicherung der Künstlersozialversicherung vom 18.12.1987"[10] wurde die KSK mit Wirkung zum 01.01.1988 aufgelöst und in die LVA Oldenburg/Bremen eingegliedert[11].

Neben der verfassungsrechtlichen Problematik vernachlässigte die rechtswissenschaftliche Diskussion diese außergewöhnliche Eingliederung der KSK in die LVA, sowie die für die Sozialversicherung einmalige organisatorische (Grund-)Konzeption völlig[12]. Soweit in der Literatur bis heute auf die organisatorischen Besonderheiten in der Künstlersozialversicherung überhaupt eingegangen wird, sind wenig aussagekräftige Feststellungen anzutreffen: "getrennt verwaltetes, nichtrechtsfähiges Sondervermögen der LVA Oldenburg/Bremen"[13]; "bloße Verwaltungsstelle"[14]; "besondere Abteilung der LVA"[15]; "Vorschalt- oder Clearingstelle"[16].

---

5 Vgl. BR-Drucks. 339/87, S. 9.

6 BT-Drucks. 11/2979, S. 2; vgl. zu den Kritikpunkten auch *A. Schneider*, ZUM 1987, 175 (177); *ders.*, ZUM 1986, 27 ff.

7 Vgl. BT-Drucks. 10/5674, BT-Drucks. 11/2979, S. 2. Siehe auch die Anfragen der Abg. Vahlberg (SPD), BT-Drucks. 10/2079 und Dr. Ehrenberg (SPD), BT-Drucks. 10/6265.

8 Siehe BT-Drucks. 11/862, S. 7; vgl. auch *Christmann*, BArbBl. 7 - 8 1987, 8 (12 f.).

9 Siehe BT-Drucks. 11/862, S. 7. In welcher Form diese Übertragung stattgefunden hat, bleibt allerdings unklar - die für solche Organisationsmaßnahmen üblichen Publikationsorgane (BArbBl., GMBl.) und die sonstigen öffentlich zugänglichen Materialien (BT-Drucks., Zeitschriften u.s.w.) geben keinen Aufschluß.

10 BGBl. I 1987, S. 2794 ff.

11 Näher zu diesem Gesetz siehe unten II 3.

12 Auch *Bley*, ZSR 1983, 18 ff., der sich mit den Besonderheiten der Künstlersozialversicherung aus rechtsdogmatischer Sicht befaßt, beschränkt sich in seinen Ausführungen hinsichtlich der Organisation auf eine bloße Beschreibung und rechtspolitische Bewertung (S. 40 ff.).

Kaum bis keine Beachtung fanden Fragen wie die nach den Beziehungen, die sich aufgrund der besonderen Aufgabenverteilung zwischen den beteiligten organisatorischen Einheiten ergeben, und wie in diesem Zusammenhang das "Gemeinsame Rundschreiben" der Versicherungsträger und der KSK[17] rechtlich zu beurteilen ist[18]. Es finden sich auch keine Überlegungen zur Rechtsnatur der KSK und ihren "Untergliederungen" Beirat bzw. Widerspruchsausschüsse und den hieraus folgenden Konsequenzen - auch in Bezug auf Rechtsschutzfragen. Des weiteren steht die rechtliche Beurteilung der Eingliederung der KSK in die LVA und der sich daraus ergebenden Konsequenzen noch aus. So fragt sich z.B., ob diese Eingliederung im Einklang mit den maßgeblichen gesetzlichen Vorschriften, also rechtmäßig erfolgt war und wie letztlich das Binnenverhältnis KSK/LVA strukturiert ist. Auch das staatliche Einflußpotential auf diese neu konstruierte organisatorische Einheit LVA/KSK sowie eventuell vorhandene Rechtsschutzmöglichkeiten der so "Beeinflußten" gegen die Einwirkung sind bislang nicht analysiert oder auch nur aufgezeigt worden.

Wie im gesamten öffentlichen Recht ist also auch in diesem Bereich des Sozialrechts eine wissenschaftliche Vernachlässigung des Organisationsrechts, verstanden als das Recht der staatlichen Binnenstruktur[19], zu konstatieren[20]. Dies muß verwundern, denn das Organisationsrecht ermöglicht - neben dem Verfahrensrecht - erst "die Erzeugung, Anwendung und Durchsetzung .. materiellen Rechts"[21]. Die Geltung des materiellen Rechts, welches das Verhal-

---

13 *Bley/Kreikebohm*, Sozialrecht, Rdn. 419; vgl. auch: *BSG* E 64, 240; *Brandmüller*, KSVG, § 37 Anm. 2; *Finke/Brachmann/Nordhausen*, KSVG, Nach § 46 Rdn. 2.

14 *Brandmüller*, KSVG, § 37 Anm. 2.

15 *Finke*, DAngVers 1993, 62 (63); *Ziebeil*, KSVG, S. 22 und S. 144.

16 *Kraegeloh*, KSVG, § 37 Erl. 3; *Finke*, DAngVers 1933, 62 (63).

17 Abgedruckt in Ersk 1983, 80 ff.

18 Dazu unten B II 2.

19 Vgl. *Schmidt-De Caluwe*, JA 1993, 77 (78 f.); *Schnapp*, Jura 1980, 68; zum Organisationsrecht im engeren und im weiteren Sinne siehe *Wolff/Bachof*, Verwaltungsrecht II, § 71 IV a, S. 11.

20 Zur mangelnden Befassung mit dem öffentlichen Organisationsrecht vgl. *Schnapp*, Jura 1980, 68 ff.; *ders.*, AöR 105 (1980), 243 ff.

21 *Wolff/Bachof*, Verwaltungsrecht II, § 71 IV a, S. 11; *Schmidt-De Caluwe*, JA 1993, 77 (80); vgl. auch die Differenzierung der Rechtsnormen in primäre und sekundäre Regeln bei *Hart*, Der Begriff des Rechts, S. 115 ff. Es ist für die Rechtswissenschaft auch von grundsätzlichem Interesse, inwieweit neue Strukturen mit den herkömmlichen dogmatischen Qualifizierungsmodellen erfaßt werden können. Es gilt, "dem oft berufenen normativen Wildwuchs im Nachhinein gewissermaßen das dogmatische Korsett anzuziehen" (*Schnapp*, BKK 1980, 253.)

ten der ihm Unterworfenen steuern soll, ist abhängig davon, ob es im Einklang mit den entsprechenden Vorschriften über die Zuständigkeit, Form und Verfahren entstanden ist[22]. Die Geschichte des KSVG selbst ist Beispiel: Betroffene rügten die Verfassungswidrigkeit des Gesetzes u.a. mit der Begründung, es sei unter Verstoß gegen Gesetzgebungskompetenz- und Gesetzgebungsverfahrensvorschriften zustandegekommen[23]. Zudem hängt die Funktionsfähigkeit einer Rechtsordnung - und das heißt die Anwendung des materiellen Rechts - erheblich davon ab, daß Klarheit darüber besteht, wem (welche Institution/Stelle) welche Kompetenzen zukommen, die wie (Form/Verfahren) auszuüben sind[24]: Wie sollen beispielsweise Künstler, die nach materiellem Recht (§§ 6, 7 KSVG) einen Anspruch auf Befreiung von der Versicherungspflicht haben, diese Befreiung erwirken, wenn unklar ist, wer sie zu gewähren hat? - Nach § 7 a Abs. 1 KSVG entscheidet hier die Künstlersozialkasse. - Über all diese Fragen geben Organisationsrechtssätze Aufschluß[25].

Schließlich sind organisationsrechtliche Feststellungen und Qualifizierungen mit rechtlichen Konsequenzen verknüpft[26]: So ist die Frage, welcher organisatorischen Einheit Außenzuständigkeiten zukommen, eng mit der Kategorie des Organs verbunden. Auf die Thematik dieser Untersuchung bezogen, weist dies auf die Fragen nach der Rechtsnatur der KSK und der rechtlichen Beurteilung der Eingliederung der KSK in die LVA Oldenburg/Bremen hin. Auch die Analyse und Qualifizierung des Rechtsaktes der Übertragung der Aufgaben der KSK auf die LVA ziehen Konsequenzen bei den staatlichen Ein-

---

oder "das Neue organisch mit den bewährten Grundsätzen des Deutschen Verwaltungsrechts zu verbinden" (*Fleiner*, Institutionen des Deutschen Verwaltungsrechts, Vorwort S. V.).

[22] *Schnapp*, AöR 105 (1980), 243 (246); *ders.*, Amtsrecht, S. 107 ff.; *ders.*, in: FS für Scupin 1983, S. 889 (903) m.w.N. in Fn. 28; ebenso: *Krebs*, HdbStR III, § 69 Rdn. 25.

[23] Siehe unten A II.

[24] Siehe schon *Rupp*, Grundfragen, S. 48 f.; vgl. auch *Brohm*, VVDStRL 30, 245 (261); *Schmidt-De Caluwe*, JA 1993, 77 (80); *Schnapp*, AöR 105 (1980), 243 (246 f.).

[25] Daß die Vorschriften, die den Bereich staatsinterner Verwaltungsorganisation zum Regelungsgegenstand haben, als Rechtssätze zu qualifizieren sind, wird dabei - in Abkehr von der überwundenen Impermeabilitätstheorie (zu dieser *Schnapp*, Amtsrecht, S. 66 ff.) - vorausgesetzt, vgl. weiter: *Bethge*, Die Verwaltung 1975, 459 (459 f.); *Ossenbühl*, Verwaltungsvorschriften, S. 194 ff; *Rupp*, Grundfragen, S. 19 ff.; *Schnapp*, AöR 105 (1980), 243 (250).

[26] Damit soll nicht gesagt sein, daß aus der Zuordnung zu einem Begriff als solcher rechtliche Konsequenzen folgten (als methodischer Fehler des Begriffsrealismus bezeichnet von *Schnapp*, Amtsrecht, S. 14 Fn. 7). Anknüpfungspunkt für Rechtsfolgen ist immer die Rechtsnorm - abgesehen von den umstrittenen Rechtsquellen Gewohnheits- und Richterrecht (vgl. zum Streitstand *Müller*, Richterrecht, vor allem S. 111 ff. m.w.N.). Organisationsrechtliche Qualifizierungen anhand eines Begriffssystems sind jedoch zumindest Hilfsmittel bei der Erkennung der normativ gesetzten Strukturen, ihnen kommt damit jedenfalls ein didaktischer Wert zu.

flußnahmemöglichkeiten und dem Rechtsschutz der LVA/KSK hiergegen nach sich: Bei gemäß § 30 Abs. 2 SGB IV übertragenen Aufgaben besteht eine grundsätzliche Abhängigkeit von Weisungen des Auftraggebers, gegen die eine Rechtsschutzmöglichkeit grundsätzlich nicht eröffnet ist[27].

Dem mit diesen Fragen umrissenen Themenbereich hat sich die Rechtswissenschaft bislang nicht gewidmet. Vorliegende Arbeit unternimmt es, diese Lücke zu schließen. Dabei sollen die Erkenntnisse des (Allgemeinen) Verwaltungsrechts nutzbar gemacht, und somit zugleich ein Beitrag zur weiteren Verzahnung des Sozialrechts mit dem Verwaltungsrecht geleistet werden.

Wenn schon die Rechtswissenschaft kaum ihr Augenmerk auf die Organisation der Künstlersozialversicherung gerichtet hat, soll zunächst untersucht werden, ob und wieweit der Gesetzgeber sich mit den organisatorischen Besonderheiten, die er geschaffen hat, auseinandersetzte (unten II.). Da die Künstlersozialversicherung nach wie vor relativ unbekannt ist, wird dieses Kapitel ausführlicher gestaltet, als für den Zweck der Untersuchung erforderlich wäre. Nach diesem historischen Zugang zum Thema sollen die Aufgabenverteilung in der Künstlersozialversicherung sowie die Beziehungen der einzelnen "Aufgabensubjekte" untereinander näher beleuchtet werden (unten B.). Dem schließt sich eine Analyse der Eingliederung der KSK in die LVA Oldenburg/Bremen an (unten C.). Dabei werden zunächst die KSK, der ihr zur Aufgabenerfüllung zur Seite gestellte Beirat und die obligatorisch zu bildenden Widerspruchsausschüsse einer rechtlichen Qualifizierung unterzogen, bevor der Eingliederungsvorgang als solcher untersucht wird. Schließlich sollen die staatlichen Einflußnahmemöglichkeiten auf die LVA Oldenburg/Bremen analysiert und qualifiziert (unten D.) sowie sich daraus ergebende Rechtsschutzfragen erörtert werden (unten E.).

Die im Laufe der Untersuchung erarbeiteten Ergebnisse werden zum Teil überraschen - sie unterstreichen und verdeutlichen jedoch das Neue und die Eigenartigkeit der vom Gesetzgeber für die Organisation der Künstlersozialversicherung gewählten Konstruktion.

---

[27] Vgl. nur *Stößner*, Staatsaufsicht, S. 107 f.

II. Historische Entwicklung der Künstlersozialversicherung

1. Entstehungsgeschichte des KSVG

Am Ende der 60iger und zu Beginn der 70iger Jahre geriet im Zuge der fortschreitenden sozialen Absicherung weiter Teile der Bevölkerung auch die soziale Lage der "Kulturschaffenden"[28] ins Blickfeld der Politik. Aufgrund eines Antrags aus der CDU/CSU-Fraktion des Bundestages[29] und des Berichts des Bundestagsausschusses für Bildung und Wissenschaft[30] forderte der Bundestag mit Beschluß vom 30.04.1971 die Bundesregierung auf, einen "Bericht über die soziale Lage der freien Bühnendarsteller, Musikerzieher, Musikinterpreten, Journalisten, Bildjournalisten und der ständigen freien Mitarbeiter der Rundfunk- und Fernsehanstalten vorzulegen"[31]. Schon in der Beratung des CDU/CSU-Antrags traten die verschiedenen Ansätze zur - übereinstimmend als notwendig erkannten - Verbesserung der sozialen Lage von künstlerisch Tätigen zutage. Während die Antragstellenden in erster Linie Änderungen des Urheberrechts im Blick hatten[32], forderte die Regierungskoalition größere Vorsorgebereitschaft seitens des betroffenen Personenkreises und dachte bereits an irgendeine Form von Zwang hierzu. Sie erwog schon damals, diejenigen, die den freiberuflich Tätigen Entgelte zahlen, zu einem Anteil an deren Vorsorge als "Quasi-Arbeitgeber" heranzuziehen[33]. Damit war die Idee der später so umstrittenen Künstlersozialabgabe geboren. Diese unterschiedlichen Auffassungen sollten denn auch die Kontroverse im späteren Gesetzgebungsverfahren bestimmen.

Erst nahezu vier Jahre nach dem Bundestagsbeschluß, am 13.01.1975, legte die Bundesregierung dem Bundestag den Bericht "über die wirtschaftliche und soziale Lage der künstlerischen Berufe", den sogenannten Künstlerbericht vor[34]. Dieser kam im wesentlichen zu folgenden Ergebnissen: Selbständige Künstler und Publizisten seien für Krankheit und Alter merklich

---

[28] BT-Drucks. 8/3172, S. 19.

[29] BT-Drucks. VI/467.

[30] BT-Drucks. VI/2081.

[31] BT-StenBer, 6. WP/117. Sitzung vom 30.04.1971/S. 6865 (D) ff.

[32] BT-StenBer, 6. WP/44. Sitzung vom 17.04.1970/S. 2256 ff. (2258 (D), Abg. Dr. Schober, CDU/CSU).

[33] BT-StenBer, 6. WP/44. Sitzung vom 17.04.1970/S. 2256 ff. (2260 (A), Abg. Wende, SPD, 2262 (A), Abg. Moersch, FDP).

[34] BT-Drucks. 7/3071.

schlechter gesichert als der Durchschnitt aller Erwerbstätigen in der Bundesrepublik[35]. Eine der wesentlichen Gründe für diese Unterversicherung liege darin, daß diese Personen häufig nicht zur Vorsorge bereit seien[36] und die mit der sozialen Absicherung verbundenen Belastungen - vor allem bei geringem Einkommen - nicht auf sich nehmen wollten[37]. Hinzu kämen ein hohes Berufsrisiko und überdurchschnittliche Einkommensschwankungen, deren Ursachen vielschichtig seien, weil z.B. der Absatz künstlerischer Produkte von Zeitgeist und Modegeschmack abhängig sei[38].

Aus diesem Befund folgerte die Bundesregierung ein erhöhtes soziales Schutzbedürfnis[39] des gesamten Personenkreises der Kulturschaffenden und beschloß am 02.06.1976 den Entwurf eines Gesetzes über die Sozialversicherung der selbständigen Künstler und Publizisten (Künstlersozialversicherungsgesetz - KSVG)[40]. Dieser sah bereits vor, daß die Künstler und Publizisten ähnlich wie Arbeitnehmer mit nur der Hälfte des Beitragssatzes belastet werden sollten. Die andere Hälfte sollte durch diejenigen Unternehmer, die ständig Werke und Leistungen von selbständigen Künstlern und Publizisten gegen Entgelt verwerten, aufzubringen sein[41]. Wegen Ablaufs der Legislaturperiode wurde dieser Entwurf im Bundestag nicht mehr beraten.

In der folgenden Legislaturperiode wurde erneut ein Entwurf eingebracht[42]. Eine wesentliche Änderung zum vorigen Entwurf betraf die Einführung eines Bundeszuschusses zu dem "Arbeitgeberanteil" für diejenigen Künstler und Publizisten, die ihre Produkte selbst an die Endabnehmer vermarkten. Dieser Entwurf bildete die Basis des dann 1981 verabschiedeten Künstlersozialversicherungsgesetzes. Wie schon erwähnt, entzündete das Ge-

---

35 BT-Drucks. 7/3071, S. 57 f. und S. 66 f.

36 Seit 1972 bestand schon die Möglichkeit für selbständige Künstler, sich in der Gesetzlichen Rentenversicherung zu versichern.

37 BT-Drucks. 7/3071, S. 57 ff., vor allem S. 61, 66 ff.

38 BT-Drucks. 7/3071, S. 53; vgl. auch BT-Drucks. 8/3172, S. 19.

39 Das soziale Schutzbedürfnis ist nicht nur Inhaltsmerkmal der Sozialversicherung: Diese "faßt besonders schutzwürdige Bevölkerungsgruppen ... zu einer solidarischen Gemeinschaft gegen bestimmte Wechselfälle des Lebens zusammen" (*BVerfG* E 18, 257 (258)). Das soziale Schutzbedürfnis ist auch aufgrund des Pflichtcharakters der Sozialversicherung - nach h.M. ein Eingriff in Art. 2 Abs. 1 GG (vgl. nur *BVerfG* E 78, 320 (329 f.)) - deren verfassungsrechtliche Legitimationsgrundlage (vgl. dazu *Papier*, ZSR 1990, 344 (347)).

40 BR-Drucks. 410/76.

41 BR-Drucks. 410/76.

42 BT-Drucks. 8/3172; dies erfolgte erst 1979, im dritten Jahr der Legislaturperiode, da kulturelle Unternehmer per Verfassungsgutachten Einwände erhoben und sich dadurch die Einbringung des Entwurfes verzögerte, siehe BT-StenBer, 8. WP/178. Sitzung vom 12.10.1979/ S. 14017 ff. (14022 (B), Abg. Lattmann, SPD).

setzesvorhaben von Anfang an eine äußerst kontrovers geführte Diskussion. Dabei bestand eine grundsätzliche Übereinstimmung der politischen Kräfte, *daß* die soziale Lage der Kunstschaffenden zu verbessern sei. Bundestag und der von der Opposition dominierte Bundesrat waren sich auch einig, daß dies grundsätzlich durch eine Einbeziehung in die Gesetzliche Krankenversicherung und die Gesetzliche Rentenversicherung geschehen solle[43]. Weit auseinander gingen die Vorstellungen jedoch über die Art und Weise der Verwirklichung dieser Ziele[44]. Die Opposition hatte vor allem Bedenken, daß das Ziel des Gesetzes, nämlich die Verbesserung der sozialen Lage der Kunstschaffenden, mit dem KSVG verfehlt würde. Bemängelt wurde, daß der Künstlerbericht nicht mehr aktuell genug sei, daß die Bedarfsanalyse ungenau sei, die über 50-jährigen nicht erfaßt seien und außerdem der vorgesehene Mindestbeitrag nur eine Rente unter Sozialhilfeniveau ermögliche[45]. Juristisch betrachtet wurde mit dieser Kritik die verfassungsrechtlich gebotene[46] Verhältnismäßigkeit der Maßnahme in Zweifel gezogen, nämlich die Geeignetheit des gewählten Mittels zur Zielerreichung negiert. Man befürchtete zudem, daß die bestehenden Versorgungswerke und Einrichtungen in ihrer Existenz gefährdet würden[47].

Die Hauptkritik der CDU/CSU-Fraktion im Bundestag konzentrierte sich jedoch auf drei Punkte: Erstens wandte man sich gegen die pauschale Künstlersozialabgabe, den "Quasi-Arbeitgeber-Beitrag", zweitens gegen die Art der Verwendung des Bundeszuschusses und drittens gegen die Einrichtung der Künstlersozialkasse[48].

Hinsichtlich dieses dritten, hier vornehmlich interessierenden Kritikpunktes, die organisatorische Besonderheit der Künstlersozialversicherung, sah die Opposition schon keine Notwendigkeit für eine Institution wie die KSK. Sie

---

[43] BR-Drucks. 293/80; BT-StenBer, 8. WP/178. Sitzung vom 12.10.1979/S. 14017 ff.

[44] BT-StenBer, 8. WP/178. Sitzung vom 12.10.1979/S. 14017 ff. (14019 (D), Abg. Dr. Becker, CDU/CSU).

[45] BT-StenBer, 8. WP/218. Sitzung vom 22.05.1980/S. 17557 ff. (17558 f., Abg. Dr. Becker, CDU/CSU).

[46] Vgl. nur *Schnapp*, JuS 1983, 850 ff.

[47] BT-StenBer, 8. WP/178. Sitzung vom 12.10.1979/S. 14017 ff. (14021 (A), Abg. Dr. Becker, CDU/CSU); BT-StenBer, 8. WP/218. Sitzung vom 22.05.1980/S. 17557 ff. (17565 (D), Abg. Werner, CDU/CSU).

[48] BT-StenBer, 8. WP/178. Sitzung vom 12.10.1979/S. 14017 ff. (14020 (C) f., Abg. Dr. Becker, CDU/CSU); BR-Drucks. 293/80. Zur Kritik an der Finanzierung siehe näher BT-StenBer, 8. WP/178. Sitzung vom 12.10.1979/S. 14017 ff. (14020 ff., Abg. Dr. Becker, CDU/CSU) und BT-StenBer, 8. WP/218. Sitzung vom 22.05.1980/S. 17557 ff. (17558 ff., Abg. Dr. Becker, CDU/CSU).

befürchtete eine aufgeblähte Bürokratie[49]. Nach ihren Vorstellungen sollten, wie sonst auch in der Sozialversicherung, die Krankenkassen Anlauf-, Antrags- und Einzugsstelle sein. Dies gewährleiste eine unbürokratische, versichertennahe Erfüllung des Gesetzes[50].

Die Regierungskoalition ging demgegenüber von der Notwendigkeit einer zentralen Clearingstelle aus[51], da die Materie überaus kompliziert und der betroffene Personenkreis schwer zu erfassen sei. Von einer aufgeblähten Bürokratie könne keine Rede sein, da die KSK an Personal mit lediglich acht bis zehn Beamten auskäme[52]. Diese sollten in ihrer, spezielle Sachnähe erfordernden, schwierigen Arbeit darüber hinaus von einem Beirat aus besonders sachkundigen Personen aus den vom Gesetz betroffenen Personenkreisen unterstützt werden[53].

Letztlich konnte sich die Opposition in der parlamentarischen Auseinandersetzung mit ihrer Kritik und ihren Vorschlägen nicht durchsetzen: Das Gesetz wurde am 22.05.1980 vom Bundestag mit den Stimmen der SPD/FDP-Fraktionen beschlossen und dem Bundesrat, in dem eine CDU/CSU-Mehrheit herrschte, zugeleitet. Dieser rief den Vermittlungsausschuß an. Die Änderungsvorschläge des Bundesrats gaben die Vorstellungen der Opposition im Bundestag wieder. Darüber hinaus wurde die Auffassung vertreten, das Gesetz sei nach Art. 84 Abs. 1 GG zustimmungsbedürftig[54]. Da im Vermittlungsausschuß keine Einigung erzielt werden konnte, verweigerte der Bundesrat seine Zustimmung und legte hilfsweise Einspruch ein. Dieses Verfahren konnte jedoch ebenfalls wegen Ablaufs der Legislaturperiode nicht zu Ende geführt werden.

---

[49] BT-StenBer, 8. WP/178. Sitzung vom 12.10.1979/S. 14017 ff. (14021 (B), Abg. Dr. Becker, CDU/CSU).

[50] BT-StenBer, 8. WP/218. Sitzung vom 22.05.1980/S. 17557 ff. (17559 (D), Abg. Dr. Becker).

[51] BT-Drucks. 8/3172, S. 20; BT-StenBer, 8. WP/218. Sitzung vom 22.05.1980/S. 17557 ff. (17562 (A), Abg. Lutz, SPD: Ansonsten mindestens 300 Einzugsstellen, eine "unmögliche Konstruktion").

[52] BT-StenBer, 8. WP/178. Sitzung vom 12.10.1979/S. 14017 ff. (14023 (C), Abg. Lattmann, SPD; BT-StenBer, 8. WP/218. Sitzung vom 22.05.1980/S. 17557 ff. (17562 (A), Abg. Lutz, SPD: "Minimum an Verwaltungsaufwand"). Dies erwies sich als eklatante Fehleinschätzung: Die Konzeption einer "aktenlosen Verwaltung" stellte sich als undurchführbar heraus (Antwort des Parlamentarischen Staatssekretärs Vogt vom 21.10.1986 auf eine Anfrage des Abgeordenten Dr. Ehrenberg (SPD) hin, BT-Drucks. 10/6265, S. 7). Am 01.01.1988 waren bei der KSK rund 100 Personen beschäftigt, BT-Drucks. 11/2979, S. 2.

[53] BT-Drucks. 8/3172, S. 20.

[54] BR-Drucks. 293/80.

Nach dem Zusammentritt des neuen Bundestags wurde der Entwurf unverändert - zur Verkürzung des Verfahrens[55] von den SPD- und FDP-Fraktionen - neu eingebracht[56]. Nach geringfügigen Änderungen, die auf den Bericht des Ausschusses für Arbeit und Sozialordnung hin erfolgten[57], wurde das Gesetz vom Bundestag beschlossen. Der Bundesrat verweigerte erneut die seiner Meinung nach erforderliche Zustimmung[58]. Dieser Auffassung schloß sich der Bundespräsident jedoch nicht an und fertigte das Gesetz am 27.07.1981 aus[59]. Am 01.01.1983 trat es in Kraft[60].

Das KSVG bezieht seither selbständige Künstler und Publizisten grundsätzlich in die Gesetzliche Kranken- und Rentenversicherung ein. Wie in der Sozialversicherung der Arbeitnehmer auch, zahlen die Versicherten nur die Hälfte des Beitragssatzes. Die andere Hälfte wird einerseits durch die umstrittene Künstlersozialabgabe - der "Quasi-Arbeitgeber-Anteil" -, die von den Verwertern künstlerischer Produkte zu tragen ist (§§ 23 ff. KSVG a.F.), und andererseits durch einen Bundeszuschuß aufgebracht. Dieser Bundeszuschuß soll den "Arbeitgeberanteil" der Selbstvermarkter unter den Künstlern abdekken. Er betrug beim Erlaß des Gesetzes maximal 17 % der Ausgaben der Künstlersozialkasse, § 34 Abs. 2 KSVG a.F. Darüber hinaus sind die Verwaltungskosten der KSK aus dem Bundeszuschuß zu decken, § 34 Abs. 3 KSVG a.F.

Für diese neue Künstlersozialversicherung wurden allerdings keine neuen Sozialversicherungsträger gebildet. Vielmehr sind die Künstler und Publizisten Mitglieder bei den bestehenden Versicherungsträgern der Arbeitnehmer-Sozialversicherung: Versicherungsträger für die Krankenversicherung sind die Allgemeinen Ortskrankenkassen bzw. die Ersatzkassen, für die Rentenversicherung ist dies die Bundesversicherungsanstalt für Angestellte. Das Novum der Künstlersozialversicherung besteht darin, daß zwischen die Versicherungsträger als Leistende und die die Versicherung Zahlenden (die Versicherten, die Abgabeverpflichteten und der Bund als Zuschußgeber) die Künstlersozialkasse geschaltet ist. Damit mußten auch die Aufgaben anders als in der sonstigen Sozialversicherung verteilt werden. Die Aufgaben, die

---

55 Vgl. Art. 76 GG.

56 BT-Drucks. 9/26.

57 BT-Drucks. 9/429.

58 BR-Drucks. 246/81.

59 BGBl. I 1981, S. 705.

60 Einige Bestimmungen, die für die organisatorische Vorbereitungen der Künstlersozialversicherung erforderlich waren, traten schon 1981 in Kraft, § 61 Abs. 2 KSVG, vgl. BT-Drucks. 9/26, S. 26.

von den Sozialversicherungsträgern weg und der KSK zugewiesen wurden, bestehen im wesentlichen in der Feststellung der Versicherungs- bzw. Abgabepflicht, im Einzug und der Verwaltung der Mittel[61].

2. Das Urteil des Bundesverfassungsgerichts vom 8. April 1987

Mit dem Inkrafttreten des Gesetzes endete jedoch die Kontroverse um das KSVG noch nicht. Die Frage, ob das endlich erlassene KSVG der Verfassung entspreche oder nicht, wurde nicht nur im Schrifttum heftig diskutiert[62]. Auch das Bundesverfassungsgericht hatte darüber zu befinden. Allerdings rief nicht der im Gesetzgebungsverfahren mit seiner Auffassung unterlegene Bundesrat das Gericht an, um seine verfassungsrechtlichen Bedenken geltend zu machen. Vielmehr legten etliche Kunstvermarkter - und damit zur Künstlersozialabgabe Verpflichtete - Verfassungsbeschwerden gegen das KSVG ein. Die Beschwerdeführer rügten Verstöße sowohl gegen formelles - mangelnde Gesetzgebungskompetenz des Bundes sowie fehlende Zustimmung des Bundesrats - als auch gegen materielles Verfassungsrecht[63]. Vor allem die Künstlersozialabgabe wurde als verfassungswidrig angesehen, weil sie nicht Sozialversicherungsbeitrag, sondern Sonderabgabe sei, deren spezifische verfassungsrechtliche Zulässigkeitskriterien aber nicht erfülle.

Das Urteil des Bundesverfassungsgerichts[64] erklärte das Gesetz für weitestgehend verfassungsgemäß. Das Gericht kam dabei im wesentlichen zu folgenden Ergebnissen:

- Die Gesetzgebungskompetenz ergibt sich aus Art. 74 Nr. 12 GG, da das KSVG dem "Recht der Sozialversicherung" zuzurechnen ist; das Gesetz bedurfte auch nicht der Zustimmung des Bundesrates.

- Die Pflicht zur Zahlung der Künstlersozialabgabe ist mit den Grundrechten aus den Art. 12 Abs. 1, 14, 2 Abs. 1 und 3 Abs. 1 GG vereinbar.

---

61 Zu den Aufgaben im einzelnen siehe unten B I.

62 Siehe z.B. *Bittner*, BB 1986, 2126 f.; *Bunge*, JZ 1981, 119 ff.; *Hase*, SF 1987, 136 ff.; *Osterloh*, NJW 1982, 1617 ff.; *Wegmann*, BB 1986, 1845 ff.

63 *BVerfG* E 75, 108 (117 ff.).

64 *BVerfG* E 75, 108 ff.

- Die gesetzliche Abgrenzung des Personenkreises, der zur Zahlung der Künstlersozialabgabe verpflichtet ist, verstößt nicht gegen Art. 3 Abs. 1 GG[65].

- Verfassungswidrig ist die in § 52 Abs. 5 KSVG geregelte Zuschlagspflicht der Vermarkter wegen Verstoßes gegen Art. 3 Abs. 1 GG; die Behebung dieses Gleichheitsverstoßes obliegt dabei dem Gesetzgeber.

Über die Besonderheit in der Organisation der Künstlersozialversicherung, die Einschaltung der KSK sich zu äußern, sah das Bundesverfassungsgericht keinen verfassungsrechtlichen Anlaß.

Dieses, den Streit letztlich beendende Bundesverfassungsgerichtsurteil traf in der Literatur sowohl auf Ablehnung[66] als auch auf Zustimmung[67]. Die Kritiker fanden vor allem die Ausführungen des Bundesverfassungsgerichts zur Verfassungsmäßigkeit der Künstlersozialabgabe, die im wesentlichen den in der Gesetzesbegründung niedergelegten Argumenten folgten, nicht überzeugend.

3. Änderungen des KSVG

Als Folge des Bundesverfassungsgerichtsurteils und der schon erwähnten organisatorischen und finanziellen Probleme der KSK[68] erließ der Bundestag Ende 1987 das Gesetz zur finanziellen Sicherung der Künstlersozialversicherung[69]. Wesentliche Änderungen betrafen neben der Streichung des verfassungswidrigen § 52 Abs. 5 KSVG[70], der Künstlersozialabgabepflichtigkeit auch für Eigenwerber[71], und der Festlegung des Bundeszuschusses dem

[65] Das Bundesverfassungsgericht legte dem Gesetzgeber allerdings die Prüfung auf, "ob die Eigenwerbung treibende Wirtschaft in den Kreis der Abgabepflichtigen einbezogen werden muß, soweit sie als ihre eigene Werbeagentur tätig wird und künstlerische Arbeit professionell vermarktet", E 75, 108 (160 f.).

[66] *Arndt/Kraft*, DAngVers 1988, 49 ff.; *von Einem*, DVBl. 1988, 12 ff.; *Isensee*, SDSRV 35 (1992), 7 (9, 30 f.); *A. Schneider*, ZUM 1987, 555 ff.; *Starke*, AfP 1987, 590 f.; differenzierend: *Henseler*, NJW 1987, 3103 ff.

[67] *Birk*, SGb 1988, 113 ff.; *Finke*, Jahrbuch des Sozialrechts in der Gegenwart, Band 10 (1988), 333 (339 ff.); *ders.*, Die Sozialversicherung 1988, 1 ff.

[68] Siehe BR-Drucks. 339/87, S. 11; zu den finanziellen Schwierigkeiten vgl. auch *A. Schneider*, ZUM 1987, 175 (177).

[69] BGBl. I 1987, S. 2794 ff.

[70] Art. 1 Nr. 16 des Gesetzes.

[71] Art. 1 Nr. 2, § 24 KSVG.

tatsächlichen Selbstvermarkteranteil entsprechend[72] auf 25% der KSK-Ausgaben jährlich[73], vor allem die Organisation der KSK[74]. Die ursprünglich als rechtsfähige Anstalt des öffentlichen Rechts konzipierte und errichtete KSK wurde durch dieses Gesetz mit Ablauf des 31.12.1987 aufgelöst[75]. Um eine dauerhafte Konsolidierung der Künstlersozialversicherung auch im organisatorischen Bereich zu erlangen, sollte die Verwaltungserfahrung eines leistungsfähigen Versicherungsträgers für die KSK nutzbar gemacht werden[76]. Nachdem die kommissarische Leitung der KSK bereits zum 01.04.1987 dem Geschäftsführer der Landesversicherungsanstalt (LVA) Oldenburg/Bremen und seinem Stellvertreter übertragen war[77], wird das KSVG seither von der LVA Oldenburg/Bremen durchgeführt, die insofern die Bezeichnung KSK führt[78]. Dabei ist das Vermögen der KSK als abgesondertes Vermögen[79] mit eigenem Haushaltsplan[80] zu verwalten.

Mit diesen Änderungen durch das Gesetz zur finanziellen Sicherung der Künstlersozialversicherung vom 18.12.1987[81] besserte sich zwar die Situation der KSK, und die Anzahl der Beschwerden über ihre Arbeit ging zurück[82]. Jedoch offenbarte der schon bei Verabschiedung des KSVG 1981 angeforderte Bericht der Bundesregierung über die mit dem KSVG gewonnenen praktischen Erfahrungen einen weitergehenden Regelungsbedarf[83]. Die Ergebnisse dieses Berichts flossen in das Gesetz zur Änderung des KSVG vom 20.12.1988[84] ein. Mit diesem Gesetz erfolgte eine umfassende Novellierung des KSVG im materiellen Bereich der Künstlersozialversicherung. So wurde der Kreis der Abgabepflichtigen weiter ausgedehnt. Für diese führte das Änderungsgesetz aber auch eine Belastungsobergrenze in Verbindung mit einem Lastenausgleich ein. Auf Versichertenseite wurden vor allem verbindliche

---

72 BR-Drucks. 339/87, S. 11.

73 Art. 1 Nr. 4, § 34 KSVG.

74 Art. 1 Nr. 7 ff., §§ 37 ff. KSVG.

75 Art. 1 Nr. 8, §§ 37 a ff. KSVG.

76 BR-Drucks. 339/87, S. 1, 9, 11.

77 Siehe schon oben I.

78 Art. 1 Nr. 7, § 37 KSVG.

79 Art. 1 Nr. 13, § 42 KSVG.

80 Art. 1 Nr. 14, § 43 KSVG.

81 BGBl. I 1987, S. 2974 ff.

82 BT-Drucks.. 11/2979, S. 33.

83 BT-Drucks. 11/2979.

84 BGBl. I 1988, S. 2606 ff.

Monats- sowie Mindestbeiträge und die Möglichkeit, bei Rückständen das Ruhen der Leistungen aus der Krankenversicherung anzuordnen, normiert[85].

Die weiteren Änderungen des KSVG blieben dagegen marginal und sollen nur der Vollständigkeit halber erwähnt werden: Das Gesetz zur Reform der gesetzlichen Rentenversicherung vom 18.12.1989 (RRG)[86] bewirkte bei einigen wenigen Vorschriften des KSVG vorwiegend sprachliche Änderungen[87]. Durch Art. 8 des Gesundheitsstrukturgesetzes vom 01.01.1993[88] ist lediglich eine Änderung hinsichtlich der Beitragszuschüsse zur Privaten Krankenversicherung vorgenommen worden. Mit dem Beitritt der ehemaligen DDR zur Bundesrepublik Deutschland wurde durch den Einigungsvertrag auch der Geltungsbereich des KSVG ausgedehnt: In den neuen Bundesländern gilt das KSVG im wesentlichen seit dem 01.01.1992, einige Bestimmungen sind bereits seit 01.01.1991 in Kraft[89, 90].

---

85 Zu den Einzelheiten siehe BR-Drucks. 367/88; vgl. auch *A. Schneider*, ZUM 1989, 1 ff.

86 BGBl. I 1989, S. 2261 ff.

87 Siehe Art. 19 RRG.

88 BGBl. I 1992, S. 2266 ff.

89 S. Anlage I Kapitel VIII Sachgebiet F Abschnitt III Nr. 5-7 des Einigungsvertrages, BGBl. II 1990, S. 889.

90 Mit der Einführung der Pflegeversicherung (BGBl. I 1994, 1014 ff.) sind die Künstler und Publizisten nach Inkrafttreten 1995 auch in die Pflegeversicherung einbezogen.

B. Aufgabenverteilung in der Künstlersozialversicherung

Bei dieser eben geschilderten Gesetzgebungsgeschichte drängt sich die Frage auf, inwieweit gerade die durch die Einschaltung der KSK resultierende, besondere Aufgabenverteilung in der Künstlersozialversicherung als (eine) Ursache für die Schwierigkeiten bei der Umsetzung des KSVG anzusehen ist, oder ob diese Aufgaben problemloser von den Krankenkassen erfüllt werden könnten, so wie es von den Gegnern der Einrichtung KSK vorgesehen war. Inwiefern sich dies aus der Aufgabenverteilung ersehen läßt, wird sich allerdings erweisen müssen. Das Interesse an der Darstellung der Aufgabenverteilung und der Beziehungen zwischen der KSK und den Versicherungsträgern reicht indes weiter. Zum einen erleichtert eine solche Darstellung schlicht das Verständnis für das - gegenüber der sonstigen Sozialversicherung - Neuartige in der Künstlersozialversicherung. Zum anderen bestimmen die der KSK und ihren "Untergliederungen" - Beirat bzw. Widerspruchsausschüsse - zugewiesenen Aufgabenkomplexe die rechtliche Stellung dieser organisatorischen Einheiten innerhalb der Sozialversicherung entscheidend mit. Insofern ist die Kenntnis der Aufgaben der KSK auch Voraussetzung dafür, die durch ihre Eingliederung in die LVA Oldenburg/Bremen offene Frage nach ihrer Rechtsnatur zu beantworten.

Betrachtet man nun die Aufgabenverteilung in der Künstlersozialversicherung, so ist zunächst festzustellen, daß viele organisatorische Einheiten zusammenwirken: Neben den Versicherungsträgern (den Allgemeinen Ortskrankenkassen, Ersatzkassen und der Bundesversicherungsanstalt für Angestellte) sind staatliche Stellen (wie die Versicherungsämter, das Bundesversicherungsamt, der Bundesminister für Arbeit und Sozialordnung und der Bundesminister für Finanzen) und vor allem die in die LVA Oldenburg/Bremen eingegliederte KSK zu nennen.

Da das Neue in der organisatorischen Ausgestaltung der Künstlersozialversicherung lediglich die Stellung der KSK im Gefüge der Sozialversicherung betrifft, befaßt sich diese Untersuchung auch nur mit den Aufgaben der KSK und des ihr zur Aufgabenerfüllung zur Seite gestellten Beirats bzw. den obligatorisch zu bildenden Widerspruchsausschüssen[1], sowie den Beziehungen

1 Unten B II.

der KSK zu den Versicherungsträgern der Künstlersozialversicherung[2]. Die Aufgaben der Versicherungsträger und die darauf bezogene Beteiligung staatlicher Stellen bleiben außen vor; insoweit wird auf die allgemeine sozialversicherungsrechtliche Literatur verwiesen[3].

I. Aufgaben der Künstlersozialkasse, des Beirats und der Widerspruchsausschüsse

1. Künstlersozialkasse

Das KSVG weist der Künstlersozialkasse nicht nur bestimmte[4] Aufgaben zu. Damit die KSK ihre Aufgaben erfüllen kann, statuiert das Gesetz auch Pflichten der Versicherten und der Abgabepflichtigen, sowie Befugnisse der KSK, um die Einhaltung dieser Pflichten zu gewährleisten. Diesen Pflichten und Befugnissen soll sich daher ebenfalls gewidmet werden[5].

a) Feststellung der Versicherungspflicht

Eine der Hauptaufgaben der KSK liegt in der Feststellung der Versicherungspflicht der vom KSVG erfaßten selbständigen Künstler und Publizisten (§§ 8, 1 bis 5 KSVG). Bei dieser Feststellung bereitet nicht das Merkmal der Selbständigkeit die besonderen Schwierigkeiten, denn diese Abgrenzung vom abhängigen Arbeitnehmer ist aus der allgemeinen Sozialversicherung bekannt. Problematisch ist vielmehr die Bestimmung des betroffenen Personenkreises: Wer ist "Künstler" bzw. "Publizist"? Die "Definition" in § 2 KSVG enthält lediglich eine Generalklausel, die bewußt vieles offen läßt[6]. In ihrer Praxis lehnt sich die KSK eng an eine Tabelle künstlerischer Berufe an, die schon im "Künstlerbericht" der Bundesregierung enthalten war[7]. Das dürfte für die

---

2 Unten B III.

3 Z.B. *Bley/Kreikebohm*, Sozialrecht; *Gitter*, Sozialrecht; *Schulin*, Sozialrecht.

4 Unten a) bis g).

5 Unten h) und i).

6 *Finke/Brachmann/Nordhausen*, KSVG, § 2 Rdn. 2.

7 BT-Drucks. 7/3071, S. 7. Diese Tabelle liegt auch der Zuordnung der einzelnen Berufe zu den vier Bereichen Wort, bildende Kunst, Musik und darstellende Kunst in § 2 der Verordnung zur Durchführung des KSVG vom 23.05.1084 (BGBl. I 1984, S. 709 ff.) zugrunde.

überwiegende Zahl der zu entscheidenden Fälle auch genügen. Gerade aber in den Grenzbereichen, z.B. der gemischt technisch-künstlerischen Berufe, ist die Entscheidung darüber, ob die betreffende Person Künstler oder Publizist ist oder nicht, recht schwierig[8]. Die aus dieser Abgrenzung resultierenden Probleme bei der Umsetzung des KSVG können aber nicht der besonderen organisatorischen Ausgestaltung, also der Existenz der KSK, angelastet werden. Denn auch die Krankenkassen, die sonst in der Sozialversicherung die Versicherungspflicht der Arbeitnehmer feststellen (§ 28 h Abs. 2 SGB IV), hätten hier kaum auf ihre Erfahrungen zurückgreifen können. Nicht die Organisationsform ruft diese Schwierigkeiten hervor, sondern die vom Gesetz gestellte Aufgabe selbst impliziert die Probleme ihrer Umsetzung.

Neben der Feststellung der Versicherungspflicht trifft die KSK auch die Entscheidung über die Anträge von Künstlern auf Befreiung von der Versicherungspflicht (§ 7 a i.V.m. §§ 6, 7 KSVG) und zahlt Zuschüsse zur privaten Krankenversicherung an diesen Personenkreis (§ 10 KSVG).

b) Berechnung der Beitragsanteile der Versicherten

Mit der Feststellung der Versicherungspflicht der Künstler und Publizisten erschöpfen sich die Aufgaben der KSK gegenüber den Versicherten nicht. Auf die Meldung des Arbeitseinkommens der Künstler und Publizisten hin berechnet die KSK die Beitragsanteile der Versicherten und setzt die Höhe der Beiträge fest (§§ 15, 16 KSVG). Auch dies ist eine Aufgabe, die in der sonstigen Sozialversicherung den Krankenkassen zugewiesen ist (§ 28 h Abs. 2 SGB IV). Nun wird man wohl sagen können, daß die Krankenkassen diese ihnen grundsätzlich vertraute Aufgabe auch in der Künstlersozialversicherung ohne große Probleme hätten bewältigen können. Tatsächlich bestanden bei der KSK auch Schwierigkeiten bei den Beitragsberechnungen. Diese waren jedoch in erheblichem Maße durch die frühere Rechtslage verursacht, wonach eine nur vorläufige Beitragszahlung auf der Basis des Arbeitseinkommens des letzten Vierteljahres erfolgte. Der endgültige Beitrag wurde erst im folgenden Kalenderjahr festgesetzt. Dies führte zu einer beträchtlichen Arbeitsbelastung bei der KSK, die aber auch bei den Krankenkassen nicht geringer ausgefallen wäre. Mit dem am 01.01.1989 in Kraft getretenen Änderungsgesetz[9] stellte man die Beitragsbemessungsgrundlage um auf das voraussichtliche Jahresarbeitseinkommen der Künstler und Publizisten. Eine nachträgliche Korrektur der Beitragshöhe dem tatsächlich erzielten Arbeitseinkommen entsprechend

---

[8] Vgl. zu den Abgrenzungsproblemen insgesamt *Finke/Brachmann/Nordhausen*, KSVG, Anm. zu § 2; *Schmidt*, ZfS 1988, 129 ff.; 161 ff.; 193 ff.

[9] BGBl. I 1988, S. 2606 ff.

findet nun nicht mehr statt[10]. Wie schon bei der Feststellung der Versicherungspflicht wird man auch hier sagen müssen, daß die Schwierigkeiten bei der Umsetzung des KSVG in dessen materiellem Teil liegen und nicht in der besonderen Organisationsform.

Mit der Beitragsberechnung hängen noch weitere Aufgaben der KSK eng zusammen: So ist dem Versicherten und Zuschußberechtigten eine jährliche Abrechnung über die erbrachten Beitragsleistungen zu erteilen (§ 20 KSVG). Falls sich herausstellt, daß Beitragsanteile zu Unrecht entrichtet worden sind, hat die KSK diese zu erstatten (§ 21 KSVG).

c) Feststellung der Abgabepflicht

Die KSK stellt nicht nur die Versicherungspflicht der versicherten Künstler und Publizisten fest, sie erfaßt auch die vom KSVG herangezogenen Verwerter künstlerischer Produkte und stellt deren Pflicht zur Zahlung der Künstlersozialabgabe fest (§§ 23 bis 26 KSVG). Diese Feststellung gehört zu den konfliktträchtigsten Aufgaben der KSK, wie schon die von Betroffenen gegen das Gesetz eingereichten Verfassungsbeschwerden signalisieren. Auch heute noch wird die wohl überwiegende Anzahl der vor Gericht ausgetragenen Streitigkeiten im Zusammenhang mit der Künstlersozialversicherung um die Frage der Abgabepflicht geführt[11]. Die durch das KSVG zur Künstlersozialabgabe Verpflichteten zu erfassen und zur Zahlung heranzuziehen ist ähnlich mit Abgrenzungsschwierigkeiten belastet wie die Feststellung der zu versichernden Künstler und Publizisten. Ohne hier die Probleme im einzelnen untersuchen zu können[12], wird man wohl feststellen müssen, daß auch diese Komplikationen bei der Umsetzung des KSVG in der Aufgabe selbst begründet liegen und nicht in der besonderen Organisation, der Einschaltung der KSK[13].

Anders als bei der Berechnung der Versichertenbeitragsanteile wird die Berechnung der Künstlersozialabgabe nicht von der KSK, sondern von den Verpflichteten selbst (§ 27 Abs. 1 Satz 1 KSVG) vorgenommen. Zu Unrecht

---

[10] Vgl. zur Beitragsberechnung *Finke/Brachmann/ Nordhausen*, KSVG, Anm. zu §§ 15 und 16.

[11] Vgl. aus den letzten Jahren z.B. *BSG* E 69, 259 ff.; *BSG*, NZA 1992, 912; *BSG*, NZA 1992, 623 f.; *BSG* NJW 1992, 1342; *LSG Essen*, BB 1992, 1933 f.; *LSG München*, BB 1993, 1440 f.; *LSG Mainz*, NZA 1992, 288; *LSG Celle*, BB 1992, 434; *SG München*, BB 1993, 1933 f.

[12] Vgl. nur *A. Schneider*, DB 1988, 2255 ff. und die Kommentarliteratur zum KSVG.

[13] So auch *A. Schneider*, ZUM 1986, 27 (31); *ders.*, ZUM 1987, 174 (177).

entrichtete Abgaben hat die KSK ebenso zu erstatten wie die zuviel geleisteten Beiträge der Versicherten (§ 32 KSVG).

d) Verwaltung der Geldmittel

Eine weitere Hauptaufgabe der KSK besteht in der Verwaltung der erhaltenen Geldmittel. Die von den Versicherten gezahlten Beitragsanteile und die von den Verwertern künstlerischer Produkte geleistete Künstlersozialabgabe leitet die KSK zusammen mit dem Bundeszuschuß (§ 34 KSVG[14]) an die zuständigen Versicherungsträger weiter (§§ 251 Abs. 3, 252 SGB V, §§ 173, 175 SGB VI). Auch damit nimmt die KSK Aufgaben wahr, die in der Sozialversicherung sonst den Krankenkassen als Einzugsstellen (§ 28 h SGB IV), bzw. den - hier nicht vorhandenen - Arbeitgebern (§ 28 e SGB IV) zukommen.

Gerade im Hinblick auf den Bundeszuschuß erweist sich die Einrichtung einer Zentralstelle für die Verwaltung der für die Künstlersozialversicherung aufgebrachten Mittel durchaus als Vereinfachung des Verwaltungsaufwands. Denn bei dieser Konzeption des KSVG zahlt der Bund nur an eine Stelle. Gäbe es die KSK nicht und würden, wie sonst auch, die Krankenkassen deren Aufgaben wahrnehmen, so wäre demgegenüber eine Vielzahl von Transfers notwendig.

Aber auch für den Einzug der Künstlersozialabgabe ist die Einschaltung einer zentralen Einrichtung wie der KSK sinnvoll. Die Krankenkassen mit ihrem regional begrenzten Einzugsgebiet könnten auch nur die Abgabepflichtigen dieses Gebietes erfassen und auch nur die Künstlersozialabgabe dieser Betroffenen verwalten. Gegenüber der Bundesversicherungsanstalt für Angestellte, die für die Rentenversicherung der Künstler und Publizisten alleine zuständig ist, ergäbe sich zwar keine andere Situation als bei der gegenwärtigen Konstruktion. Bei den einzelnen Krankenkassen würde die Regionalisierung jedoch zu erheblichen finanziellen Ungleichheiten führen. Es müßte dann ein Ausgleich zwischen den Krankenkassen stattfinden, was wiederum mit einem erhöhten Verwaltungsaufwand einherginge.

So wird man sagen können, daß für die Verwaltung der in der Künstlersozialversicherung benötigten Geldmittel eine Zentralstelle wie die KSK mit weniger Verwaltungsaufwand arbeiten kann als die Krankenkassen es könnten. In diesem Bereich wirkt die besondere Organisation der Künstlersozialversicherung geradezu komplikationsvermeidend.

---

[14] Vgl. zu diesem oben A II 1.

e) Überwachung der Beitrags- und Abgabeentrichtung

Eine weitere wichtige Aufgabe der KSK bestimmt § 35 Abs. 1 Satz 1 KSVG. Danach überwacht die KSK die rechtzeitige und vollständige Entrichtung der Beitragsanteile der Versicherten und der Künstlersozialabgabe. Diese Überwachung ist ebenfalls eine Aufgabe, die ansonsten den Krankenkassen - unter Mitwirkung der Rentenversicherungsträger - zugewiesen ist (§ 28 p SGB IV). Anders als bei den Krankenkassen, denen in § 28 p SGB IV i.V.m. der Beitragsüberwachungsverordnung (BÜVO)[15] detaillierte Regelungen zur Durchführung der Überwachung zur Seite stehen, weisen die Regelungen für die KSK in diesem Bereich eine geringere Dichte auf, insbesondere für den Ablauf und Umfang der Unterlagenprüfungen bei den Abgabeverpflichteten (vgl. § 29 KSVG). Zwar hat der Gesetzgeber in § 35 Abs. 2 KSVG den Bundesminister für Arbeit und Sozialordnung ermächtigt, durch eine Rechtsverordnung entsprechende Überwachungsvorschriften zu erlassen; hiervon wurde bislang jedoch kein Gebrauch gemacht[16]. Da zumindest im grundrechtsrelevanten Bereich, wie er hier tangiert ist - zu denken wäre an eine Verletzung der Grundrechte aus Art. 12, 14 und 13 GG -, von den Aufgaben nicht auf die Mittel geschlossen werden darf[17], stehen der KSK über die explizit normierten Befugnisse (dazu unten i) hinaus keine weiteren zu[18]. Das bedeutet z.B., daß die Berechtigungen und Verpflichtungen der KSK und der Abgabepflichtigen hinsichtlich Ablauf und Umfang der Prüfungen weitgehend ungeklärt sind. Das ist mißlich, doch hierin (eventuell) wurzelnde Probleme bei der Durchführung der Künstlersozialversicherung sind keinesfalls deren besonderen organisatorischen Ausgestaltung anzulasten. Denn auch wenn die Krankenkassen und nicht die KSK diese Überwachungsaufgabe in der Künstlersozialversicherung zu erfüllen hätten, könnte ihnen die Beitragsüberwachungsverordnung (BÜVO) nicht ohne weiteres als Handlungsgrundlage dienen, da sie einen anderen Anwendungsbereich betrifft: In der BÜVO ist die Prüfung beim Arbeitgeber geregelt, während nach dem KSVG die Prüfung bei den Versicherten und den Abgabepflichtigen zu erfolgen hat. Zumindest eine Änderung der BÜVO, die deren Anwendung auch auf diesen Bereich erstreckt, müßte wohl erfolgen. Diese Ausdehnung des Anwendungsbereichs der BÜVO - die ebenfalls vom BMA erlassen wird[19] -

---

[15] BGBl. I 1989, S. 992 ff.

[16] Zur Frage, ob den BMA eine Verpflichtung zum Erlaß trifft, siehe unten D II 1 a cc).

[17] Vgl. schon *Mayer*, Deutsches Verwaltungsrecht, S. 283 f. Anm. 20; ausführlich zu diesem Schluß von den Aufgaben auf die Befugnis: *Schlink*, Die Amtshilfe, S. 85 ff.

[18] Ebenso *Th. Meyer*, Staatsaufsicht über Private, insbesondere Wirtschaftsunternehmen, S. 260.

würde auch für die KSK genügen. Hier ist also der Verordnungsgeber gefordert.

f) Haushaltsplanfeststellung

Damit die KSK die ihr obliegende Aufgabe, die Beitragsanteile der Versicherten, die Künstlersozialabgabe und den Bundeszuschuß zu verwalten, erfüllen kann, hat sie einen eigenen Haushaltsplan mit eigenem Kontenrahmen aufzustellen. Das umfaßt auch Maßnahmen wie Rechnungslegung, Bereithaltung von Betriebsmitteln und Liquiditätsreserven (§§ 43 bis 45 KSVG). Daß hieraus besondere Probleme bei der Durchführung des KSVG entanden sind oder entstehen könnten, ist nicht ersichtlich.

g) Aufklärungs- und Beratungspflichten

Ähnlich wie bei den Sozialversicherungsträgern in §§ 13, 14 SGB IV, statuiert § 47 KSVG für die KSK eine allgemeine Aufklärungs- und Beratungspflicht gegenüber den Versicherten und Abgabepflichtigen hinsichtlich deren Rechte und Pflichten. Das ist nur konsequent, denn wenn überhaupt eine Stelle diese Aufgabe sinnvoll ausfüllen kann, dann ist es die mit der Künstlersozialversicherung befaßte KSK. Besondere Probleme bei der Durchführung des KSVG, die bei anderer organisatorischer Konzeption besser bewältigt werden könnten, erwachsen aus diesen Aufgaben nicht.

h) Pflichten der Versicherten und Abgabepflichtigen

Damit der KSK die zur Erfüllung der ihr obliegenden Aufgaben, Feststellung der Versicherungs- und Abgabepflicht und Festsetzung der Beitragsanteile der Versicherten, erforderlichen Angaben zugänglich werden, sind - neben der Möglichkeit der Einsichtnahme in die Prüfberichte der Finanzämter[20] - im KSVG Melde-, Auskunfts- und Vorlagepflichten der betroffenen Künstler und Publizisten (§§ 11 bis 13) bzw. Verwerter (§§ 27 und 29) sowie für letztere zusätzlich Aufzeichnungspflichten (§ 28) normiert.

---

[19] Entsprechend §§ 28 n, 28 p Abs. 8 SGB IV, § 98 Abs. 4 SGB X, siehe BGBl I 1989, S. 992 ff.

[20] Vgl. § 31 Abs. 2 AO 1977; *Tipke/Kruse*, Abgabeordnung - Finanzgerichtsordnung, Kommentar zur AO 1977 und FGO, § 31 AO Rdn. 3; *Finke/ Brachmann/Nordhausen*, KSVG, § 29 Rdn. 11.

i) Befugnisse der KSK zur Sicherstellung ihrer Aufgabenerfüllung

Um die Erfüllung der Aufgaben der KSK zu gewährleisten, stehen der KSK verschiedene Befugnisse zur Seite.

In dem Falle, daß die Versicherten ihr Arbeitseinkommen nicht melden, kann die KSK dieses ersatzweise schätzen (§ 12 Abs. 1 Satz 2 KSVG). Ebenso kann die KSK gegenüber den Künstlersozialabgabepflichtigen, die die von ihnen zu zahlende Abgabe entgegen ihrer Verpflichtung nicht selbst berechnen, diese Berechnung aufgrund einer Schätzung ersatzweise vornehmen (§ 27 Abs. 1 Satz 3 KSVG).

Sind Versicherungspflichtige zwei Monate mit ihren Beitragszahlungen im Rückstand, stellt die KSK nach einer erfolglosen Mahnung (wobei erfolglos nach § 16 Abs. 2 Satz 2 KSVG bedeutet, daß der Beitragsrückstand zwei Wochen nach Mahnung größer als ein Monatsbeitrag ist) das Ruhen der Leistungen aus der Krankenversicherung fest und teilt dies der zuständigen Krankenkasse mit (§ 16 Abs. 2 Satz 6 KSVG). Dabei regelt § 17 KSVG, daß bei einem in beiden Versicherungszweigen beitragsrückständigen Versicherten dessen Zahlungen vorrangig zur Erfüllung der Verpflichtungen gegenüber der Krankenkasse verwandt werden. Materiellrechtlich wirkt sich das wie folgt aus: Zwar tangiert das Ruhen den Leistungsanspruch an sich nicht, wohl aber dessen Realisierung[21] und ist damit eine Abweichung gegenüber der "normalen" Gesetzlichen Krankenversicherung, in der der Versicherte trotz Beitragsnichtentrichtung seinen Leistungsanspruch gleichwohl tatsächlich verwirklichen kann[22]. Diese besondere Regelung erscheint allerdings dadurch gerechtfertigt, daß der Künstler und Publizist seine Beiträge selbst zu entrichten hat, während für die Arbeitnehmer der Arbeitgeber die Beiträge entrichtet; auf dessen Verhalten hat der Arbeitnehmer jedoch keinen Einfluß, was ihm nicht zum Nachteil gereichen soll.

Entrichten die Versicherten bzw. Abgabepflichtigen ihre Beiträge bzw. Abgaben nicht, kann die KSK einen Säumniszuschlag erheben (§§ 18, 30 KSVG), um die Pflichtigen zur Zahlung anzuhalten.

Verletzen die Versicherten bzw. Abgabepflichtigen ihre Melde-, Auskunfts-, Vorlage- oder Aufzeichnungspflichten, so handeln sie nach § 36 Abs. 1 und 2 KSVG ordnungswidrig. Die KSK ist für diese Fälle nach § 36 Abs. 3 und 4 KSVG i.V.m. dem Ordnungswidrigkeitengesetz befugt, den

---

21 Vgl. *Finke/Brachmann/Nordhausen*, KSVG, § 16 Rdn. 34.

22 Arg. § 19 Abs. 1 SGB V; *Bley/Kreikebohm*, Sozialrecht, Rdn. 326; *Schulin*, Sozialrecht, Rdn. 207.

Betroffenen Geldbußen aufzuerlegen. Darüber hinaus steht der KSK nach § 36 a KSVG i.V.m. § 66 SGB X und dem Verwaltungsvollstreckungsgesetz die Möglichkeit offen, Zwangsvollstreckungsmaßnahmen einzuleiten[23].

2. Beirat und Widerspruchsausschüsse

Die KSK ist nicht als monolithischer Block konstituiert, sondern weiter untergliedert in Beirat und Widerspruchsausschüsse.

a) Rechtsgrundlage

Die Bildung und die Aufgaben des Beirats und der Widerspruchsausschüsse sind in unterschiedlich detaillierter Ausgestaltung geregelt. Rechtsgrundlage für die Tätigkeit des Beirats und der Widerspruchsausschüsse sind zunächst §§ 38 und 39 KSVG. Diese Normen werden ergänzt durch die Verordnung über die Satzung der Künstlersozialversicherung vom 13.08.1982[24] - geändert durch die "Verordnung zur Änderung der Verordnung über die Satzung der Künstlersozialversicherung" vom 26.11.1992 (KSK-VO)[25]. Sie statuiert Genaueres über die Aufgaben, Zusammensetzung, Amtsdauer, Rechte und Pflichten der Mitglieder sowie über das Verfahren der Gremien.

b) Zusammensetzung und Aufgaben des Beirats

Als der Gesetzgeber mit dem KSVG selbständige Künstler und Publizisten in die Gesetzliche Kranken- und Rentenversicherung einbezog, war er sich bewußt, daß die Umsetzung des KSVG ein kompliziertes Unterfangen ist. Daher wurde ein Beirat installiert, die KSK bei der Erfüllung ihrer schwierigen Aufgaben durch sachkundige Hilfe zu unterstützen.

Dieser Intention entsprechend, weist § 38 Abs. 2 KSVG dem Beirat die Aufgabe zu, die KSK bei der Erfüllung ihrer Aufgaben zu beraten. Diese pauschale Beratungsfunktion präzisiert § 1 KSK-VO dahingehend, daß die KSK insbesondere bei der Erfassung des versicherungs- und abgabepflichtigen Personenkreises und bei der Entscheidung über die Versicherungs- und Abgabe-

---

23 Dazu, daß die Grundvoraussetzung, die Verwaltungsaktqualität der KSK-Verfügungen, erfüllt ist, siehe unten C I 1 c aa).

24 BGBl. I 1982, S. 1149 ff.

25 BGBl. I 1992, S. 1975 f.

pflicht zu beraten ist, also gerade im problematischsten Bereich der KSK-Aufgaben.

Damit der Beirat die KSK effizient beraten kann, müssen seine Mitglieder über besondere Sachkunde verfügen. Dies soll durch die Zusammensetzung des Beirats gewährleistet werden. So wird der Beirat gebildet aus Persönlichkeiten, die den Kreisen der Versicherten einerseits und der zur Künstlersozialabgabe Verpflichteten andererseits angehören. Dabei sollen die Bereiche Wort, Musik, darstellende und bildende Kunst möglichst angemessen vertreten sein (§ 38 Abs. 1 KSVG). Diese Bereichsaufteilung ist bei der Erfassung der versicherungspflichtigen Personen bedeutsam (§ 2 KSVG)[26], womit sich der Kreis schließt: Die KSK wird bei der Erfassung der versicherungs- und abgabepflichtigen Personengruppen und bei der Entscheidung über die Versicherungs- und Abgabepflicht von einem Gremium beraten, dessen Mitglieder aus dem betroffenen Personenkreis, sozusagen "aus dem Metier" kommen.

Diese Sachkunde der Beiratsmitglieder wird noch weitergehend genutzt. So steht dem Beirat gemäß § 43 Abs. 3 Satz 2 KSVG bei der Feststellung des Haushaltsplans durch den Geschäftsführer der LVA Oldenburg/Bremen ein Anhörungsrecht zu. Zudem schlägt der Beirat die Mitglieder der Widerspruchsausschüsse vor, § 39 Abs. 2 Satz 2 KSVG[27].

Kann der Beirat auf die Entscheidungen der KSK ansonsten nur beratend einwirken, so ist die KSK bei der Berufung der Widerspruchsausschußmitglieder an den Vorschlag des Beirats gebunden. Für diese Bindung spricht zum einen der Wortlaut des § 39 Abs. 2 Satz 2 KSVG, der keinen eigenen Entscheidungsspielraum für die KSK signalisiert. Zum anderen läßt sich auch die Funktion des Beirats und seines Vorschlagsrechts für eine Bindung anführen. Wie §§ 38 Abs. 1 und 3, 39 Abs. 2 Satz 1 KSVG zeigen, weist die Besetzung des Beirats und der Widerspruchsausschüsse diese Gremien als gesellschaftlich-pluralistisch-sachverständige Vereinigungen aus. "Die Erwägungen solcher Gremien (können)... nur in begrenztem Umfang ohne Schaden für die mit der personellen Zusammensetzung des Organs bezweckte Funktion ersetzt werden ... (Somit ist) die Besetzung eines Organs rechtlich relevant"[28]. Wenn

---

26 Die Bereichsaufteilung hat darüber hinaus eine - weit wichtigere - Bedeutung für die Finanzierung: Die Höhe der Künstlersozialabgabe wird getrennt nach dem Finanzbedarf der jeweiligen Bereiche festgesetzt, vgl. § 26 Abs. 1 Satz 1 KSVG.

27 Zur Zusammensetzung der Widerspruchsausschüsse siehe sogleich unter B I 2 c).

28 *Bachof*, VVDStRL, 30 (1972), 193 (234 f.). Ebenfalls für Bindung der KSK, jedoch ohne Begründung: *Kraegeloh*, KSVG, § 39 Anm. 4; allgemein zur Pflicht, sich bei gesetzlich angeordneter Beratung beraten zu lassen: *Brohm*, in: HdbStR II, § 36 Rdn. 49 ff.

dem so ist, dann kann sich die KSK nicht über den Besetzungsvorschlag hinwegsetzen, sondern ist an ihn gebunden.

Wie bedeutsam dem Gesetzgeber die Funktion des Beirats erschien, läßt sich auch daraus ersehen, daß die Kompetenz zur Berufung der Mitglieder gemäß § 38 Abs. 3 KSVG beim BMA, also sehr hoch angesiedelt ist. Er soll dabei nach Möglichkeit Vorschläge von Interessenverbänden der Versicherten bzw. Abgabeverpflichteten berücksichtigen. Diese Rückkoppelung der BMA-Entscheidung an die Empfehlung der Verbände stellt am ehesten sicher, daß der Beirat tatsächlich aus sachverständigen Mitgliedern besteht und so seine Aufgaben erfüllen kann. Jene Bedeutung des Beirats unterstreicht der BMA, wenn er in § 3 KSK-VO die Mitglieder zu gewissenhafter und unparteiischer Wahrnehmung ihrer Aufgaben verpflichtet und sie weisungsfrei stellt. Da eine Weisungsabhängigkeit der Beiratsmitglieder die erstrebte Nutzung des Sachverstandes relativieren und insofern kontraproduktiv wirken würde, ist die Anordnung der Weisungsfreiheit nur folgerichtig.

Die KSK-VO enthält neben der näheren Beschreibung der Aufgaben des Beirats auch Regelungen über den Ablauf seiner Sitzungen: Den Vorsitz führt gemäß § 5 KSK-VO (grundsätzlich) der Geschäftsführer der LVA Oldenburg/Bremen, der die Mitglieder nach näherer Bestimmung des § 6 KSK-VO einberuft; die Sitzungen sind nichtöffentlich (§ 7 KSK-VO). Der Beirat ist beschlußfähig, wenn die Mehrheit der Mitglieder anwesend ist, wobei die Beschlüsse mit der Mehrheit der anwesenden Mitglieder gefaßt werden (§ 8 KSK-VO). Der Beirat besteht dabei aus maximal zwölf Mitgliedern bei höchstens drei Mitgliedern pro Bereich und Personenkreis - Versicherte/Abgabeverpflichtete (§ 2 KSK-VO).

c) Zusammensetzung und Aufgaben der Widerspruchsausschüsse

Die neben dem Beirat bei der KSK zu bildenden Widerspruchsausschüsse sind jeweils für die Bereiche Wort, Musik, darstellende und bildende Kunst zu errichten (§ 39 Abs. 1 Satz 2 KSVG). Ihre Besetzung verdeutlicht, daß bei der Arbeit der Widerspruchsausschüsse der Sachverstand der Beiratsmitglieder wirksam eingesetzt werden soll: Die Ausschüsse setzen sich zusammen aus je zwei Mitgliedern des Beirats[29] - wobei pro Personenkreis (Versicherte/Abgabeverpflichtete) ein Vertreter entsandt wird - und einem Vertreter der KSK (§ 39 Abs. 2 Satz 1 KSVG). Die Ausschußmitglieder werden auf Vorschlag

29 Aus dem Wortlaut "Mitglieder des Beirats" läßt sich schließen, daß deren Stellvertreter nicht in die Widerspruchsausschüsse entsandt werden können; ebenso *Kraegeloh*, KSVG, § 39 Anm. 4.

des Beirats durch die KSK berufen (§ 39 Abs. 2 Satz 2 KSVG). § 11 KSK-VO bestimmt darüber hinaus, daß pro Ausschußmitglied mindestens ein Stellvertreter zu berufen ist. Werden mehrere Stellvertreter berufen, ist die Reihenfolge der Stellvertretung festzulegen.

Die so gebildeten Widerspruchsausschüsse haben die Aufgabe, das vor einer Klage vor dem Sozialgericht erforderliche Vorverfahren (§§ 78 ff. SGG) durchzuführen. Sie entscheiden über Widersprüche, die Abgabeverpflichtete oder Versicherte gegen Maßnahmen der KSK einlegen; sie erlassen also die Widerspruchsbescheide (§ 39 Abs. 1 Satz 1 KSVG i.V.m. § 85 Abs. 2 SGG). Da ein Widerspruchsbescheid nur ergeht, wenn dem Widerspruch nicht abgeholfen wird (§ 85 Abs. 2 SGG), kommt den Widerspruchsausschüssen also die Kompetenz zur Ablehnung von Widersprüchen seitens der Versicherten bzw. Abgabeverpflichteten zu. Diese Befugnis erweitert § 18 Abs. 2 KSK-VO, worin bestimmt ist, daß der Ausschuß mit der Mehrheit seiner Mitglieder beschließen kann, dem Widerspruch ganz oder teilweise stattzugeben. Die Widerspruchsausschüsse entscheiden also darüber, ob und inwieweit dem Begehren des Widerspruchsführers entsprochen wird.

Bei diesen Entscheidungen sind die Mitglieder der Widerspruchsausschüsse von Weisungen unabhängig, sie sind gemäß § 39 Abs. 3 KSVG "nur" an das Gesetz oder sonstiges für die KSK maßgebliches Recht gebunden. Verstößt eine Entscheidung des Ausschusses hiergegen, hat nach § 21 KSK-VO der Geschäftsführer der LVA Oldenburg/Bremen diese Entscheidung zu beanstanden und die Aufsichtsbehörde zu unterrichten, sofern der Widerspruchsausschuß dieser Beanstandung nicht nachkommt (§ 21 Abs. 2 KSK-VO).

Wie hinsichtlich des Beirats, enthält die KSK-VO auch für die Sitzungen der Widerspruchsausschüsse Bestimmungen über deren Ablauf: Den Vorsitz in den - nichtöffentlich tagenden (§ 16 KSK-VO) - Widerspruchsausschüssen führt jeweils der Vertreter der KSK (§ 13 KSK-VO), der auch die Widerspruchsbescheide zu unterzeichnen und - bei Nichtbeanstandung seitens des Geschäftsführers der LVA - zuzustellen hat (§ 20 KSK-VO). Der jeweilige Vorsitzende beruft die Mitglieder des Ausschusses nach näherer Bestimmung des § 15 KSK-VO ein. Die Beschlüsse werden mit der Mehrheit der Ausschußmitglieder gefaßt (§ 18 Abs. 2 KSK-VO), wobei zur Beschlußfähigkeit der Ausschusses die Anwesenheit aller Mitglieder erforderlich ist (§ 18 Abs. 1 KSK-VO).

II. Beziehungen der Künstlersozialkasse zu den Versicherungsträgern der Künstlersozialversicherung

Das Neue in der Künstlersozialversicherung - die Einschaltung der KSK - führt zwischen den Versicherungsträgern und dieser KSK auch zu bisher nicht existenten Beziehungen. Dieser neuartigen Beziehungsstruktur gilt das weitere Augenmerk.

1. Gesetzlich geregelte Beziehungsstruktur

Will man die Beziehungsstruktur zwischen der KSK und den Versicherungsträgern begreifen, so ist in einem ersten Schritt zu untersuchen, in welcher Weise der Gesetzgeber diese Beziehungen rechtlich ausgestaltet hat.

a) Pflicht der KSK zur Entrichtung der Beiträge gegenüber den Versicherungsträgern

Wesentliches Merkmal der Rechtsbeziehung zwischen KSK und Versicherungsträgern ist, daß die KSK deren Schuldnerin für die Beiträge der versicherten Künstler und Publizisten ist (§ 173 SGB VI, § 252 SGB V): Die KSK hat die Versicherungsbeiträge der Künstler und Publizisten gegenüber den Versicherungsträgern zu tragen (§ 251 Abs. 3 Satz 1 SGB V für die Krankenversicherung, § 169 Nr. 2 SGB VI für die Rentenversicherung). Dies ist zugleich eine wesentliche Unterscheidung zur sonstigen Sozialversicherung, in der entweder der Arbeitgeber (§ 28 e SGB IV) oder - bei Selbständigen - diese selbst Schuldner sind (§ 169 Nr. 1 i.V.m. § 173 SGB VI, § 250 Abs. 2 i.V.m. § 252 SGB V).

Da diese Schuldnerstellung - bestünde sie uneingeschränkt - für die KSK erhebliche finanzielle Risiken bedeuten würde, die ihre Funktionsfähigkeit in Frage stellen könnten, bestehen sowohl für die Renten- als auch für die Krankenversicherung Ausnahmebestimmungen, die die KSK von ihrer Zahlungspflicht befreien. In der Rentenversicherung trifft § 175 SGB VI folgende Regelung: Nach Abs. 1 zahlt die KSK keine Beiträge für nachgewiesene Anrechnungszeiten von Künstlern und Publizisten (dies sind im wesentlichen Zeiten der Arbeitslosigkeit, Krankheit und Schulausbildung[30]). Abs. 2 normiert, daß die KSK zur Zahlung eines Beitrags für Künstler und Publizisten nur insoweit verpflichtet ist, als diese ihren Beitragsanteil zur Rentenversiche-

[30] Zur genauen Regelung vgl. § 58 SGB VI.

rung an die KSK gezahlt haben. Diese Regelung wurde durch Art. 1 a des Gesetzes zur finanziellen Sicherung der Künstlersozialversicherung vom 18.12.1987[31], eingeführt - früher § 126 a AVG - und sollte die damals angespannte Finanzsituation der KSK verbessern. Zugleich stellte sie sicher, daß Versicherte - im Gegensatz zur alten Gesetzeslage - nur noch Rentenanwartschaften erwerben können, wenn sie ihren eigenen Zahlungsverpflichtungen nachkommen[32].

In der Krankenversicherung stellt § 251 Abs. 3 Satz 2 SGB V die KSK von der Beitragszahlungspflicht frei für die Zeit, für die die KSK das Ruhen der Leistungen nach § 16 Abs. 2 Satz 2 KSVG festgestellt hat[33]. Die KSK trifft dabei gegenüber der jeweils zuständigen Krankenkasse die Verpflichtung, diese vom Eintritt und Ende des Ruhens - sowie der vorauszugehenden Mahnung - zu unterrichten, § 16 Abs. 2 Satz 6 KSVG[34]. In Ergänzung dieser Regelungen bestimmt § 17 KSVG[35], daß bei einer nur teilweisen Beitragsentrichtung eines sowohl in der Rentenversicherung als auch in der Krankenversicherung Versicherten die Zahlungen vorrangig zur Erfüllung der Verpflichtung der KSK gegenüber der Krankenkasse zu verwenden sind[36].

Diese Regelungen zeigen, daß es trotz der Stellung der KSK als Schuldnerin für die Beitragszahlung der versicherten selbständigen Künstler und Publizisten an die Versicherungsträger, wie bei den anderen in der Sozialversicherung versicherten Selbständigen auch, in der Verantwortung der Versicherten selbst liegt, ob sie Versicherungsleistungen erhalten oder Versicherungsanwartschaften erwerben. Diese Beitragsansprüche der Versicherungsträger gegenüber der KSK unterliegen ebenso wie die Erstattung von zu Unrecht geleisteten Beiträge seitens der KSK an die Versicherungsträger der Verjährung. Sie richtet sich direkt nach §§ 25, 26 SGB IV (die Verweisungsnormen §§ 19 und 21 Abs. 1 Satz 2 bzw. §§ 31 und 33 Abs. 1 KSVG gelten nur im Verhältnis zwischen Versicherten bzw. Abgabepflichtigen und KSK[37]). Insofern

---

31 BGBl. I 1987, S. 2794 ff.

32 Vgl. BT-Drucks. 11/1158, S. 11 f.

33 Zu dieser Feststellung und ihren Voraussetzungen siehe oben B II 1.

34 Diese Regelung wurde durch Art. 1 Nr. 4 des Gesetzes zur Änderung des KSVG vom 20.12.1988, BGBl. I 1988, S. 2606 (2609) eingeführt.

35 Ebenfalls eingeführt durch Art. 1 Nr. 4 des Gesetzes zur Änderung des KSVG vom 20.12.1988, BGBl. I 1988, S. 2606 (2610).

36 Siehe schon oben B I 1 i).

37 *Finke/Brachmann/Nordhausen*, KSVG, § 21 Rdn. 1; vgl. auch *Kraegeloh*, KSVG, § 21 Anm. 2.

wird hier auf nur die allgemeine sozialversicherungsrechtliche Literatur verwiesen.

b) Pflicht der KSK zur Zusammenarbeit mit den Versicherungsträgern gemäß § 86 SGB X

Über die Beitragszahlungspflicht hinaus könnte die KSK zu einer allgemeinen Zusammenarbeit mit den Versicherungsträgern gemäß § 86 SGB X gesetzlich verpflichtet sein. Dazu müßte diese Norm aber auf die Beziehungen der KSK zu den Versicherungsträgern anwendbar sein. Die KSK müßte danach eine "in diesem Gesetzbuch genannte" öffentlich-rechtliche Vereinigung sein, die Aufgaben "nach diesem Gesetzbuch" wahrnimmt[38]. Nun ist die KSK mühelos unter den Begriff der öffentlich-rechtlichen Vereinigung subsumierbar, da sie öffentlich-rechtlich strukturiert ist. Problematisch erscheint, daß das KSVG nicht Teil des SGB ist - auch nicht besonderer[39]. Für die Erfüllung des Tatbestandsmerkmals "in diesem Gesetzbuch genannt" genügt es jedoch, in *einem* der Bücher des SGB genannt zu sein[40]. Dies trifft auch für die KSK zu, da sie in den §§ 46, 186 Abs. 3, 190 Abs. 5, 251 Abs. 3 SGB V, §§ 169, 175 SGB VI erwähnt ist.

Die in § 86 SGB X statuierte Verpflichtung der KSK, mit den Versicherungsträgern zusammenzuarbeiten, erstreckt sich damit auf die in diesen Normen erwähnten Bereiche. Deren Regelungen betreffen die Beitragstragungspflicht (§ 251 Abs. 3 SGB V, §§ 169, 175 SGB VI), der Beginn bzw. das Ende der Mitgliedschaft (§ 186 Abs. 3, 190 Abs. 5 SGB V) und den Anspruch der KSVG-Versicherten auf Krankengeld (§ 46 SGB V): Grundsätzlich erst ab der 7. Woche beginnend, entsteht der Krankengeldanspruch schon vorher, wenn der Versicherte eine entsprechende Erklärung gegenüber der KSK abgibt (§ 46 Satz 3 SGB V). Allerdings ist eine Verpflichtung der KSK, der Krankenkasse dies mitzuteilen, nicht ausdrücklich normiert - anders als beim Ruhen der Leistungen aufgrund eines Beitragszahlungsrückstandes seitens des Versicherten (§ 16 Abs. 2 Satz 6 KSVG). Hier greift nun § 86 SGB X, so daß aufgrund dieser Norm i.V.m. § 46 SGB V der KSK eine entsprechende Mitteilungspflicht auferlegt ist[41]. Damit erschöpft sich jedoch der Anwendungsbereich des § 86 SGB X.

---

[38] Vgl. *von Maydell*, in: GK-SGB X/3, § 86 Rdn. 12.

[39] *Finke/Brachmann/Nordhausen*, KSVG, § 36 a Rdn. 2.

[40] *Von Maydell*, in: GK-SGB X/3, § 86 Rdn. 12.

[41] Zu möglichen Folgen einer Nichtbeachtung dieser Pflicht aus § 86 SGB X vgl. *BSG*, SGb 1986, 162 ff. und *Seewald*, SGb 1986, 133 (135 f.).

2. Das "Gemeinsame Rundschreiben"

Neben dieser gesetzlich geregelten Beziehungsstruktur bestimmt das "Gemeinsame Rundschreiben" den täglichen Verwaltungsablauf zwischen der KSK und den Versicherungsträgern. Unter dieser Bezeichnung haben der Bundesverband der Ortskrankenkassen, die Verbände der Ersatzkassen und die Bundesversicherungsanstalt für Angestellte das Ergebnis einer "Abstimmung" über die Einzelheiten zum Melde- und Beitragsverfahren veröffentlicht[42]. Dabei lehnten sich die Urheber erklärtermaßen eng an die bestehenden Regelungen im Bereich des gemeinsamen Beitragseinzugs und des gemeinsamen Meldeverfahrens an[43]. Die Rechtsqualität dieser "Abstimmung", insbesondere im Hinblick auf ihre Rechtsgrundlage und Verbindlichkeit erschließt sich vor dem Hintergrund des Inhalts des "Gemeinsamen Rundschreibens".

Betrachtet man diesen Inhalt näher, so lassen sich zwei Kategorien von Verhaltensweisen, die den Versicherungsträgern bzw. der KSK abgefordert werden, unterscheiden: In der ersten Kategorie wird lediglich bereits gesetzlich Vorgeschriebenes wiederholt, so z.B. in Punkt 1.2.: Die KSK trifft die Entscheidung über die Versicherungspflicht. Die Direktiven dieser Kategorie sind unproblematisch: Die Festlegungen sind inhaltlich schon auf Grund eines Gesetzes - des KSVG - verbindlich. Einer besonderen Rechtsgrundlage für diese Bestandteile des "Gemeinsamen Rundschreibens" bedarf es nicht, sie sind im Grunde unerheblich, haben lediglich deklaratorischen Charakter.

Die Regelungen der zweiten Kategorie gestalten die Art der Erfüllung der gesetzlichen Aufgaben näher aus. Sie betreffen einen Bereich, in dem die Versicherungsträger und die KSK zusammenarbeiten müssen, soll die Künstlersozialversicherung funktionieren. So müssen beispielsweise die Versicherungsträger irgendwie Kenntnis darüber erlangen, welche Künstler und Publizisten bei ihnen versichert sind. Die die Mitgliedschaft regelnden Vorschriften im SGB V (§§ 186 Abs. 3, 190 Abs. 5) und SGB VI (§ 2 Nr. 5) geben darüber keinen Aufschluß[44]. Im "Gemeinsamen Rundschreiben" ist hierzu in Punkt 4.

[42] Ersk 1983, 80 ff.

[43] Siehe Ersk 1983, 80 (81). Mit den bestehenden Regelungen sind im wesentlichen die Zweite Datenerfassungs-Verordnung - 2. DEVO - vom 29.05.1980, BGBl. I, S. 593, und die Zweite Datenübermittlungs-Verordnung - 2. DÜVO - vom 29.05.1980, BGBl. I, S. 616 gemeint.

[44] Zur Zeit des Inkrafttretens des KSVG galt noch die RVO bzw. das AVG. Die Normen über die Mitgliedschaft wurden durch §§ 49, 50 KSVG a.F. entsprechend geändert. Hätte das KSVG darüber hinaus auch das Beitrags- und Meldeverfahren geregelt, wäre einer der Streit-

das Meldeverfahren festgelegt, mithin die Art und Weise, wie die KSK die Versicherten bei den Versicherungsträgern zu melden hat. Solche Regelungen konkretisieren also ein nicht ausdrücklich und in Einzelheiten normiertes Aufgabenfeld. In diesem Bereich sind Rechtsnatur und Rechtsgrundlage des "Gemeinsamen Rundschreibens" nicht ohne weiteres bestimmbar.

Auf der Suche nach einer Rechtsgrundlage geraten zunächst §§ 88 bzw. 53 SGB X in den Blick. Denn in dem "Gemeinsamen Rundschreiben" ist das Zusammenwirken von öffentlich-rechtlichen Einrichtungen bei der Erfüllung ihrer jeweiligen Aufgaben geregelt. Es könnten also Auftragsverhältnisse gemäß § 88 SGB X statuiert sein. Die niedergelegten Vereinbarungen könnten auch in der Rechtsform eines Verwaltungsvertrages nach § 53 SGB X geschlossen worden sein.

Ein Auftrag i.S.v. § 88 SGB X ist bei näherem Hinsehen allerdings schnell auszuschließen. Denn dort geht es darum, unter bestimmten Voraussetzungen eigene gesetzlich zugewiesene Aufgaben von einer anderen Stelle wahrnehmen zu lassen[45]. Hier erfolgte jedoch eine Abstimmung darüber, wie die Ausführung der jeweils *eigenen* Aufgaben sinnvoll koordiniert werden kann.

Hingegen erscheint es schon naheliegender, in dem "Gemeinsamen Rundschreiben" einen Verwaltungsvertrag, und zwar einen koordinationsrechtlichen, gemäß § 53 Satz 1 SGB X zu sehen. Denn unter einem Verwaltungsvertrag versteht man eine durch Einigung von mindestens zwei Rechtssubjekten begründetes Rechtsverhältnis auf dem Gebiet des öffentlichen Rechts[46]. Das bedeutet, daß übereinstimmend bestimmte Rechtsfolgen gewollt sein müssen, die z.B. in der Begründung von Verpflichtungen liegen können[47].

Klopft man das "Gemeinsame Rundschreiben" auf diese Merkmale des Verwaltungsvertrages ab, so ist zum einen festzustellen, daß mehrere Rechtssubjekte beteiligt sind: Als die Vereinbarung getroffen wurde, war die KSK gemäß § 37 KSVG a.F. eine selbständige, rechtsfähige Anstalt des öffentlichen Rechts, damit eine juristische Person des öffentlichen Rechts. Die anderen Beteiligten sind teils ebenfalls juristische Personen, nämlich Körperschaften des öffentlichen Rechts - so die Bundesversicherungsanstalt für Ange-

---

punkte im Gesetzgebungsverfahren zum KSVG, ob nämlich der Bundesrat zustimmen muß, anders zu beurteilen gewesen. Vgl. dazu *BVerfG* E 75, 108 (152 f.).

45 *Hoffmann*, VerwArch, 79 (1988), S. 314.

46 *Maurer*, Allgemeines Verwaltungsrecht, § 14 Rdn. 5 f.

47 *Erichsen*, in: Erichsen/Martens, § 23 a Rdn. 1, § 24 Rdn. 1; siehe auch den Wortlaut des § 54 Satz 1 VwVfG; *Ule/Laubinger*, Verwaltungsverfahrensrecht, § 69, S. 532.

stellte (§ 29 SGB IV) und der Bundesverband der Ortskrankenkassen (§ 212 Abs. 4 SGB V), teils eingetragene Vereine - so die Verbände der Ersatzkassen (§ 212 Abs. 5 SGB V).

Zum anderen haben diese Rechtssubjekte eine Vereinbarung darüber getroffen, wie zur Erfüllung gesetzlicher Aufgaben zu verfahren sei, womit eine Begründung von Verpflichtungen gewollt sein könnte. So wäre bei oberflächlicher Betrachtung das "Gemeinsame Rundschreiben" als Verwaltungsvertrag qualifizierbar.

Unabhängig davon, daß ein solcher Verwaltungsvertrag zu seiner Wirksamkeit noch allgemeine Voraussetzungen erfüllen muß[48], scheidet für das "Gemeinsame Rundschreiben" die Rechtsform des Verwaltungsvertrages aber aus einem anderen Grunde aus. An seiner Entstehung waren auf seiten der Krankenkassen nicht diese selbst beteiligt. Vielmehr haben deren Verbände die Vereinbarungen getroffen, welche die einzelnen Krankenkassen in ihrem Aufgabenbereich berühren. Eine Bindung der im Verband zusammengeschlossenen Versicherungsträger an diese Übereinkunft und damit eine Verpflichtung, entsprechend zu verfahren, tritt jedoch nur dann ein, wenn den Verbänden insofern Vertretungsmacht zukommt (Arg. § 211 Abs. 2 Nr. 3 und § 217 Abs. 2 Nr. 3 SGB V). Eine Gesetzesvorschrift, die den Verbänden eine solche Befugnis einräumt, existiert aber nicht, und eine (rechtsgeschäftliche) Vollmachterteilung ist nicht erfolgt. Die Verbände hatten also keine Befugnis, die einzelnen Krankenkassen rechtlich zu verpflichten. Damit fehlt ein wesentliches Merkmal des Verwaltungsvertragstatbestandes, die Vereinbarung begründet keine Verpflichtung. Das "Gemeinsame Rundschreiben" ist somit nicht als Verwaltungsvertrag qualifizierbar.

Da andere Rechtsfiguren als die angesprochenen (Auftrag, Verwaltungsvertrag) nicht ersichtlich sind, ist das "Gemeinsame Rundschreiben" damit rechtlich lediglich eine gemeinsame Meinungsäußerung und Willensbekundung der Beteiligten hinsichtlich der darin angesprochenen Verhaltensweisen, eine (schlichte) Form der Kooperation[49]. Die Zulässigkeit einer solchen Vereinbarung, also die Rechtsgrundlage des "Gemeinsamen Rundschreibens", findet sich in § 30 Abs. 2 Satz 2 SGB IV, § 86 SGB X, sowie auf seiten der Krankenkassenverbände in deren Beratungsaufgabe gemäß § 217 Abs. 2 Nr. 1 SGB V bzw. der jeweiligen Satzung.

---

[48] Z.B. muß die Schriftform, § 56 SGB X, gewahrt sein.

[49] Allgemein zum Rechtscharakter von "Gemeinsamen Rundschreiben" vgl. *Hein*, Die Verbände der Sozialversicherungsträger in der Bundesrepublik Deutschland, S. 378 f. und S. 381.

Da die Krankenkassen an die Vereinbarungen rechtlich nicht gebunden sind, ist eine rechtliche Verbindlichkeit des "Gemeinsamen Rundschreibens" insgesamt abzulehnen. Das bedeutet auch, daß es keine rechtliche Durchsetzungsmöglichkeit bei Zuwiderhandlungen gibt.

Unabhängig davon geht von solchen Übereinkünften wie dem "Gemeinsamen Rundschreiben" jedoch eine erhebliche faktische Bindungswirkung aus, die in der Praxis letztlich einer rechtlichen Bindung gleichkommt[50]. So wird man sagen können, daß die Versicherungsträger und die KSK mit dem "Gemeinsamen Rundschreiben" recht schnell nach Inkrafttreten des KSVG einen modus procedendi, eine Grundlage für einen reibungsarmen Verwaltungsablauf zwischen den beteiligten Einrichtungen gefunden haben.

III. Resümee

Die eingangs gestellte Frage, ob gerade diese besondere Aufgabenverteilung die Probleme bei der Umsetzung des KSVG (mit-)verursacht hat, läßt sich nun vor dem Hintergrund der untersuchten Aufgabenverteilung in der Künstlersozialversicherung und den Beziehungen zwischen der KSK und den Versicherungsträgern beantworten.

Man wird zunächst einräumen müssen, daß die Einrichtung einer neuen Verwaltungsinstitution immer bedeutet, daß eine gewisse Anlaufphase benötigt wird, bis sich Verwaltungsabläufe eingespielt haben. In dieser Zeit wird immer mit Komplikationen bei der Erfüllung der zugewiesenen Aufgaben zu rechnen sein. Die Errichtung neuer Verwaltungseinrichtungen will also wohl überlegt sein.

Die Schwierigkeiten, die bei der Umsetzung des KSVG zutage traten, sind der bloßen Tatsache der Errichtung der KSK, ihrer schieren Existenz, jedoch nicht ohne weiteres anzulasten. Nach dem zuvor Erläuterten lagen (und liegen) die Probleme zu einem wesentlichen Teil in den Aufgaben der KSK selbst begründet, in der Kompliziertheit der Materie. Ob eine andere organisatorische Konstruktion, bei der - wie im Gesetzgebungsverfahren vorgeschlagen - den Krankenkassen diese Aufgaben zugewiesen sind, mit weniger Umsetzungsschwierigkeiten verbunden wäre, muß auf dieser Basis sehr bezweifelt werden.

---

[50] *Schwerdtfeger*, SDSRV 34 (1991), 123 (126 f.).

Insgesamt gesehen erscheint es so nicht nur aus der vorausschauenden Perspektive des Gesetzgebers, sondern auch nachträglich sinnvoll, für die Durchführung des KSVG, anstatt viele verschiedene Stellen wie die Krankenkassen zu verpflichten, eine zentrale Einrichtung zu schaffen. Die Zentralisierung ermöglicht es, für diese komplizierte Materie "Spezialisten" heranzubilden und einzusetzen. Darüber hinaus gilt es zu bedenken, daß eine Zentralstelle auch nur von einer Aufsichtsbehörde überwacht wird; das hat gleichfalls eine Verringerung des Verwaltungsaufwands zur Folge. Bei allen Mißständen im Zusammenhang mit der KSK - eine reelle Alternative zu einer solchen Zentralstelle besteht bei einer Materie wie der Künstlersozialversicherung wohl nicht.

C. Eingliederung der Künstlersozialkasse in die Landesversicherungsanstalt Oldenburg/Bremen

Bedeutete bereits die Einrichtung der KSK als Anstalt des öffentlichen Rechts ein Novum im Rahmen der Organisation der Sozialversicherung, so betrat man mit der Auflösung der Anstalt und der Eingliederung der KSK in die LVA Oldenburg/Bremen weiteres organisationsrechtliches Neuland. Auffallend ist, daß durch diese Eingliederung zwei Aufgabenkomplexe organisatorisch zusammengefaßt wurden, die inhaltlich nichts miteinander gemein haben. Denn zum einen ist die LVA in ihrem ursprünglichen Tätigkeitsbereich als Rentenversicherungsträgerin schon nicht mit der spezifischen Art von Aufgaben befaßt, die den Kern der KSK-Aufgaben ausmacht, nämlich die Feststellung der Versicherungs- bzw. Künstlersozialabgabepflicht sowie die Einziehung und Weiterleitung der für die Versicherung benötigten Geldmittel. Das ist in der Arbeitnehmersozialversicherung Aufgabe der Krankenkassen. Zum anderen beschreiben auch das jeweilige Klientel der beiden Einrichtungen LVA und KSK zwei einander nicht berührende Kreise. Denn die LVA ist Rentenversicherungträgerin für Arbeiter (im Raume Oldenburg/Bremen), während die vom KSVG erfaßten Künstler und Publizisten bei der Bundesversicherungsanstalt für Angestellte rentenversichert sind. Bereits dieser Aspekt der Eingliederung weckt das Interesse für die gesetzgeberische Kreation.

Ein juristischer, organisationsrechtlicher Blickwinkel richtet die Aufmerksamkeit weitergehend darauf, was der Gesetzgeber mit dieser eigenartigen Konstruktion denn eigentlich geschaffen hat, also welche Rechtsnatur der KSK nunmehr zukommt und welche Konsequenzen daraus resultieren[1]. Daneben ist bislang ungeklärt, ob, und wenn ja, unter welchen Voraussetzungen, der Gesetzgeber einen mit dem Recht zur Selbstverwaltung ausgestatteten Sozialversicherungsträger wie die LVA Oldenburg/Bremen einen ihr so fremden Aufgabenkomplex zuweisen durfte[2].

---

1 Hierzu sogleich unter I.

2 Dazu unten II.

I. Rechtsnatur der Künstlersozialkasse, des Beirats und der Widerspruchsausschüsse

Wenn hier die Rechtsnatur der KSK, des Beirats und der Widerspruchsausschüsse untersucht werden, so ist - in Weiterführung der im Eingangskapitel angestellten Überlegungen zur Bedeutsamkeit organisationsrechtlicher Einordnungen - zunächst nach dem Erkenntniswert solcher Klassifizierungen zu fragen, will man sich nicht dem Vorwurf aussetzen, man betreibe Kategorienbildung um ihrer selbst willen. Die praktische Relevanz der erfolgreichen Einordnung zu einer Kategorie zeigt sich bereits in folgendem: Ist für rechtmäßiges staatliches Handeln bedeutsam, ob die zuständige Stelle tätig wurde und wer für dieses Handeln - auch haftungsmäßig - einzustehen hat, so bedarf es der Kenntnis über entsprechende Zurechnungszusammenhänge. Sie geben zudem Aufschluß, gegen wen der Bürger im Streitfalle Klage erheben kann. Solche Zurechnungszusammenhänge zu erhellen dienen die von der Rechtsdogmatik herausgearbeiteten Kategorien juristische Person, Organ, Behörde[3]. Diese Begriffe verwendet auch der Gesetzgeber (obgleich mit relativem, d.h. nicht für jede Norm allgemeingültigem Bedeutungsinhalt)[4]. Die Bedeutsamkeit einer rechtlichen Einordnung zeigt sich ferner darin, daß nur eine Behörde in den Anwendungsbereich der Verwaltungsverfahrensgesetze (VwVfG, SGB X) fällt. Nur Behörden sind zur Amtshilfe verpflichtet (§§ 4 ff. VwVfG, §§ 3 ff. SGB X) und nur sie können ein Verwaltungsverfahren gemäß § 9 VwVfG bzw. § 8 SGB X einleiten oder Verwaltungsakte erlassen (§ 35 Satz 1 VwVfG, § 31 Satz 1 SGB X). Aus alledem erschließt sich der Sinn dieser gb62

Untersuchung der Rechtsnatur der Künstlersozialkasse, des Beirats und der Widerspruchsausschüsse.

1. Künstlersozialkasse

Die Bestimmung der Rechtsnatur der KSK ist mit dem Verlust ihrer Rechtsfähigkeit durch das Gesetz zur finanziellen Sicherung der Künstlersozi-

---

3 Vgl. jüngst *Schmidt-De Caluwe*, JA 1993, 77 (84 ff.).

4 Zudem werden in solchen Begriffen bestimmte normative Realitäten zusammengefaßt. Mit der Zuordnung zu einem Begriff kann dann auf die dahinterliegenden Realitäten Bezug genommen werden, ohne daß sie jeweils neu entwickelt werden müßten. Dies dient der Straffung und Effektivierung der Diskussion (vgl. hierzu *Schnapp*, Amtsrecht, S. 62 m.w.N.). Diese Entlastungsfunktion wird allerdings durch die Praxis des Gesetzgebers, den Begriffen (i.S.v. Wortzeichen) in unterschiedlichen Zusammenhängen je andere Bedeutung zuzuweisen nicht unerheblich eingeschränkt; vgl. dazu auch unten C II 1 und dort in Fn. 75.

alversicherung vom 18.12.1987[5] und dem Übergang aller Rechte und Pflichten der Anstalt KSK auf die LVA Oldenburg/Bremen gemäß § 37 KSVG problematisch geworden. In der Literatur - soweit überhaupt diesbezügliche Aussagen getroffen werden - finden sich lediglich Bezeichnungen wie "bloße Verwaltungsstelle"[6], "besondere Abteilung (der) LVA"[7] oder "getrennt verwaltetes, nichtrechtsfähiges Sondervermögen der LVA Oldenburg/ Bremen"[8], ohne daß damit ersichtlich eine rechtsdogmatische Kategorisierung vorgenommen wird, geschweige denn, daß mit einer Zuordnung irgendwelche rechtliche Folgerungen verbunden wären.

Die Schwierigkeiten einer rechtlichen Qualifikation ergeben sich daraus, daß die LVA zwar Rechtsnachfolgerin der Anstalt KSK ist (§ 37 a KSVG). Die Leitungsaufgaben sowie die rechtliche Vertretung sind aber gemäß § 41 KSVG dem Geschäftsführer der LVA übertragen[9]. Auch die Beschäftigungsverhältnisse der KSK-Bediensteten bestehen nach § 37 c KSVG nunmehr zur LVA - für die Beamten ging gemäß § 37 b i.V.m. § 43 Abs. 3 Satz 1 a.E. KSVG die Funktion der obersten Dienstbehörde vom Bundesminister für Arbeit und Sozialordnung auf den Vorstand der LVA über[10]. Andererseits führt diese Eingliederung nicht zur völligen Integration und Auflösung der KSK in der LVA: Nach § 37 KSVG trägt die LVA bei der Durchführung des KSVG die Bezeichnung "Künstlersozialkasse"; selbst der Sitz ist nach wie vor in Wilhelmshaven[11]. Überdies ist das Vermögen der KSK von demjenigen der LVA getrennt, denn es ist als "abgesondertes"[12] Vermögen zu verwalten. Dabei beschränkt sich die Haftung auf die jeweilige Vermögensmasse. § 42 KSVG bestimmt hierzu, daß, soweit die LVA Trägerin der Rentenversicherung für Arbeiter ist, das Vermögen der KSK nicht haftet. Umgekehrt steht die LVA für Verbindlichkeiten der KSK nur mit deren Vermögen ein. Wegen der Trennung der Vermögensmassen ist für die KSK gemäß § 43 Abs. 1 Satz

---

5 BGBl. I 1987, S. 2794 ff.

6 *Brandmüller*, KSVG, Anm. 2 zu § 37 KSVG.

7 *Ziebeil*, KSVG, S. 22.

8 *Bley/Kreikebohm*, Sozialrecht, Rdn. 419. Zu ähnlichen Bezeichnungen siehe schon oben A I.

9 Siehe auch die Gesetzesbegründung zu § 41 KSVG, BR-Drucks. 339/87, S. 17 f.

10 Der LVA Oldenburg/Bremen eignet als bundesunmittelbarer Körperschaft des öffentlichen Rechts gemäß § 143 Abs. 1 SGB VI Dienstherrnfähigkeit i.S.d. § 121 BRRG. Die Beamten bleiben mittelbare Bundesbeamte (BT-Drucks. 11/862, Begründung zu § 37 b KSVG).

11 Auf eine gesetzliche Festlegung des Sitzes in Wilhelmshaven wurde aus Zweckmäßigkeitsgründen verzichtet, siehe die Begründung zu § 37 a KSVG, BR-Drucks. 339/87, S. 15.

12 BT-Drucks. 11/862, S. 9.

1 KSVG ein eigener Haushaltsplan zu erstellen; das bedeutet eine getrennte Mittelbewirtschaftung sowie getrennte Vermögens- und Jahresrechnungen[13].

Schon bei einer groben Durchsicht der einschlägigen Vorschriften ist eine Mischung aus Eigenständigkeit und Unselbständigkeit der KSK zu konstatieren. Wie weit die organisationsrechtliche Selbständigkeit reicht, soll anhand der erwähnten Kategorien - juristische Person, Organ, Behörde - untersucht werden. Als Grundlage dieser organisationsrechtlichen Einordnung dient nach wie vor das im folgenden dargestellte, von Hans J. Wolff entwickelte differenzierte Begriffssystem[14]. Im Mittelpunkt dieses Systems steht die juristische Person, die dem Bürger ein handlungs- und haftungsfähiges organisatorisches Gebilde gegenüberstellt, das unabhängig vom "Dasein, Wechsel und Wegfall"[15] natürlicher Personen ist und an das er sich, notfalls im Prozeß, halten kann[16].

a) Juristische Person

Bei Maßnahmen der KSK ist zu eruieren, wer dem Bürger in der eben beschriebenen Weise gegenübergestellt ist, die KSK selbst oder die LVA Oldenburg/Bremen als KSK. Um dies zu entscheiden, muß man sich vergegenwärtigen, daß zentrales Merkmal jeder juristischen Person die Rechtsfähigkeit ist. Damit ist die Fähigkeit gemeint, Träger von Rechten und Pflichten zu sein[17], was wiederum von der Rechtsordnung bestimmt wird[18].

Schon ein Blick in die hier einschlägigen Rechtsvorschriften zeigt, daß die KSK selbst keine juristische Person (mehr) ist. Denn durch das Gesetz zur finanziellen Sicherung der Künstlersozialversicherung vom 18.12.1987[19] wurde die KSK als Anstalt des öffentlichen Rechts - eine der Erscheinungsformen ju-

---

[13] BR-Drucks. 339/87, S. 19.

[14] Zuerst entwickelt in: Organschaft und juristische Person, Band 2, zusammengefaßt in: *Wolff/Bachof*, Verwaltungsrecht II, §§ 71 - 78; kritisch: *Böckenförde*, in: FS für Hans J. Wolff, S. 269 ff.; zu dieser Kritik: *Schnapp*, AöR 105 (1980), 243 (257 ff.), vgl. dazu auch *Hirschberger*, Organleihe - Begriff und Rechtmäßigkeit, S. 6 f.; *Schmidt-De Caluwe*, JA 1993, 77 (85).

[15] RGZ 32, 366.

[16] *Schnapp*, Jura 1980, 68 (70); zur Bedeutung der juristischen Person vgl. auch *Schmidt-De Caluwe*, JA 1993, 77 (84 ff.).

[17] *Erichsen*, in: Erichsen/Martens, § 10 II 2, S. 145.

[18] Vgl. *Erichsen*, in: Erichsen/Martens, § 10 II 2 a, S. 145, m.w.N.

[19] BGBl. I 1987, S. 2794 ff.

ristischer Personen[20] - aufgelöst und verlor damit ihre Rechtsfähigkeit. Diejenige organisatorische Einheit, die nunmehr mit der Durchführung des KSVG betraut ist und in dieser Eigenschaft dem Bürger gegenübertritt, ist gemäß §§ 37, 37 a KSVG die LVA Oldenburg/Bremen. In ihrer weiteren, ursprünglichen Funktion als Trägerin der Rentenversicherung der Arbeiter ist sie Leistungsträgerin i.S.d. §§ 21, 23 Abs. 2 Nr. 1 SGB I, damit gemäß § 29 Abs. 1 SGB IV eine rechtsfähige Körperschaft des öffentlichen Rechts, also eine juristische Person.

Jedwede Rechtsfähigkeit ist indes relativ[21], d.h. die Rechte und Pflichten sind nur in bezug auf einen bestimmten Rechtskreis zugeordnet. Bei juristischen Personen des öffentlichen Rechts gilt außerdem, anders als im Zivilrecht, die ultra-vires-Lehre, welche die Rechtsfähigkeit auf die zugewiesenen Aufgaben begrenzt[22]. Das bedeutet für die LVA Oldenburg/Bremen, daß aus ihrer Qualifizierung als juristische Person hinsichtlich ihrer Funktion als Trägerin der Rentenversicherung der Arbeiter nicht auf ihre Einordnung in die Kategorie der juristischen Person bei der Durchführung des KSVG geschlossen werden darf. Dies ist eigenständig, anhand der dafür maßgebenden Vorschriften des KSVG, zu bestimmen[23].

Gemäß §§ 37, 37 a KSVG ist die LVA mit der Durchführung des KSVG betraut und Trägerin der Rechte und Pflichten der aufgelösten juristischen Person "Anstalt KSK", damit deren Rechtsnachfolgerin. Der Staat übertrug einen als seine Aufgabe[24] erkannten Funktionskreis der LVA Oldenburg/Bremen zur Durchführung. In diesem Bereich ist die LVA ein rechtsfähiger Träger (Träger von Rechten und Pflichten) und somit eine juristische Person.

Die LVA tritt demnach in zwei voneinander getrennten Funktionen auf: Zum einen als Leistungs- bzw. Sozialversicherungsträgerin bei der Durchführung der Rentenversicherung der Arbeiter - und als solche gemäß Art. 87 Abs. 2 GG und § 29 Abs. 1 SGB IV Körperschaft des öffentlichen Rechts,

---

[20] Vgl. nur *Schnapp*, Jura 1980, 68 (71).

[21] Schon *Wolff*, Organschaft, Band 1, S. 202 f.; Band 2, S. 249; *Erichsen*, in: Erichsen/Martens, § 10 II 2 b, S. 145; *Krebs*, Jura 1981, 569 (573 f.); *Schnapp*, Rechtstheorie 1978, 275 (283 ff.).

[22] *Erichsen*, in: Erichsen/Martens, § 10 II 2 b, S. 146 m.w.N. Vgl. zur ultra-vires-Lehre auch *Wolff/Bachof*, Verwaltungsrecht I, § 7 II c, S. 38; § 32 III c 1, S. 208 f.; *dies.*, Verwaltungsrecht II, § 84 IV b 1, S. 181.

[23] Vgl. *Schmidt-De Caluwe*, JA 1993, 77 (86): Die Rechtsfähigkeit ist "immer von dem jeweils zuerst zu bestimmenden Rechtsverhältnis abhängig".

[24] Diese Aufgabe wurde durch das KSVG begründet. Zu Staatsaufgaben ausführlich *Bull*, Die Staatsaufgaben nach dem Grundgesetz; *Isensee*, in: HdbStR III, § 57.

zum anderen als Trägerin der allgemeinen Verwaltung bei der Durchführung des KSVG. Die Kennzeichnung als Trägerin *allgemeiner* Verwaltung dient dabei der Abgrenzung zur Verwaltung der Sozialversicherungsträger. Die KSK handelt zwar innerhalb der Sozialversicherung. Sie war gleichwohl nie Sozialversicherungsträgerin i.S.d. Art. 87 Abs. 2 GG oder § 29 Abs. 1 SGB IV[25]. Grundlage für die damalige Schaffung der bundesweit zuständigen öffentlich-rechtlichen Anstalt KSK war die Organisations- und Kompetenznorm des Art. 87 Abs. 3 Satz 1 GG[26]. Bei der Durchführung des KSVG behält die LVA Oldenburg/Bremen den Anstaltscharakter der vormaligen KSK bei. Zu diesem "Anstaltscharakter" sei nur kurz folgendes erläutert: Für den Organisationstyp "Anstalt" steht - im Anschluß an Krebs[27] - nur fest, daß es sich um eine verselbständigte Organisationsform handeln muß. Diese Selbständigkeit knüpft dabei nicht notwendig an den Begriff der Rechtsfähigkeit an. Das Zusammentreffen mehrerer Indikatoren genügt. Solche sind u.a. die organisatorische Verselbständigung von Personal- und Sachmittel z.B. durch Schaffung eines Sondervermögens, die Einrichtung einer eigenen Haushaltsführung, die Einbeziehung von Vertretern gesellschaftlicher Interessen und die Beschränkung auf Rechtsaufsicht. Wie zum Teil aus den bisherigen Erläuterungen ersichtlich und zum Teil später noch (zur Beschränkung auf die Rechtsaufsicht[28]) erläutert werden wird, treffen diese Merkmale auf die KSK zu[29]. Da eine genaue begriffliche Einordnung als Anstalt oder Körperschaft keine Rechtsfolgen zeitigt[30] - so sie überhaupt möglich ist[31], soll sie hier unterbleiben.

---

[25] Ebenso *Bley/Kreikebohm*, Sozialrecht, Rdn. 419; *Brandts/Wirth*, Haushaltsrecht, 210 Vor § 67 Anm. 6, S. 15; *Kraegeloh*, KSVG, § 37 Anm. 3; wohl auch *Ziebeil*, KSVG, S. 23. Der Gesetzgeber selbst unterscheidet zwischen der KSK und der Trägern der Sozialversicherung, vgl. BT-Drucks. 9/26, S. 22; ebenso *BVerfG* E 75, 108 (149).

[26] So auch *BSG* E 69, 259 (261); vgl. zu dieser Norm nur *Lerche*, in: Maunz/Dürig, Art. 87 Rdn. 166 ff. m.w.N.; kritisch zum Verständnis der h.M. dieser Norm *Rupp*, in: FS für Dürig 1990, S. 387 ff.

[27] NVwZ 1985, 609 (615 f.).

[28] Unten D II 3 a bb).

[29] Zur öffentlich-rechtlichen Anstalt als Organisationsform vgl. aus neuerer Zeit auch *Breuer*, VVDStRL 44 (1986), 211 (223 ff.); *Lange*, VVDStRL 44 (1986), 169 (191 ff.); früher schon *Jecht*, Die öffentliche Anstalt - Wandlungen und gegenwärtige Struktur.

[30] Ebenso *Breuer*, VVDStRL 44 (1986), 211 (223); a.A. *Dittmann*, Die Bundesverwaltung, S. 94 ff.: Nach Art. 87 Abs 2 GG seien Sozialversicherungsträger ausschließlich in der Rechtsform der öffentlich-rechtlichen Körperschaft zu organisieren. Sie unterschieden sich auch im Maße ihrer Staatlichkeit.

[31] Vgl. z.B. *Breuer*, VVDStRL 44 (1986), 211 (220 f.) m.w.N.; *Krebs*, NVwZ 1985, 609 (613 f.); *Schmidt-De Caluwe*, JA 1993, 77 (85 f.), sowie die Diskussion darum, ob die Landesversicherungsanstalten "Anstalten", so die Bezeichnung, oder "Körperschaften", so das Gesetz in § 29 Abs. 1 SGB IV, sind; vgl. dazu *Schnapp*, in: FS für von Unruh, S. 881 (886 f.) m.w.N. Auch *Dittmann*, Die Bundesverwaltung, S. 97, der die Trennung der Organisationsformen für

Auf die eingangs gestellte Frage kann nunmehr festgehalten werden: Nicht die KSK, sondern die LVA Oldenburg/Bremen ist juristische Person. Sie ist dasjenige "haftungsfähige und organisatorische Gebilde", an das sich der Bürger bei Maßnahmen der KSK halten kann.

b) Behörde im organisationsrechtlichen Sinne

Diesen eben geschilderten Zurechnungszusammenhang (für die KSK-Maßnahmen hat die LVA einzustehen) weiter zu verdeutlichen, dient die rechtsdogmatische Kategorie des Organs. Damit sind diejenigen Untergliederungen juristischer Personen bezeichnet, denen eine gewisse rechtliche Selbständigkeit zukommt und denen Aufgaben der juristischen Person zur arbeitsteiligen Wahrnehmung übertragen sind[32]. Gegenüber dem allgemeinen Begriff des Organs ist der Begriff der "Behörde im organisationsrechtlichen Sinne" ausschließlich auf das öffentliche Recht zugeschnitten; sie ist ein Unterfall des Organs[33].

Mit Hans J. Wolff wird Organ definiert als ein durch Rechtssätze gebildetes, eigenständiges institutionelles Subjekt von Zuständigkeiten zur transitorischen Wahrnehmung der Eigenzuständigkeiten einer juristischen Person[34]. Kern des Organ- und damit Behördenbegriffs ist die Eigenschaft des Organs als eigenständiges Subjekt von Zuständigkeiten, die ihm jedoch nicht endgültig selbst zustehen, sondern bloße Wahrnehmungszuständigkeiten für die juristische Person sind, der es angehört[35]. Das bedeutet, daß die Handlungen, die das Organ in Ausführung seiner Zuständigkeiten vornimmt, nicht ihm selbst, sondern der juristischen Person, der es angehört, zugerechnet werden[36].

Nimmt man diesen Organ-/Behördenbegriff als Maßstab, ergibt sich für die KSK folgendes Bild:

Die rechtliche Existenz der KSK ist vom Wechsel der konkret bestellten Amtswalter unabhängig. Damit erweist sie sich als ein "institutionelles Sub-

---

unabdingbar hält (siehe soeben Fn. 30), beschränkt sich auf die Wiedergabe der bekannten Unterscheidungskriterien, ohne sich mit deren Problematik auseinanderzusetzen.

32 *Schnapp*, ZSR 1984, 140 (144).

33 *Maurer*, Allgemeines Verwaltungsrecht, § 21 Rdn. 32.

34 *Wolff/Bachof*, Verwaltungsrecht II, § 74 I f., S. 48.

35 *Schnapp*, Amtsrecht, S. 93.

36 Vgl. z.B. *Jacobs*, VBlBW 1990, 361 (365). Dieser Zurechnungszusammenhang findet in einem "geflügelten Wort" des Verwaltungsrechts seinen Ausdruck: Juristische Personen sind keine Behörden, sondern sie haben Behörden (*Wolff/Bachof*, Verwaltungsrecht II, § 76 I d 5, S. 85.).

jekt". Auch die Bestimmung des Zurechnungsendsubjekts bereitet keine Schwierigkeiten: Wie gezeigt, liegt gemäß §§ 37, 37 a KSVG die letztendliche Außenzuständigkeit für Maßnahmen der KSK bei der juristischen Person LVA Oldenburg/Bremen.

Dagegen bedarf die Subsumtion des Merkmals "durch Rechtssätze gebildet" einer näheren Untersuchung. Solange die KSK die Eigenschaft einer Anstalt des öffentlichen Rechts hatte, war sie eindeutig durch Rechtssätze gebildet; das zeigt ein Blick auf § 37 KSVG a.F. Durch die Auflösung der Anstalt ist die KSK als organisatorisches Gebilde indessen nicht völlig liquidiert worden, denn die nach wie vor faktisch existente KSK mit Sitz in Wilhelmshaven hat eine rechtliche Verankerung erfahren: In ihrer Funktion als Rechtsnachfolgerin der Anstalt KSK führt die LVA Oldenburg/Bremen bei den Maßnahmen, die aufgrund ebendieser Eigenschaft als Rechtsnachfolgerin ergehen, gemäß § 37 Satz 2 KSVG bei der "Durchführung des KSVG" die Bezeichnung "Künstlersozialkasse". Das KSVG geht somit auch sprachlich von der Existenz eines organisatorischen Gebildes namens KSK aus. Die Änderung des KSVG hat die rechtliche Existenz der KSK folglich nur verändert, nicht jedoch aufgehoben. Mithin ist die KSK in ihrer neuen Rechtsgestalt nach wie vor "durch Rechtssätze gebildet"[37].

Um die KSK als Behörde im organisationsrechtlichen Sinne zu qualifizieren, muß sie über die bisher vorliegenden Merkmale hinaus auch die für die Organschaft erforderliche Eigenständigkeit aufweisen[38]. Hier liegt das Kernproblem der Einordnung der KSK als Organ. Damit die nötige Eigenzuständigkeit gegeben ist, muß eine Selbständigkeit im Rahmen des Zuständigkeitsbereichs der KSK bestehen, die sich nach außen vor allem in Gestalt einer eigenverantwortlichen Entscheidungsbefugnis dokumentiert[39]. Die Formulierung des § 37 Satz 1 KSVG, wonach die Durchführung des KSVG der LVA obliegt, scheint zunächst gegen einen eigenen Zuständigkeitsbereich der KSK und für eine Identität von KSK und LVA zu sprechen. Schon Satz 2 aber, der bestimmt, daß die LVA dabei die Bezeichnung KSK führt, deutet darauf hin, daß LVA und KSK rechtlich nicht identisch sein sollen, der Satz ergäbe sonst keinen Sinn. Desgleichen bewirkt die Trennung der jeweiligen Vermögensmassen, daß KSK und LVA rechtlich unterschieden werden müssen. Die LVA tritt zudem, wie gezeigt, in zwei verschiedenen Funktionen auf: Als allge-

---

37 Will man sich ganz exakt ausdrücken, muß man sagen, die KSK wurde durch Rechtssätze *um*gebildet.

38 Hierfür ist das Fehlen jeglicher Lenkung und Aufsicht nicht erforderlich (*Schnapp*, NWVBL 1989, 425 (427); vgl. auch *Maunz*, in: Maunz/Dürig, Art. 87, Rdn. 83.).

39 Vgl. *Schnapp*, NWVBL 1989, 425 (427); nach *Maunz*, in: Maunz/Dürig, Art. 87 Rdn. 83, ist die Zeichnungsbefugnis des Behördenleiters erforderlich.

meine Verwaltungsträgerin bei der Durchführung des KSVG und als Sozialversicherungsträgerin bei der Durchführung der Rentenversicherung. Schließlich sind dem Geschäftsführer der LVA unterschiedliche Aufgaben übertragen und Befugnisse eingeräumt, je nachdem, ob er Organ der LVA in ihrer Funktion als Leistungsträgerin der Rentenversicherung der Arbeiter ist[40], oder ob er im Rahmen der KSVG - Durchführung tätig wird. In der erstgenannten Funktion ist die Verwaltung auf mehrere Organe verteilt, denn neben der Geschäftsführung gibt es noch die Vertreterversammlung und den Vorstand (§ 31 SGB IV). Dem Geschäftsführer sind dabei gemäß § 36 Abs. 1 SGB IV nur die laufenden Geschäfte und bloß insoweit die Vertretung nach außen übertragen. In letztgenannter Funktion obliegt ihm demgegenüber gemäß § 41 KSVG die gesamte Verwaltung der KSK sowie deren Vertretung nach außen. Nach alledem ist für die KSK eine organisatorisch-rechtliche Selbständigkeit zu konstatieren. Indem die KSK verbindlich u.a.[41] die Versicherungspflicht von Künstlern und Publizisten und die Abgabepflicht von Vermarktern feststellt, kommen ihr eigenständige Entscheidungsbefugnisse nach außen zu; ihr obliegt ein eigener Zuständigkeitsbereich. Damit ist die für die Organschaft erforderliche Selbständigkeit gegeben. Die KSK ist folglich als Behörde (im organisatorischen Sinne) der LVA Oldenburg/Bremen im Rahmen deren Eigenschaft als Trägerin allgemeiner Verwaltung bei der Durchführung des KSVG zu qualifizieren.

Die Bezeichung "Behörde KSK" ist allerdings eine Abbreviatur. Denn Behörden sind nur diejenigen Stellen, die Außenzuständigkeiten zu konkreten Rechtshandlungen haben, also zur Vertretung berechtigt sind[42]. Das freilich ist im Rahmen der KSVG-Durchführung "Der Geschäftsführer der LVA". Dies ist somit die maßgebliche, als Behörde zu qualifizierende Stelle. Das KSVG formuliert indessen selbst "Künstlersozialkasse". Daher soll im Funktionsbereich der LVA "Durchführung des KSVG" die Behörde "Der Geschäftsführer der LVA" der besseren Differenzierbarkeit wegen die Bezeichnung "KSK" beibehalten werden[43].

---

[40] Vgl. die hierfür maßgeblichen Vorschriften §§ 31, 36 SGB IV.

[41] Zu diesen und weiteren Aufgaben bzw. Befugnissen siehe oben B I 1.

[42] *Wolff/Bachof*, Verwaltungsrecht II, § 76 I d 7, S. 86.

[43] Eine Anmerkung sei an dieser Stelle gestattet: Wie bei jeder juristischen Qualifikation (vgl. *Düring*, Das Schiedswesen in der gesetzlichen Krankenversicherung, S. 57 m.w.N. in Fn. 97; zur Rechtsfähigkeit siehe schon oben.) gilt die Kennzeichnung einer organisatorischen Einheit als Organ nur relativ, d.h. bezogen auf das jeweilige Rechtsverhältnis, in dessen Rahmen einem organisatorischen Gebilde Befugnisse übertragen sind, und nicht im Verhältnis zu allen anderen Rechtssubjekten (*Schnapp*, Amtsrecht, S. 94 ff.). Da es bei der Organschaft um das Zurechnungsverhältnis zwischen dem "Handeln" einer Institution (genauer: der für die Institution handelnden Personen - insofern herrscht ein doppeltes Zurechnungsverhältnis) und dem Zurechnungsendsubjekt geht, kann gesagt werden, daß eine Funktionseinheit immer (nur) insoweit Or-

c) Behörde im verwaltungsverfahrensrechtlichen und verwaltungsprozessualen Sinne

Neben dem Begriff der Behörde im organisationsrechtlichen Sinne gibt es den verwaltungsverfahrensrechtlichen (sogenannter funktionaler) und den verwaltungsprozessualen Behördenbegriff. Die Bedeutung einer solchen Differenzierung erhellt aus der unterschiedlichen Funktion des jeweiligen Kodifikationsbereichs. Das Organisationsrecht handelt von der inneren Gliederung der Verwaltungsorganisation, hat den statischen Aspekt im Blickfeld. Hingegen regelt das Verwaltungsverfahrensrecht das Procedere, den dynamischen Vorgang des Verwaltens[44]. Im Prozeßrecht schließlich geht es um die Entscheidung von Rechtsstreitigkeiten. Dafür ist von Belang, wer Beteiligter im Verfahren sein und über den Prozeßstoff verfügen kann.

aa) Behörde im verwaltungsverfahrensrechtlichen Sinne

Als Behörde im organisationsrechtlichen Sinne erfüllt die KSK zugleich die Voraussetzungen des weitergefaßten verwaltungsverfahrensrechtlichen, funktionalen Behördenbegriffs, wie er § 1 Abs. 2 SGB X zugrundeliegt. Hierunter versteht man alle Organe, wenn und soweit sie zur hoheitlichen Durchführung konkreter Verwaltungsmaßnahmen im Außenverhältnis berufen sind[45]. Die Anwendung des SGB auf die Rechtsbeziehungen zwischen der KSK und den Versicherten, Zuschußberechtigten und Abgabeverpflichteten ist in § 36 a KSVG positivrechtlich geregelt[46]. Damit sind z.B. zumindest die Vorschriften über die Amtshilfe anwendbar, d.h. die KSK ist amtshilfeverpflichtet und -berechtigt[47]. Ferner ist mit der Einordnung der KSK in die Kategorie der Behörde im verwaltungsverfahrensrechtlichen Sinne ein relevantes Tatbestandsmerkmal für die Qualifizierung der KSK-Entscheidungen als Verwaltungsakt

gan heißt, als ihr "Handeln" einer höheren Funktionseinheit unmittelbar zugerechnet wird (*Schnapp*, Amtsrecht, S. 97.). Ist also ein Teil eines Verwaltungsträgers als dessen Organ zu qualifizieren, sagt diese Kategorisierung nichts aus über das Verhältnis dieses Organs zu anderen Teilen desselben Verwaltungsträgers oder gar zu anderen Verwaltungsträgern. Im Bereich der Organisation der Künstlersozialversicherung bedeutet dies, daß mit der Kennzeichnung der KSK als Organ der LVA in ihrer Funktion als Trägerin allgemeiner Verwaltung keinerlei Aussage getroffen ist über die rechtlichen Beziehungen der KSK zu den Leistungsträgern der Künstlersozialversicherung oder zu den anderen Organen der LVA in deren Eigenschaft als Rentenversicherungsträgerin.

[44] *Düring*, Das Schiedswesen in der gesetzlichen Krankenversicherung, S. 55.

[45] *Maurer*, Allgemeines Verwaltungsrecht, § 21, Rdn 32.

[46] Vor Inkrafttreten des § 36 a KSVG am 01.01.1989 (eingefügt durch Art. 1 Nr. 12 des Gesetzes zur Änderung des KSVG vom 20.12.1988, BGBl. I 1988, 2606) wurde § 31 Satz 1 SGB X von der KSK entsprechend angewandt, *BSG* E 69, 259 (261).

[47] Vgl. zur Amtshilfeverpflichtung allgemein *Schnapp/Friehe*, NJW 1982, 1422 (1423 ff.).

gemäß § 31 Satz 1 SGB X erfüllt. Die wichtigsten Maßnahmen der KSK gegenüber den Versicherten und Abgabepflichtigen (vor allem die Feststellung der Versicherungs- und Abgabepflicht) erfüllen zudem die weiteren Merkmale des Verwaltungsaktbegriffs: Sie sind Einzelfallregelungen mit unmittelbarer Rechtswirkung nach außen, denn sie begründen für je einzelne Bürger auf dem Gebiet des öffentlichen Rechts verbindlich Pflichten bzw. Rechte. Damit sind für das Verfahren, das diese Entscheidungen zum Abschluß hat, die Vorschriften über das Verwaltungsverfahren (§§ 8 ff. SGB X) maßgeblich, wie z.B. diejenigen über den Untersuchungsgrundsatz (§ 20), die Beteiligtenanhörung (§ 24) und die Aufhebung von Verwaltungsakten (§§ 44 ff. SGB X). Die Einordnung als Behörde im verwaltungsverfahrensrechtlichen Sinne hat damit erhebliche rechtliche Konsequenzen bis hin zu den Rechtsschutzmöglichkeiten: Statthafte Rechtsschutzformen sind der Widerspruch und die Anfechtungs- oder Verpflichtungsklage.

bb) Behörde im verwaltungsprozessualen Sinne

Bei der Qualifizierung der KSK als Behörde im prozeßrechtlichen Sinne ist vorab zu beachten, daß im Prozeßrecht maßgeblich ist, wer über den Streitgegenstand verfügen kann[48]. Voraussetzung dafür ist die Fähigkeit, Beteiligter im Verfahren zu sein. Dabei gilt (grundsätzlich) das Rechtsträgerprinzip, wonach die Beteiligtenfähigkeit derjenigen juristischen Person zukommt, der das Handeln einer Behörde zugerechnet wird[49]; das ist im Bereich der Künstlersozialversicherung die LVA Oldenburg/Bremen. Dieses Prinzip erfährt zwar eine Ausnahme durch die Regelung des § 70 Nr. 3 SGG, wonach auch Behörden beteiligtenfähig sind, sofern das Landesrecht dies bestimmt. Den Ländern steht die Gesetzgebungsbefugnis indes nur für ihr Land zu. Verwaltungsträger, deren Zuständigkeitsbereich sich über ein Land hinaus erstreckt, können hiervon nicht erfaßt werden. Da die LVA bei der Durchführung des KSVG bundesweit zuständig ist, und eine bundesrechtliche Regelung, die Behörden Beteiligungsfähigkeit zuspricht, fehlt, bleibt es bei dem Rechtsträgerprinzip: Beteiligte im Prozeß ist die LVA Oldenburg/Bremen als Rechtsträgerin der KSK[50]. Ob die KSK als Behörde im prozessualen Sinn zu qualifizieren wäre, ist somit nach derzeit geltendem Recht ohne jede rechtliche Konsequenz und

---

48 *Schnapp*, NWVBL 1989, 425 ff. (429).

49 *Meyer-Ladewig*, SGG, § 70 Rdn. 4; *Schnapp*, SGb 1985, 89 (90).

50 Daß die Geschäftsführung die intern zuständige Stelle für die Entscheidungen im Prozeß ist, ist dabei ohne Belang. In der Prozeßpraxis lautet die Bezeichnung: "LVA Oldenburg/Bremen, Künstlersozialkasse, vertreten durch die Geschäftsführung".

damit unerheblich. Da von einer erfolgreichen Einordnung in diese Kategorie rechtlich nichts abhängt, soll sie unterbleiben.

2. Beirat

Bei der Bestimmung der Rechtsnatur des bei der KSK gebildeten Beirats hilft dessen Bezeichnung als "Beirat" nicht weiter, da sie keinen Aufschluß über Eigenart und Funktion gibt, geschweige denn über die Rechtsqualität einer solchen Einheit[51]. Wie bei der organisationsrechtlichen Einordnung der KSK ist also auch hier zunächst der Begriff des Organs zugrundezulegen.

Subsumiert man nun den Beirat unter diesen Begriff, so ist sogleich festzustellen, daß die Merkmale "durch Rechtssätze gebildet" und "vom Wechsel der Mitglieder unabhängig" unzweifelhaft vorliegen; das ergibt sich aus § 38 KSVG i.V.m. KSK-VO[52].

Fraglich ist jedoch die Eigenständigkeit des Beirats im Sinne eigenverantwortlicher Entscheidungsbefugnis nach außen, denn der Beirat ist ja ein Gremium der KSK, er ist lediglich eine Untergliederung. Untersucht werden muß also, welcher Zuständigkeitsbereich dem Beirat zugewiesen ist.

Nach § 38 Abs. 2 KSVG, konkretisiert durch § 1 KSK-VO, ist (Haupt)-Aufgabe des Beirats, die KSK bei der Erfüllung ihres Gesetzesauftrags zu beraten. Auch wenn "Beratung" in vielen verschiedenen Ausgestaltungen stattfindet[53], stellt sie einen bloß internen Vorgang der Zuarbeit zu dem Entscheidungsträger im Entscheidungsprozeß dar[54]. Dies gilt selbst dann, wenn sie verstanden wird als "durch hoheitlichen Akt veranlaßte, förmliche *Mitwirkung am Entscheidungsprozeß*"[55], denn die Außenverantwortung liegt eben nicht bei dem Beratungsgremium, sondern beim Entscheidungsträger[56]. Der im Verhälnis Beirat/KSK maßgebliche Entscheidungsträger ist die KSK und nicht deren Beirat. Auch das dem Beirat zukommende Anhörungsrecht bei der Haushaltsplanfeststellung gemäß § 43 Abs. 3 Satz 2 KSVG beinhaltet keine eigenverantwortliche Entscheidungsbefugnis nach außen.

---

[51] Vgl. allgemein zu Beratungsgremien in der Verwaltung: *Brohm*, in: HdbStR II, § 36.

[52] BGBl. I 1992, S. 1975 f.

[53] *Brohm*, in: HdbStR II, § 26 Rdn. 21 ff.

[54] Bei den auf kommunaler Ebene eingerichteten Ausländerbeiräten kennt man den Begriff der "internen Partizipation", siehe *Püttner/ Jacoby*, in: HdbkWP, Band 2, S. 26 ff. (34).

[55] *Brohm*, in: HdbStR II, § 36 Rdn. 38 f.; Hervorhebung von mir.

[56] Siehe auch *Brohm*, in: HdbStR II, § 36 Rdn. 40.

Über die Beratungsfunktion hinaus hat der Beirat jedoch das Vorschlagsrecht für die Besetzung der Widerspruchsausschüsse: Nach § 39 Abs. 2 Satz 2 KSVG werden die Mitglieder der Ausschüsse auf Vorschlag des Beirats durch die KSK berufen. Auch wenn die KSK an diesen Vorschlag gebunden ist[57], ist damit noch keine eigenverantwortliche Entscheidungsbefugnis nach außen statuiert. Zum einen erfolgt die Berufung eben nicht durch den Beirat direkt, sondern durch die KSK. Zum anderen ist auch dieses Vorschlagsrecht auf den internen Bereich beschränkt: Zwar wirken die Entscheidungen der Ausschüsse nach außen, indem sie Widerspruchsbescheide erlassen (§ 39 Abs. 1 Satz 1 KSVG)[58]. Diese Entscheidungen aber fällen die Ausschüsse und nicht der Beirat. Selbst eine mittelbare Entscheidungsbefugnis[59] entfällt, da die Mitglieder der Ausschüsse gemäß § 39 Abs. 3 KSVG weisungsfrei gestellt sind.

Damit mangelt es dem Beirat an der für die Organeigenschaft (Behörde im organisationsrechtlichen Sinn) erforderliche Selbständigkeit. Der Beirat ist (lediglich) unselbständiger Teil der Behörde KSK[60].

Da der Beirat nur intern wirkt, kann er auch nicht als Behörde im verwaltungsverfahrensrechtlichen Sinne qualifiziert werden, weil notwendiges Erfordernis hierfür gerade die Befugnis zu Verwaltungsmaßnahmen im Außenverhältnis ist[61]. Daraus folgt wiederum, daß das SGB X keine Anwendung findet, der Beirat somit nicht (einmal) zur Amtshilfe verpflichtet ist und weder Zusagen geben noch Verwaltungsakte erlassen kann.

Eine prozeßrechtliche Qualifikation ist aus denselben Gründen[62] wie denjenigen bei der KSK angeführten unerheblich.

Zur Rechtsnatur des Beirats ist im Ergebnis festzustellen, daß er ein rein intern wirkendes "Hilfsgremium" der KSK darstellt. Mit diesem Gremium soll (lediglich) erreicht werden, "daß die Sachkunde der in den Beirat zu berufenden Persönlichkeiten sowohl aus den Kreisen der Versicherten als auch aus demjenigen der zur Künstlersozialabgabe Verpflichteten für die schwierige Tätigkeit der Künstlersozialkasse nutzbar gemacht wird"[63].

---

57 Siehe oben B I 2 b).

58 Siehe oben B I 2 c).

59 Falls diese überhaupt als ausreichend anzusehen wäre.

60 Zur Figur des Behördenteils vgl. *Wolff/Bachof*, Verwaltungsrecht II, § 74 I f 10, S. 52.

61 Siehe oben. Ob die Tätigkeit des Beirats überhaupt unter den Begriff der "Verwaltungsmaßnahmen" zu rechnen sind, kann also dahinstehen.

62 C I 1 c bb).

3. Widerspruchsausschüsse

Will man die Rechtsnatur der bei der KSK zu bildenden Widerspruchsausschüsse bestimmen, ist als erstes zu bemerken, daß solche Widerspruchsausschüsse - anders als die KSK selbst - keine Neuerung des KSVG, sondern im Bereich der Sozialversicherung seit langem[64] bekannt sind. So normiert seit 01.07.1977 das SGB IV in § 36 a[65] die Möglichkeit der Sozialversicherungsträger, Widerspruchsausschüsse durch Satzung zu bilden. Für die organisationsrechtliche Qualifikation der KSK-Widerspruchsausschüsse könnte bedeutsam sein, daß diesen Ausschüssen nach § 36 a SGB IV die Stellung eines Organs zugesprochen wird[66]. Die Ausschüsse des § 39 KSVG sind denjenigen des § 36 a SGB IV nachgebildet[67]. Dies kann als ein Indiz für eine ebensolche Qualifizierung herangezogen werden. Mehr als eine Indizwirkung ist dieser Anlehnung an die Organisationsform allerdings nicht beizumessen. Ob den KSK-Ausschüssen tatsächlich Organ- und damit Behördeneigenschaft zukommt, muß eigenständig, d.h. anhand der für diese Ausschüsse maßgeblichen Rechtsnormen bestimmt werden.

---

63 BT-Drucks. 9/26, S. 22. Solche Gremien sind als eine mögliche Form der Beteiligung Privater an der Wirtschaftsverwaltung wohl bekannt, vgl. dazu die Beispiele bei *Tettinger*, in: FS für von Unruh, S. 809 (811 f.) m.w.N. Zu pluralistisch besetzten Verwaltungsgremien *mit* Entscheidungsbefugnis im Außenverhältnis - also gegenüber Bürgern - vgl. *Schreyer*, Pluralistische Entscheidungsgremien im Bereich sozialer und kultureller Staatsaufgaben, vor allem S. 23 f.; den Elternbeirat beispielsweise bezeichnet *BayVGH*, BayVBl. 1980, 244 f. und *BayVGH*, BayVBl. 1981, 719 f. als Organ der Schule, ohne allerdings eine organisationsrechtliche Qualifikation vorzunehmen.

64 Vgl. *Brackmann*, Handbuch des Sozialversicherung, Band I/2, S. 234 b IV ff.

65 Rückwirkend in Kraft getreten durch Art. II § 29 Nr. 1 SGB - Verwaltungsverfahren vom 18.08.1980, BGBl. I 1980, S. 1469.

66 *Bundesministerium für Arbeit und Sozialordnung*, BKK 1982, 185; *Hauck/Haines*, SGB IV/1, K § 36 a Rdn. 6; *Krauskopf/Schroeder-Printzen*, Soziale Krankenversicherung, Anm. 2 zu § 36 a SGB IV; a.A. *Peters*, Handbuch der Krankenversicherung, § 36 a SGB IV, Anm. 3, ohne nähere Begründung; für eine lediglich "organähnliche Stellung": *Gurgel*, in: RVO-Gesamtkommentar, § 36 a SGB IV, Anm. 2 - ohne Begründung; ebenso *Maier*, in: Kasseler Kommentar, § 36 a Rdn. 2 unter Berufung auf den ausschließlichen Charakter des § 31 SGB IV, der dabei jedoch verkennt, daß es verschiedene Organarten geben kann, daß nämlich außer den Selbstverwaltungsorganen des § 31 SGB IV - der nur diesen Bereich abschließend regelt - durchaus andere (Nicht-Selbstverwaltungs-)Organe - wie z.B. Widerspruchsausschüsse - dem Versicherungsträger angehören können.

67 Begründung zu § 39 des KSVG-Entwurfs, BT-Drucks. 9/26, S. 22.

Subsumiert man daraufhin die Widerspruchsausschüsse unter den Begriff des Organs, so werfen die Merkmale "vom Wechsel der Mitglieder unabhängig" und "durch Rechtssätze gebildet" keine Probleme auf, wie ein Blick in § 39 KSVG zeigt.

Entscheidend für die Qualifikation der Widerspruchsausschüsse als Organ ist, wem ihre Beschlüsse zugerechnet werden. Als Zurechnungssubjekt kommt zum einen die Behörde KSK infrage und erst über diese vermittelt die juristische Person LVA Oldenburg/Bremen (in ihrem Aufgabenbereich "Durchführung des KSVG"). Zum anderen ist denkbar, daß die Beschlüsse direkt der LVA zugerechnet werden. Nur in letzterem Fall können die Ausschüsse Organqualität - in Relation zur LVA[68] - besitzen. Maßgeblich dafür, wem die Beschlüsse zugerechnet werden, ist die Zuständigkeit im Außenverhältnis. Ob die Widerspruchsausschüsse diese Außenzuständigkeit besitzen, muß anhand des Zuständigkeitsbereichs der Ausschüsse untersucht werden.

Gemäß § 39 Abs. 1 Satz 1 KSVG i.V.m. § 85 Abs. 2 SGG erlassen die Widerspruchsausschüsse den Widerspruchsbescheid im Vorverfahren. Dieser Bescheid ist eine verbindliche Entscheidung nach außen, denn sie beinhaltet die Ablehnung des Widerspruchs eines betroffenen Bürgers, mit dem dieser sich gegen eine Entscheidung der KSK wehrt. Da die Mitglieder der Widerspruchsausschüsse bei ihrer Tätigkeit unabhängig und nur dem Gesetz unterworfen sind (§ 39 Abs. 3 KSVG), kommt den Ausschüssen eine eigenverantwortliche Entscheidungskompetenz nach außen zu[69]. Die Beanstandungspflicht des Geschäftsführers der LVA (als KSK) bei rechtswidrigen Entscheidungen des Ausschusses nach § 21 KSK-VO[70] steht dem nicht entgegen. Sie ist eine bloße (verwaltungsinterne) Rechtskontrolle, welche die Außenzuständigkeit des Ausschusses nicht berührt. Für eine eigenständige Entscheidungsbefugnis nach außen spricht ferner, daß die Zustellung der Widerspruchsbescheide von den Ausschüssen selbst bewirkt wird. Zudem steht die Unterzeichnungsbefugnis dem Ausschußvorsitzenden zu (§ 20 KSK-VO). Die Entscheidungen der Ausschüsse - eine Form der verwaltungsinternen Kontrolle der KSK - werden demnach direkt der juristischen Person LVA als Trägerin der Behörde KSK zugerechnet[71].

---

[68] Siehe die Ausführungen zur Relativität juristischer Qualifikationen oben C I. in Fn. 43.

[69] Ebenso zu den Ausschüssen nach § 36 a SGB IV: *Brackmann*, Handbuch der Sozialversicherung, Band I/2, S. 234 b VI: "Die Widerspruchsstelle hat den angefochtenen Verwaltungsakt in vollem Umfang in tatsächlicher und rechtlicher Hinsicht nachzuprüfen"; *Hauck/Haines*, SGB IV/1, K 36 a Rdn. 6; *Krauskopf/Schroeder-Printzen*, Soziale Krankenversicherung, Anm. 4 f. zu § 36 a SGB IV.

[70] BGBl. I, 1982, S. 1149 ff. und BGBl. I 1992, 1975 f.

Die Widerspruchsausschüsse sind folglich als Organ bzw. Behörde im organisationsrechtlichen Sinne zu qualifizieren. Sie sind damit zugleich Behörde im verwaltungsverfahrensrechtlichen Sinne mit den zuvor beschriebenen Konsequenzen, deren wichtigste wohl ist, daß die Entscheidungen der Ausschüsse i.d.R. Verwaltungsakte gemäß § 31 Satz 1 SGB X sind - mit den sich daraus ergebenden Rechtsschutzmöglichkeiten der Anfechtungs- und Verpflichtungsklage[72]. Aus denselben Gründen wie bei der KSK und dem Beirat ist auch hier eine prozeßrechtliche Qualifikation entbehrlich.

4. Ergebnis

Als Resultat der Untersuchung der Rechtsnatur der KSK, des Beirats und der Widerspruchsausschüsse ist festzuhalten, daß die für die Durchführung des KSVG letztverantwortliche Instanz die LVA Oldenburg/Bremen ist. Damit ist die LVA nicht nur als Rentenversicherungsträgerin, sondern auch im Funktionsbereich KSVG-Durchführung eine rechtsfähige Verwaltungsträgerin und somit eine juristische Person des öffentlichen Rechts. In dieser Eigenschaft steht sie dem Bürger als handlungs- und haftungsfähiges Gebilde gegenüber. Bei gerichtlich auszutragenden Streitigkeiten ist die Klage des Bürgers gegen die LVA zu richten. Die KSK und ihre Widerspruchsausschüsse sind Organe der LVA und Behörden i.S.d. § 1 Abs. 2 SGB X. Sie sind damit (zumindest) an die Amtshilfevorschriften des SGB X gebunden. Die Entscheidungen im Außenverhältnis sind i.d.R. Verwaltungsakte mit allen daraus resultierenden Konsequenzen im Bereich des Verwaltungsverfahrensrechts und des Rechtsschutzes. Der Beirat hingegen ist lediglich ein unselbständiger Teil der Behörde KSK, welchem aus dem organisationsinternen Rahmen hinausreichende Kompetenzen nicht zugewiesen sind.

---

71 Ähnlich ist es im Gemeinderecht: Die Beschlüsse des Gemeinderats werden direkt der Gemeinde als juristischer Person zugerechnet und nicht dem Gemeindedirektor, auch wenn diesem ein Beanstandungsrecht nach § 39 Abs. 2 GO-NW eingeräumt ist.

72 Zu weiteren Konequenzen siehe oben C I 1 c aa).

II. Rechtliche Beurteilung der "Eingliederung" der KSK in die LVA Oldenburg/Bremen[73]

Will man die zu Anfang dieses Abschnitts gestellte Frage klären, ob, und wenn ja, unter welchen Voraussetzungen, der Gesetzgeber die KSK in die LVA Oldenburg/Bremen überhaupt "eingliedern" durfte, bietet es sich an, zunächst zu analysieren, in welcher Form diese "Eingliederung" vorgenommen wurde. Daran schließt sich die Frage an, ob dies im Einklang mit der Rechtsordnung, also rechtmäßig erfolgte. Die so als erstes vorzunehmende Zuordnung zu einer verwaltungsorganisatorischen Erscheinungsform ersetzt zwar nicht die Beurteilung, ob diese organisatorische Ausgestaltung im konkreten Fall rechtlich zulässig ist[74]. Hat sich der Gestzgeber aber innerhalb des für Aufgabenübertragungen herkömmlich genutzten Instrumentariums gehalten, ist dies zumindest ein Indiz für die Rechtmäßigkeit dieser Maßnahme. Jedenfalls erleichtert eine erfolgreiche Zuordnung zu einer Kategorie das Verständnis dessen, was organisatorisch geschaffen wurde. Die Überprüfung der Rechtmäßigkeit der Aufgabenübertragung nicht an den Anfang zu stellen, sondern zuvor deren Form zu untersuchen, erscheint daher als der sinnvollere Weg.

1. Form der "Eingliederung"

Denkbare Formen der (untechnisch so bezeichneten) "Eingliederung" der KSK in die LVA Oldenburg/ Bremen sind die der Verwaltungsrechtswissenschaft geläufigen Institute der Amtshilfe, der Organgemeinschaft, der Organleihe, der An- oder der Eingliederung im organisationsrechtlichen Sinne. Dabei ist die Amtshilfe unter organisatorischem Blickwinkel die "schwächste", und die Eingliederung die "engste" Form der Aufgabenwahrnehmung für andere. Nach dieser in der Intensität steigenden Reihenfolge ist die weitere Untersuchung gegliedert. Das mag zunächst verwundern, wird doch für die Übertragung der Aufgaben der Anstalt KSK auf die LVA Oldenburg/Bremen dieselbe Bezeichnung verwendet wie für eines der verwaltungsrechtlichen Institute, nämlich "Eingliederung". Was also läge näher, als mit dieser Kategorie zu beginnen? Gerade im Organisationsrecht jedoch fällt auf, daß Begriffe, die in der Verwaltungsrechtswissenschaft geläufig und mit bestimmten Bedeutungsgehalten versehen sind, eine oftmals unspezifische Verwendung fin-

---

[73] "Eingliederung" ist hier zunächst untechnisch gemeint.

[74] *BVerfG* E 63, 1 (33).

den[75]. Zudem werden für den hier zu beurteilenden Vorgang verschiedene Ausdrücke benutzt - neben "Eingliederung"[76] beispielsweise auch "Angliederung"[77] und "Anschluß"[78]. So erscheint es angeraten, die bislang verwendete Wortwahl zunächst zu ignorieren und alle denkbaren Formen in Betracht zu ziehen.

Eine Amtshilfe kann dabei schon nach kurzer Überlegung ausgeschlossen werden, da sie nur die zeitweilige Aufgabenerfüllung einer Behörde für eine andere auf deren Ersuchen hin betrifft, und dies auch nur in Einzelfällen[79]. Hier liegt demgegenüber eine dauerhafte gesetzliche Aufgabenerfüllung vor. Die Aufgabenübertragung auf die LVA Oldenburg/Bremen als Amtshilfe zu begreifen, scheidet damit schon begrifflich aus.

Auch eine Organgemeinschaft als Form der Aufgabenübertragung ist schnell auszugrenzen, denn mit Organgemeinschaft wird die Errichtung und Verwendung eines Organs durch mehrere rechtsfähige Trägerorganisationen bezeichnet[80]. Das gemeinsame Organ wird dann für jede Organisation gesondert tätig; es ist Organ zweier juristischer Personen des öffentlichen Rechts[81]. Das heißt: Je nach Tätigkeit wird das Handeln dem entsprechenden Verwaltungsträger zugerechnet. Zwar nimmt der Geschäftsführer der LVA Oldenburg/Bremen eine Doppelfunktion wahr, indem er sowohl im Aufgabenbereich der Rentenversicherung als auch bei der Durchführung des KSVG tätig wird - Anlaß, diese Form in Erwägung zu ziehen. Der Geschäftsführer der LVA handelt aber nicht für verschiedene rechtsfähige Trägerorganisationen, sondern in beiden Funktionen für die LVA Oldenburg/Bremen. Das Handeln des Geschäftsführers der LVA wird sowohl im Tätigkeitsfeld "Durchführung des KSVG" als auch im Bereich der Rentenversicherung der LVA als juristischer Person des öffentlichen Rechts zugerechnet. Eine Organgemeinschaft liegt nicht vor.

---

[75] Als Beispiel seien die Bezeichnungen "Behörde" (siehe dazu oben C I 1 b) und c), "Amt" (vgl. etwa, auch zu "Behörde", die Ausführungen von *Düring*, Das Schiedswesen in der gesetzlichen Krankenversicherung, S. 54 f.) und "Errichtung" bzw. "Einrichtung" (vgl. dazu etwa *Schmidt-De Caluwe*, JA 1993, 77 (115 ff., 116) genannt.

[76] BT-Drucks. 11/862, S. 11 und 11/1158, S. 2; BR-Drucks. 339/87, S. 2; *Finke/ Brachmann/ Nordhausen*, KSVG, Nach § 46 Rdn. 2 f.; *Ziebeil*, S. 22.

[77] BT-StenBer 11. WP/30. Sitzung vom 08.10.1987/S. 2048 ff. (2049 (C), Abg. Lutz, SPD).

[78] BT-StenBer 11. WP/40. Sitzung vom 13.11.1987/S. 2681 ff. (2681 (C), Abg. Dr. Becker, CDU/CSU).

[79] *Schlink*, Die Amtshilfe, S. 221 ff.

[80] *Wolff/Bachof*, Verwaltungsrecht II, § 77 IV b, S. 115.

[81] *Wolff/Bachof*, Verwaltungsrecht II, § 77 IV b, S. 115.

In ihrer Wirkung der Organgemeinschaft ähnlich ist die Organleihe insofern, als eine Doppelorganschaft besteht. Eine Organleihe liegt dann vor, wenn einem bestehenden, mit eigenen Zuständigkeiten ausgestatteten Organ einer juristischen Person des öffentlichen Rechts zusätzliche Kompetenzen einer anderen Person, z.B. des Staates zugewiesen werden[82].

Daß durch § 37 KSVG die Rechte und Pflichten der ehemaligen Anstalt KSK nicht auf das Organ, den Geschäftsführer der LVA, sondern auf die LVA selbst, die juristische Person, übertragen wurden, schließt eine Organleihe noch nicht aus. Dies würde zu kurz greifen. Denn Organleihe kann auch in Gestalt einer Institutions-[83] bzw. Trägerleihe[84] erfolgen; der Verwaltungsträger selbst kann vom Bund ausgeliehen worden sein.

Bei aller Unschärfe des Begriffs der Organleihe[85] ist für sie kennzeichnend, "daß die >entliehene< Einrichtung Verwaltung für die >entleihende< ausübt. Der entliehenen Einrichtung wachsen keine neuen (eigenen) Zuständigkeiten zu. Es werden nicht Kompetenzen auf diese Einrichtung >verlagert<; >verlagert< werden vielmehr personelle und sächliche Verwaltungsmittel von der entliehenen Einrichtung zu der entleihenden Einrichtung"[86]. Mit dieser Kennzeichnung kommt eine Organleihe der LVA durch den Bund nicht in Betracht. Denn es fand keine Verlagerung von Verwaltungsmitteln von der LVA auf den Bund statt, sondern für die LVA wurden durch § 37 KSVG neue, eigene Zuständigkeiten begründet.

Charakteristikum einer Verbindung von Organen im Wege der Angliederung ist die den so verbundenen Organen verbleibende Selbständigkeit. Eine Angliederung ist dann gegeben, "wenn kraft objektiven Organisationsrechts ... eine Behörde >bei< einer anderen gebildet wird, was die Folge hat, daß beide Behörden unbeschadet ihrer Selbständigkeit über einen teilweise identischen Apparat und teilweise identische Amtswalter verfügen..."[87].

Zwar verfügen die LVA Oldenburg/Bremen und deren "neues" Organ KSK über mindestens einen gemeinsamen Amtswalter, nämlich den Geschäftsführer

---

82 *Wolff/Bachof*, Verwaltungsrecht II, § 77 IV c, S. 115 f.

83 *BVerfG* E 63, 1 (31); *Wolff/Bachof*, Verwaltungsrecht II, § 75 I a 1, S. 62 und § 77 IV a, S. 115.

84 *Von Einem*, DVBl. 1987, 979 (983).

85 So *BVerfG* E 63, 1 (32); eine umfassende Übersicht über die verschiedenen Regelungsinhalte, die mit dem Begriff "Organleihe" verknüpft werden, bietet *Hirschberger*, Organleihe - Begriff und Rechtmäßigkeit, S. 23 ff.

86 *BVerfG* E 63, 1 (32 f.).

87 *Wolff/Bachof*, Verwaltungsrecht II, § 77 IV d, S. 116.

der LVA. Eine Angliederung scheidet gleichwohl aus, weil die KSK als öffentlich-rechtliche Anstalt aufgelöst wurde und dabei ihrer Rechtsfähigkeit und rechtlichen Selbständigkeit verlustig ging. Sie wurde nicht "bei" der LVA Oldenburg/Bremen (neu) errichtet, sondern dieser wurden die Kompetenzen der KSK vollständig übertragen; es gibt nur noch eine juristische Person des öffentlichen Rechts - wenn auch mit zwei voneinander getrennten Kompetenzbereichen.

Nachdem die anderen in Betracht kommenden Formen auszuscheiden waren, deutet alles darauf hin, daß mit "Eingliederung" der KSK in die LVA Oldenburg/Bremen die korrekte verwaltungsorganisationsrechtliche Terminologie benutzt wird. Ob das so ist, steht damit noch nicht fest, sondern bedarf einer Untersuchung.

Die Eingliederung ist, wie eingangs erwähnt, die engste aller Organverbindungen. Bei einer Eingliederung werden mehrere Kompetenzkomplexe zu einem Organ zusammengefaßt, "indem einem bestehenden neue ... bisher von selbständigen Organen wahrgenommene Zuständigkeiten zugewiesen werden (Verschmelzung)"[88]. "Die Eingliederung ist konservierend, wenn die eingegliederten Kompetenzen kraft Gesetzes als besondere Organteile fortbestehen"[89].

Untersucht man daraufhin die Übertragung der KSK-Aufgabe auf die LVA Oldenburg/Bremen, so zeichnet sich folgendes Bild. Durch das Gesetz zur finanziellen Sicherung der Künstlersozialversicherung[90] wurden die Kompetenzkomplexe der Körperschaft des öffentlichen Rechts LVA Oldenburg/Bremen als Rentenversicherungsträgerin einerseits und der öffentlichrechtlichen Anstalt KSK andererseits zusammengefaßt zu einer juristischen Person LVA, indem dieser neue, bisher von der selbständigen Anstalt KSK wahrgenommene Zuständigkeiten, nämlich die Durchführung des KSVG, zu-

---

[88] *Wolff/Bachof*, Verwaltungsrecht II, § 77 IV a, S. 114. Sie führen als Beispiel die Versicherungsämter an, die heute in §§ 90 ff. SGB IV ihre normative Grundlage finden. Diese Versicherungsämter sind nach *Hauck/Haines* SGB IV, K § 91 Rdn. 1 Dienststellen, die der unmittelbaren Staatsverwaltung angehören und besondere Aufgaben der Sozialversicherung wahrnehmen. Nach *Krauskopf/Schroeder-Printzen*, Soziale Krankenversicherung, § 91 SGB IV Rdn. 1, können sie als selbständige Behörden errichtet, aber auch anderen Behörden "angegliedert" sein. Was *Krauskopf/Schroeder-Printzen* mit "angegliedert" meinen, bleibt allerdings unklar - ein Beispiel dafür, daß auch in der Rechtswissenschaft nicht immer die nötige begriffliche Klarheit herrscht.

[89] *Wolff/Bachof*, Verwaltungsrecht II, § 77 IV a, S. 115.

[90] BGBl. I 1987, 2794 ff.

gewiesen wurden. Diese Kompetenzen bestehen als eigenes Organ[91] fort[92], und die LVA trägt im neu hinzugekommenen Kompetenzbereich die Bezeichnung "Künstlersozialkasse".

Damit stellt sich im Ergebnis die zunächst untechnisch so bezeichnete "Eingliederung" der KSK in die LVA Oldenburg/Bremen als konservierende Eingliederung im verwaltungsorganisationsrechtlichen Sinne dar.

2. Vereinbarkeit mit § 30 SGB IV

Ist die Übertragung der Aufgaben der ehemaligen Anstalt KSK auf die LVA Oldenburg/Bremen als "Eingliederung" im organisationswissenschaftlichen Sinne zu verstehen, so ist über die rechtliche Zulässigkeit dieses Vorgangs noch nichts ausgesagt. Maßstabgebende Norm für die Beurteilung der Rechtmäßigkeit des gesetzgeberischen Handelns ist im vorliegenden Falle § 30 SGB IV, denn die LVA Oldenburg/Bremen ist ein Sozialversicherungsträger gemäß § 29 SGB IV. § 30 SGB IV beschreibt den sachlichen Wirkungsbereich der Sozialversicherungsträger[93]: Er ist in eigene (Abs. 1) und übertragene (Abs. 2) Aufgaben unterteilt.

a) Wirkungsbereich der Sozialversicherungsträger: Eigene und übertragene Aufgaben

Wenn das Gesetz in "eigene" und in "übertragene" Aufgaben differenziert, so interessiert zunächst, welcher Art diese eigenen und übertragenen Aufgaben jeweils sind, wie sie sich also unterscheiden.

Die eigenen Aufgaben umfassen die gesetzlich vorgeschriebenen Pflichtaufgaben und die freiwilligen Aufgaben[94]. Gemeint ist dabei die "eigentliche" Zuständigkeit und nicht der Ursprung der Aufgaben; denn auch die "eigenen" Aufgaben sind nichts anderes als durch den Staat übertragene[95].

91 Dies ist zugegebenermaßen ein ungewöhnlicher Sprachgebrauch, herrscht doch ein Verständnis vor, nach dem zunächst ein Organ gebildet wird, dem dann (erst) Kompetenzen zugewiesen werden. Organe sind jedoch letztlich nichts anderes als mit gewisser rechtlicher Selbständigkeit ausgestattete Zuständigkeitskomplexe, *Schnapp*, Jura 1980, 68 (73).

92 Siehe oben C I 1.

93 Vgl. *Becher*, Selbstverwaltungsrecht, E § 30, Erl. 0.; *Hauck/Haines*, SGB IV/1, K § 30 Rdn. 1.

94 Die zugelassenen "freiwilligen" Aufgaben bleiben im weiteren schon wegen des Pflichtcharakters des KSVG unberücksichtigt.

95 *Stößner*, Staatsaufsicht, S. 23.

Mehr noch: Die Sozialversicherungsträger *dürfen* nur die ihnen gesetzlich zugewiesenen inklusive der nach Abs. 1 zugelassenen Aufgaben erfüllen. Überschreiten sie diesen Kompetenzbereich, handeln sie rechtswidrig, was wiederum Maßnahmen der Aufsichtsbehörde gemäß §§ 87 ff. SGB IV nach sich ziehen kann[96].

Dagegen sind die "übertragenen" Aufgaben nach § 30 Abs. 2 SGB IV sogenannte Auftragsangelegenheiten[97], die aus Zweckmäßigkeitsüberlegungen den Sozialversicherungsträgern zugeteilt werden, dabei ihren Charakter als Verwaltungsangelegenheiten des Auftraggebers jedoch nicht verlieren[98].

Aus der Zuordnung eines gesetzlich statuierten Aufgabenkreises der Sozialversicherungsträger zu den eigenen (Abs. 1) oder übertragenen (Abs. 2) Aufgaben resultieren Konsequenzen: Mit den "eigenen" Aufgaben der Sozialversicherungsträger sind die Aufgaben i.S.d. § 29 Abs. 3 SGB IV ("ihre" Aufgaben) gemeint, d.h. diese Aufgaben gehören zum Bereich der "rechtlichen" Selbstverwaltung[99], die "übertragenen" Aufgaben hingegen nicht[100]. Die rechtliche Selbstverwaltung im Bereich der eigenen Aufgaben bedeutet dabei die grundsätzliche Zuerkennung eines Gestaltungsspielraums[101] - wahrgenommen durch die Selbstverwaltungsorgane Vorstand und Vertreterversammlung, also durch die politische Selbstverwaltung - und Tätigwerden in eigener Verantwortung. Diese Eigenverantwortlichkeit besteht darin, daß der Versicherungsträger für die von ihm weisungsungebunden veranlaßten oder unterlassenen Aktivitäten seines Aufgabenbereichs einzustehen hat und - vor allem auch für die Haftung von besonderem Belang - auf eigene Kosten tätig wird[102].

---

96 In dieser Konsequenz eindeutig *Krause*, in: GK-SGB IV, § 30 SGB IV, Rdn. 10 und *Maier*, in: Kasseler Kommentar, § 30 SGB IV, Rdn. 1 f.; ebenso wohl *Menard*, in: Jahn-SGB IV, § 30 Rdn. 2 f; *Gurgel*, in: RVO-Gesamtkommentar, § 30 SGB IV, Anm. 3; *Krauskopf/Schroeder-Printzen*, Soziale Krankenversicherung, § 30 Rdn. 2. Vgl. auch allgemein zu den Folgen einer Kompetenzüberschreitung öffentlich-rechtlicher Verwaltungsträger die Hinweise zur ultra-vires-Lehre (oben C I 1 a).

97 *Gurgel*, in: RVO-Gesamtkommentar, Band 2, IV § 30 SGB, S. 307; *Menard*, in: Jahn-SGB IV, § 30 Rdn. 2. Die Auftragsangelegenheiten sind zu unterscheiden von der auftragsweisen Aufgabenwahrnehmung nach § 88 SGB X. Zu dieser *Pickel*, SGb 1984, 1 ff.

98 *Stößner*, Staatsaufsicht, S. 23.

99 *Hauck/Haines*, SGB IV/1, K § 30 Rdn. 3, § 29 Rdn. 18.

100 *Brackmann*, Handbuch der Sozialversicherung, Band I/1, S. 153 r II; *Hauck/Haines*, SGB IV/1, K § 30 Rdn. 10; *Peters*, Handbuch der Krankenversicherung, § 30 SGB IV, Anm. 5.

101 Der allerdings mehr als gering ist, vgl. *Schnapp*, in: FS für von Unruh, S. 881 (892 f.).

102 *Hauck/Haines*, SGB IV/1, K § 29 Rdn. 20.

Im Bereich der "übertragenen" Aufgaben steht dem Versicherungsträger dagegen keinerlei Gestaltungsspielraum zu. Damit sind zwar Entscheidungsspielräume des beauftragten Versicherungsträgers bei der Erfüllung der übertragenen Aufgaben nicht schlechthin ausgeschlossen. Insbesondere kann das diese Übertragung regelnde Gesetz solche Freiräume vorsehen, indem es beispielsweise die Ausübung von Ermessen einräumt. Der Versicherungsträger ist jedoch an Weisungen des Auftraggebers (die z.B. in Form von ermessenslenkenden Verwaltungsvorschriften ergehen können[103]) gebunden[104]. Der Auftraggeber hat dem Beauftragten allerdings die durch die Auftragserfüllung entstehenden Kosten zu erstatten (§ 30 Abs. 2 Satz 1 HS 1 SGB IV)[105].

b) Abgrenzung: "Eigene" und "übertragene" Aufgaben

Aufgrund dieser erheblichen Konsequenzen, die aus der Zuordnung zu den "eigenen" oder den "übertragenen" Aufgaben resultieren, ist es von eminenter Bedeutung, genau bestimmen zu können, wann ein Sozialversicherungsträger "eigene" und wann er "übertragene" Aufgaben wahrnimmt. Insofern muß es doch sehr überraschen, daß in der Literatur bislang keine klaren Kriterien für die Abgrenzung der beiden Kategorien voneinander entwickelt worden sind. Entweder finden sich überhaupt keine Aussagen zu einer Charakterisierung[106], oder es werden lediglich Zweckbeschreibungen des § 30 Abs. 2 SGB IV vorgenommen. So wird angeführt, die Sozialversicherungsträger sollen vor der Übertragung "fremder" Funktionen geschützt, ihre Mittel nicht für "fremde" Zwecke verwendet werden[107]. Allenfalls wird beschrieben, daß die Abgrenzung problematisch ist, und die Auslegung als eigene oder übertragene Aufgabe eine Angelegenheit des Gesetzgebers sei, der die Zuweisung von eigenen oder übertragenen Aufgaben durch ausdrückliche Anordnung oder Ausschluß einer Kostenerstattung regeln solle[108]. Ansonsten führen die meisten Autoren Beispiele für die jeweilige Kategorie an, ohne daß ersichtlich wird, auf welcher Argumentationsgrundlage die Einordnung erfolgt. So werden die Regelleistungen der Sozialversicherungsträger durchweg zu den eigenen (Pflicht-)Aufgaben nach § 30 Abs. 1 SGB IV gezählt, wohingegen der Einzug

---

103 Vgl. hierzu allgemein: *Maurer*, Allgemeines Verwaltungsrecht, § 24.

104 *Peters*, Handbuch der Krankenversicherung, § 30 SGB IV, Anm. 5.

105 Siehe dazu *Brackmann*, Handbuch der Sozialversicherung, Band I/1, S. 153 r II; *Hauck/Haines*, SGB IV/1, K § 30 Rdn. 10.

106 So bei *Krauskopf/Schroeder-Printzen*, Soziale Krankenversicherung, § 30 SGB IV.

107 *Becher*, Selbstverwaltungsrecht, § 30 SGB IV, Anm. 2.1.; *Krause*, in: GK-SGB IV, § 30 Rdn. 11.

108 *Krause*, in: GK-SGB IV, § 30 Rdn. 14; ihm beipflichtend, *Brackmann*, Handbuch der Sozialversicherung, Band I/1, S. 153 r II f.

des Sozialversicherungsbeitrags durch die Krankenkassen auch für die Rentenversicherungsträger und die Bundesanstalt für Arbeit (Gesamtsozialversicherungsbeitrag, § 28 h SGB IV) und, damit zusammenhängend, die Feststellung der jeweiligen Versicherungspflicht einhellig zu den übertragenen Aufgaben i.S.d. § 30 Abs. 2 SGB IV gerechnet werden[109].

Diese beiden von der Literatur eindeutig zugeordneten Beispiele sollen im folgenden dazu dienen, Abgrenzungskriterien für die Unterscheidung zwischen "eigenen" und "übertragenen" Aufgaben zu entwickeln.

Kennzeichnend für die Regelleistungen der Sozialversicherungsträger ist, daß diese Aufgaben inhaltlich das vom entsprechenden Versicherungszweig abgedeckte Risiko, nämlich die jeweiligen Versicherungsfälle betrifft. Würden neue Regelleistungen für diese Risiken eingeführt, so bedeutete das die Übertragung dieser (neuen) Aufgaben als eigene i.S.d. § 30 Abs. 1 SGB IV. Zur Verdeutlichung diene ein Beispiel: Die Zuweisung der Durchführung der geplanten Pflegeversicherung zu den Rentenversicherungsträgern oder den Trägern der Krankenversicherung würde als "eigene" Aufgabe zu den bisherigen Regelleistungen "passen": Die Rentenversicherung deckt bereits für ihre Mitglieder die Risiken Alter und Invalidität, die Krankenversicherung (in erster Linie) dasjenige der Krankkeit ab - jeweils Risiken, die eng mit demjenigen der Pflege zusammenhängen. Die Pflegeversicherung würde sich also innerhalb des Rahmens der traditionellen Hauptaufgabe der Rentenversicherung bzw. der Krankenversicherung bewegen, insofern als "eigene" Aufgaben der Rentenversicherungsträger bzw. der Krankenversicherungsträger diesen zugewiesen werden können. Nicht "passen" würde die Pflegeversicherung hingegen zur Arbeitslosenversicherung, denn die abzudeckenden Risiken zeigen keinerlei inhaltliche Nähe[110].

In personeller Hinsicht sind die Regelleistungen auf die bei dem jeweiligen Versicherungsträger Versicherten bzw. deren Familien beschränkt. Damit ist letztlich Selbstverständliches gesagt: Die Bundesversicherungsanstalt für Angestellte beispielsweise zahlt eben Renten nur an die bei ihr versicherten Angestellten, nicht etwa an Arbeiter, oder eine Allgemeine Ortskrankenkasse leistet keine Krankenhilfe an die Mitglieder einer anderen Krankenkasse.

---

109 Widersprüchlich allerdings *Maier*, in: Kasseler Kommentar, § 30 SGB IV, der in Rdn. 2 den Einzug des Gesamtsozialversicherungsbeitrags den Pflichtaufgaben nach Abs. 1 zuordnet, in Rdn. 6 aber als Beispiel für die übertragenen Aufgaben anführt. Zu den Auftragsangelegenheiten der Krankenkassen vgl. weiter *Marburger*, RiA 1975, 181 ff.; *Tervooren*, in: FS für Kurt Jantz, S. 137 ff.

110 Die Pflegeversicherung ist inzwischen aus dem Planungsstadium herausgetreten und tritt im wesentlichen am 1.1.1995 in Kraft (BGBl. I 1994, S. 1014 ff.); sie wurde der Krankenversicherung zugeordnet, vgl. § 1, BGBl. I, S. 1017.

Betrachtet man hingegen das Beispiel für übertragene Aufgaben, nämlich den Einzug des Sozialversicherungsbeitrags durch die Krankenkassen gemäß § 28 h Abs. 1 und 2 SGB IV auch für die Träger der Rentenversicherung bzw. die Bundesanstalt für Arbeit sowie die Feststellung der Versicherungs- bzw. Beitragspflicht auch für die Versicherten der Rentenversicherung oder nach dem Arbeitsförderungsgesetz, so ist folgendes festzustellen: Zunächst unterscheiden sich die Risiken, die die Krankenversicherung abdeckt (Krankheit), wesentlich von denjenigen der Renten- oder Arbeitslosenversicherung (Alter, Invalidität bzw. Arbeitslosigkeit). Darüber hinaus gelten für die Versicherungs- bzw. Beitragspflichtigkeit je andere und inhaltlich verschiedene Normen, nämlich für die Krankenversicherung das SGB V, für die Rentenversicherung das SGB VI und für die Arbeitslosenversicherung das Arbeitsförderungsgesetz (AFG). Für jeden Bereich existieren je andere Bemessungsgrenzen, und es werden je verschiedene Personenkreise erfaßt (die sich im Tatsächlichen allerdings in großem Umfang überschneiden). Ein Zusammenhang zwischen den eigenen Aufgaben der Krankenkassen nach dem SGB V und diesen übertragenen, für die das SGB VI und das AFG gilt, besteht nur insofern, als die Art der Feststellung der Versicherungs- bzw. Beitragspflicht und die Art der Berechnung sich jeweils ähneln. Es erscheint ferner zweckmäßig, daß die Arbeitgeber, die gemäß § 28 e Abs. 1 SGB IV den Gesamtsozialversicherungsbeitrag den Krankenkassen schulden, sich nur einer Stelle je Arbeitnehmer gegenübersehen und nicht deren dreien. Und gerade Zweckmäßigkeit ist der innere Grund für eine Aufgabenübertragung nach § 30 Abs. 2 SGB IV[111].

Nach diesen Überlegungen lassen sich vom Gesetz zugewiesene Aufgaben als "eigene" Aufgaben charakterisieren, wenn sie sich im Rahmen der bisherigen Tätigkeit bewegen, d.h. in engem inhaltlichen Zusammenhang zur Hauptaufgabe stehen. In personeller Hinsicht müssen diese neuen Aufgaben sich auf die bisherige (potentielle) Klientel erstrecken. Nur so ergibt auch die Zugehörigkeit der neuen zugewiesenen Aufgaben zum Bereich der Selbstverwaltung des Sozialversicherungsträgers einen Sinn.

Dagegen stehen "übertragene" Aufgaben außerhalb der Hauptaufgabe des betreffenden Sozialversicherungsträgers. Sie liegen vor, wenn lediglich organisatorische Gegebenheiten ausgenutzt werden sollen - ohne enge inhaltliche Anknüpfung an bisherige Aufgaben oder Einbeziehung der eigenen Versicherten. Damit rechtfertigt sich auch der Ausschluß der Selbstverwaltung in diesem Aufgabenbereich sowie die grundsätzliche Weisungsgebundenheit gegenüber dem Auftraggeber. Diese ist außerdem dadurch legitimiert, daß der

---

111 *Stößner*, Staatsaufsicht, S. 23.

Auftraggeber die durch die Erfüllung der übertragenen Aufgabe entstandenen Kosten in voller Höhe tragen muß.

Eine Bestätigung für die so entwickelten Abgrenzungskriterien zwischen "eigenen" und "übertragenen" Aufgaben bietet ein "Blick über den Tellerrand". Denn auch das Kommunalrecht (z.B. in Nordrhein-Westfalen) kennt eine Unterscheidung der Gemeindeaufgaben in einen "eigenen" und einen - durch Gesetz und mit Kostenerstattung verbundenen - "übertragenen" Wirkungskreis, wobei die Zuordnung ebenfalls Konsequenzen (zumindest) im Aufsichtsbereich nach sich zieht: Im eigenen Wirkungskreis beschränkt sie sich auf eine bloße Rechtsaufsicht, während die Gemeinde im übertragenen Wirkungskreis weisungsabhängig ist. Die Parallele zur Regelung des § 30 SGB IV drängt sich förmlich auf[112]. Die Unterscheidung zwischen eigenen und übertragenen Aufgaben wird im Kommunalrecht wie folgt getroffen. Der eigene Wirkungskreis der Gemeinden umfaßt diejenigen "Angelegenheiten, die in der örtlichen Gemeinschaft wurzeln und die Interessen und Belange der Gemeindeeinwohner als solche betreffen. ... Der übertragene Wirkungskreis umfaßt jene .. Angelegenheiten, die aufgrund ihrer gesamtgesellschaftlichen Bedeutung eigentlich vom Gesamtstaat wahrgenommen werden müßten ...(und)... aus Gründen der Zweckmäßigkeit ... den Gemeinden übertragen (werden)"[113]. Betrachtet man diese Definitionen näher, so lassen sich als Abgrenzungsmerkmale ein inhaltlicher und ein personeller Aspekt ausmachen. Damit erfahren die soeben für § 30 SGB IV entwickelten Abgrenzungskriterien ihre Bestätigung.

c) Durchführung des KSVG als "eigene" Aufgabe der LVA Oldenburg/Bremen nach § 30 Abs. 1 SGB IV

Vor dem Hintergrund der soeben für die Unterscheidung der eigenen von den übertragenen Aufgaben entwickelten Abgrenzungskriterien ist nun die Übertragung der Aufgabe der Anstalt KSK "Durchführung des KSVG" auf

---

112 *Emde*, Die demokratische Legitimation der funktionalen Selbstverwaltung, S. 158 f., zieht eine direkte Verbindungslinie, indem er die Unterscheidung eigene/übertragene Aufgaben i.S.d. § 30 SGB IV als aus dem Kommunalrecht übernommen ansieht. Er führt jedoch weiter aus, diese Differenzierung sei im Sozialversicherungsrecht nur von begrenzter Bedeutung, da das Maß eigenständigen Gestaltungsspielraumes der Selbstverwaltungsorgane im Bereich der eigenen Aufgaben nicht wesentlich größer sei als derjenige der übertragenen Aufgaben. Damit verkennt er den qualitativen Unterschied zwischen bloßer Rechtsaufsichtsunterworfenheit mit der Möglichkeit der gerichtlichen Kontrolle durch Erhebung einer Aufsichtsklage nach § 54 SGG einerseits und der Weisungsgebundenheit andererseits, die grundsätzlich keine Möglichkeit gerichtlichen Rechtsschutzes offenläßt. Siehe dazu gleich und unten E II 3.

113 *Petzold*, in: HdbkSV, Kapitel II, Rdn. 48 f.; vgl. auch *Oertzen*, in: Loebell, Gemeindeordnung des Landes Nordrhein-Westfalen, Kommentierung zu § 3; *Rauball/Rauball/Rauball/Pappermann/Roters*, Gemeindeordnung Nordrhein-Westfalen, Kommentierung zu § 3.

die LVA Oldenburg/Bremen, zunächst bezogen auf die "eigenen" Aufgaben, zu untersuchen.

Bei unbefangenem Blick könnte man die Aufgabenübertragung auf die LVA durchaus als eine solche nach § 30 Abs. 1 SGB IV begreifen, die KSVG-Durchführung also als "eigene" Aufgaben qualifizieren. Eine gesetzliche Aufgabenerweiterung ist ja prinzipiell zulässig. Es ist allerdings zu unterscheiden, daß nicht der Pflichtenkreis der LVA in ihrer Funktion als Rentenversicherungsträgerin erweitert wurde, sondern daß die Aufgabenübertragung der LVA neue, zusätzliche Pflichten auferlegte, die weder inhaltlich noch personell mit ihren bisherigen in Zusammenhang stehen: Wer als Künstler oder Publizist versicherungspflichtig, oder wer als Verwerter künstlerischer Produkte abgabepflichtig ist, steht in keinerlei inhaltlichem Bezug zur Aufgabe der LVA, die Arbeiter im Raum Oldenburg und Bremen gegen diejenigen Risiken abzusichern, die durch die Rentenversicherung abgedeckt werden. Erinnert sei auch daran, daß die Aufgabenübertragung eine neue, zusätzliche Eigenschaft der LVA als Trägerin allgemeiner Verwaltung begründet und ihren bisherigen Rechtsstatus insofern verändert, als sie ihre Eigenschaft als juristische Person des öffentlichen Rechts aus zwei völlig getrennten Aufgabenkomplexen herleiten kann. Die Durchführung des KSVG, die der LVA als KSK obliegt, steht insgesamt nicht in dem für die Einordnung als "eigene" Aufgaben i.S.d. § 30 Abs. 1 SGB IV geforderten engen Zusammenhang mit ihrer Aufgabe als Rentenversicherungsträgerin. Als solche sichert sie die Arbeiter in ihrem örtlich begrenzten Einzugsbereich gegen die mit der Rentenversicherung abgedeckten Risiken ab. Als KSK wird sie überhaupt nicht als Leistungsträgerin tätig, sondern erfüllt ihr inhaltlich fremde Aufgaben. Es handelt sich hier folglich nicht um eine bloße gesetzliche Aufgabenerweiterung.

Gegen die Einordnung der Aufgabenübertragung als eigene i.S.d. § 30 Abs. 1 SGB IV spricht ein weiterer Gesichtspunkt, nämlich die Ausgestaltung der Reichweite der rechtlichen und politischen Selbstverwaltung der LVA: Zum einen hat die Klientel der KSK, nämlich Künstler und Publizisten sowie Abgabeverpflichtete, keinen Zugang zur politischen Selbstverwaltung der LVA als Rentenversicherungsträgerin[114]. Zum andern sind die Selbstverwaltungsorgane der LVA (Vorstand und Vertreterversammlung) gemäß § 41 KSVG nicht in die Durchführung des KSVG einbezogen. Der Vorstand ist lediglich im Personalbereich eingeschaltet: So ist die LVA als Arbeitgeber bzw. Dienstherr in die Arbeits- und Dienstverhältnisse der ehemaligen KSK-(Anstalts-)Beschäftigten eingetreten (§§ 37 b und c KSVG),und die Feststellung

114 Die Versicherten haben allerdings Zugang zu der Selbstverwaltung "ihrer" Leistungsträger, der BfA und den Krankenkassen.

des Haushaltsplans der KSK hat hinsichtlich der personalbezogenen Verwaltungskosten die Feststellung im Benehmen mit dem Vorstand der LVA unter Berücksichtigung seiner Eigenschaft als oberster Dienstbehörde[115] zu erfolgen (§ 43 Abs. 3 KSVG). Diese Funktionen des Vorstandes berühren jedoch nicht die materielle Verwaltungstätigkeit der KSK, können also kein Argument für eine Einflußnahme der Selbstverwaltungsorgane auf die Tätigkeit der LVA als KSK sein.

Dieser Aspekt der Nichteinbeziehung in die Selbstverwaltung kann gleichwohl nur ein Indiz gegen eine Aufgabenübertragung als eigene i.S.d. § 30 Abs. 1 SGB IV sein, da es denkbar ist, daß der Ausschluß der Selbstverwaltung im KSVG-Bereich zu Unrecht stattfindet - dann nämlich, wenn die Aufgabenerweiterung tatsächlich nach § 30 Abs. 1 SGB IV erfolgt ist. Ob das der Fall ist, kann allein hieraus letztlich nicht sicher geschlossen werden. Allerdings handelt es sich um ein "starkes" Indiz, da es wenig Sinn machte, Künstler und Publizisten/Abgabeverpflichtete, die ja auch keine Beiträge an die LVA als Rentenversicherungsträgerin leisten, in die Selbstverwaltung der Arbeiterrentenversicherung im Gebiet Oldenburg/Bremen einzubeziehen.

Es spricht aber noch mehr gegen eine Einordnung der Aufgabenübertragung als "eigene" Aufgaben i.S.d § 30 Abs. 1 SGB IV. Während im Bereich der eigenen Aufgaben der Sozialversicherungsträger auf eigene Kosten tätig wird, ist hier festzustellen, daß der Bund sämtliche (Verwaltungs-)Kosten trägt, die der LVA bei der Durchführung des KSVG entstehen (§§ 34, 34 a KSVG), ein Umstand, der von § 30 Abs. 1 SGB IV weg und hin zu dessen Abs. 2 weist. Nun ist Kostenerstattung für sich gesehen noch kein zwingendes Merkmal dafür, daß ein Auftrag i.S.d. § 30 Abs. 2 SGB IV vorliegt. Vielmehr sind Zuschüsse und ein pauschalierter Ersatz von Aufwendungen grundsätzlich möglich, ohne daß ein Auftragsverhältnis und daraus resultierender Einschränkung der Selbstverwaltung vorliegen müßte[116]. Bei der Übernahme der durch die KSK-Tätigkeit entstehenden Verwaltungskosten durch den Bund erfolgt zwar eine pauschale Berechnung[117]. Jedoch geschieht das erstens nur aus Vereinfachungsgründen, denn es wäre mit einem unverhältnismäßigen Aufwand verbunden (wenn nicht unmöglich), bei Leitungs- und Querschnittsaufgaben, die von Beschäftigten der LVA sowohl für die KSK als auch für die Rentenversicherung der Arbeiter getätigt werden, genau aufzusplitten,

---

115 Siehe oben C I 1.

116 *Stößner*, Staatsaufsicht, S. 109.

117 Vgl. die Begründung zu § 34 a KSVG, BT-Drucks. 11/862, S. 8: gewisse Pauschalisierungen unverzichtbar.

was dem jeweiligen Bereich zuzuordnen ist[118]. Zweitens kommt hinzu, daß die *gesamten* aus der Durchführung des KSVG resultierenden Kosten inklusive der Personalkosten erstattet werden[119]. Das reicht über einen Zuschuß oder bloß pauschalen Ersatz von Aufwendungen sicherlich hinaus.

Im Ergebnis kann damit festgestellt werden, daß die vom Gesetzgeber auf die LVA Oldenburg/Bremen übertragene Aufgabe "Durchführung des KSVG" keine Übertragung als "eigene" Aufgabe i.S.d. § 30 Abs. 1 SGB IV ist.

d) Durchführung des KSVG als "übertragene" Aufgabe der LVA Oldenburg/Bremen nach § 30 Abs. 2 SGB IV

Da die Aufgabenzuweisung an die LVA nicht nach § 30 Abs. 1 SGB IV erfolgte, und die *gesamte* Tätigkeit der Sozialversicherungsträger in Übereinstimmung mit den Regelungen des § 30 SGB IV stehen muß, ist sie am Maßstab des § 30 Abs. 2 SGB IV zu beurteilen[120]. Nach dieser Vorschrift dürfen Aufgaben von Trägern öffentlicher Verwaltung den Sozialversicherungsträgern nur aufgrund eines Gesetzes übertragen werden, die dadurch entstehenden Kosten sind zu erstatten.

Bei der nach diesen Vorgaben zu beurteilenden Eingliederung der KSK in die LVA durch das Gesetz zur finanziellen Sicherung der Künstlersozialversicherung vom 18.12.1987[121] wurden einem Sozialversicherungsträger Aufgaben eines Trägers öffentlicher Verwaltung (der bundesunmittelbaren Anstalt des öffentlichen Rechts KSK) aufgrund eines Gesetzes übertragen. Da der bislang zuständige Verwaltungsträger (die Anstalt KSK) mit diesem Gesetz aufgelöst wurde (Art. 1 Nr. 8 des Gesetzes), kann er nicht als "Auftraggeber" i.S.d. § 30 Abs. 2 Satz 1 SGB IV angesehen werden. Dies ist vielmehr die Bundesrepublik Deutschland, der "Bund", der die Anstalt geschaffen hatte und damit ihm obliegende Aufgaben durch eine bundesunmittelbare Anstalt des öffentlichen Rechts i.S.d. Art. 87 Abs. 3 Satz 1 GG[122] im Wege der mittelbaren Staatsverwaltung durchführen ließ[123]. Diese Aufgaben übertrug der

---

118 *Finke/Brachmann/Nordhausen*, KSVG, § 34 a Rdn. 2; BT-Drucks. 11/862, S. 8.

119 BT-Drucks. 11/862, S. 8 - Begründung zu § 34 a KSVG.

120 *Hauck/Haines*, SGB IV/1, K § 30 Rdn. 14; *Krauskopf/Schroeder-Printzen*, Soziale Krankenversicherung, § 30 SGB IV, Rdn. 1 bis 8; *Maier*, in: Kasseler Kommentar, § 30 Rdn. 1 bis 9.

121 BGBl. I 1987, S. 2794 ff.

122 Siehe oben C I 1 a).

Bund dem Sozialversicherungsträger LVA Oldenburg/Bremen. Die diesem hierdurch entstehenden Kosten werden konsequenterweise und in Übereinstimmung mit § 30 Abs. 2 Satz 1 HS 2 SGB IV vom Bund getragen (§§ 34, 34 a KSVG). Grund für die Übertragung waren Zweckmäßigkeitsüberlegungen - üblicherweise der Anlaß zu Aufgabenübertragungen nach § 30 Abs. 2 SGB IV[124], denn nach auch durch Aufsichtsmaßnahmen nicht behebbaren organisatorischen Schwierigkeiten sollten die Verwaltungserfahrungen eines - räumlich benachbarten - Sozialversicherungsträgers nutzbar gemacht werden[125].

Somit ist die Eingliederung der KSK in die LVA Oldenburg/Bremen als eine nach § 30 Abs. 2 Satz 1 SGB IV zulässige Aufgabenübertragung zu qualifizieren.

Das zieht die schon oben beschriebenen Konsequenzen nach sich: Der Grundsatz der rechtlichen Selbstverwaltung (§ 29 Abs. 3 SGB IV) greift nicht. Das bedeutet, daß die durch das KSVG erfaßten Personenkreise zu Recht nicht an der politischen Selbstverwaltung der LVA als Rentenversicherungsträgerin beteiligt sind. Auf der anderen Seite haben aber auch die Selbstverwaltungsorgane der LVA als Rentenversicherungsträgerin auf die Durchführung des KSVG rechtmäßigerweise keinen Einfluß. Im Bereich der übertragenen Aufgaben nach § 30 Abs. 2 SGB IV - für die LVA also bei der Durchführung des KSVG - besteht für den Versicherungsträger keine Gestaltungsmöglichkeit. Er ist diesbezüglich dem Auftraggeber, also hier dem Bund, grundsätzlich weisungsunterworfen[126].

---

123 Wer Verwaltungsträger schaffen kann, bestimmt die Organisationsgewalt. Darunter versteht man "die Kompetenz zur Bildung, Errichtung, Einrichtung, Änderung oder Aufhebung von Verwaltungsträgern oder ihren Untergliederungen (Organen, Behörden) durch die Bestimmung ihrer Aufgaben, Zuständigkeiten, Zusammenhänge, inneren Ordnung sowie persönlichen und sachlichen Ausstattung" (*Erichsen/Knoke*, DÖV 1985, 53 (54) m.w.N.; ausführlich zum Begriff der Organisationsgewalt: *Böckenförde*, Organisationsgewalt, S. 21 ff.

124 Vgl. oben C II 2 a) und *Stößner*, Staatsaufsicht, S. 23.

125 BT-Drucks 11/862, S. 7.

126 Was diese Weisungsgebundenheit im einzelnen bedeutet, wird in Kapitel D II 4 untersucht.

III. Zusammenfassung: Das Binnenverhältnis KSK - LVA Oldenburg/Bremen

Das durch die "konservierende Eingliederung" der KSK in die LVA Oldenburg/Bremen entstandene Konstrukt kann nun zusammenfassend beschrieben werden. Alle Rechte und Pflichten der ehemaligen Anstalt KSK sind mit der Eingliederung auf die LVA als Rechtsnachfolgerin übergegangen bei vollständiger Trennung beider Vermögensmassen. Die KSK verlor damit ihre Rechtsfähigkeit. Die LVA tritt seither in zwei Funktionen auf: Zum einen ist sie Rentenversicherungsträgerin, und zum anderen ist sie Trägerin allgemeiner Verwaltung bei der Durchführung des KSVG. Mit der Eingliederung wurde ein neues Organ der juristischen Person LVA geschaffen, nämlich die KSK, wobei die exakte Formulierung lauten muß: "Der Geschäftsführer der LVA als KSK". Dieser ist damit Doppelorgan der LVA mit je nach Funktionsbereich unterschiedlichen Aufgaben und Befugnissen. Als Organ der LVA in ihrer Eigenschaft als Rentenversicherungsträgerin steht ihm nur eine beschränkte Geschäftsführung und Vertretung zu (§§ 31, 36 SGB IV). Für die LVA als KSK obliegt ihm hingegen gemäß § 41 KSVG die volle Geschäftsführung und Vertretung.

Die Eingliederung der KSK in die LVA bedeutete eine Aufgabenübertragung nach § 30 Abs. 2 SGB IV. In Übereinstimmung mit dieser Vorschrift erfolgte die Eingliederung zum einen durch ein Gesetz, und der "Auftraggeber Bund" erstattet sämtliche Verwaltungskosten, die der LVA aus der Aufgabenerfüllung entstehen.

Durch die Funktionserweiterung der LVA ist der Vorstand gemäß §§ 37 b und c KSVG in die Stellung des Arbeitgebers/der obersten Dienstbehörde der KSK-Beschäftigten eingetreten. Konsequenterweise ist bei der Haushaltsplanfeststellung der KSK hinsichtlich personalbezogener Verwaltungskosten mit dem Vorstand Benehmen herzustellen (§ 43 Abs. 3 KSVG). Weitere Aufgaben oder Befugnisse stehen ihm im LVA-Funktionsbereich "Durchführung des KSVG" allerdings nicht zu. Die Vertreterversammlung der LVA ist in diesen Funktionskreis in keiner Weise einbezogen[127].

---

[127] Vgl. dazu auch *Brandts/Wirth*, Haushaltsrecht, 210 vor § 67 Anm. 6, S. 15.

D. Staatliche Einflußnahme auf die LVA Oldenburg/Bremen als Künstlersozialkasse und rechtliche Qualifikation

Die juristische Person des öffentlichen Rechts LVA Oldenburg/Bremen nimmt, wie gesehen, die Durchführung des KSVG im Auftrage des Bundes wahr; ihr sind damit öffentliche Aufgaben zur Erfüllung übertragen worden. Bei solchen Ausgliederungen von Verwaltungsaufgaben an verselbständigte Träger der mittelbaren Staatsverwaltung behält sich der Staat vielerlei Einflußnahmemöglichkeiten vor[1]. Neben der Steuerung aufgrund der Gesetzgebungskompetenz, also durch Änderung der materiellen und organisatorischen Rechtsgrundlagen, sind gesetzlich vorgesehene Ermächtigungen zu Verordnungen und Verwaltungsvorschriften bzw. deren tatsächlicher Erlaß zu nennen. Darüber hinaus werden vielfach Aufsichts- oder sonstige Mitwirkungsbefugnisse statuiert.

Welche Intensität diesem Einflußnahmepotential zukommt, steht in Zusammenhang mit deren Rechtsqualität[2]. Diese ist außerdem maßgeblich für eventuell bestehende Rechtsschutzmöglichkeiten der so Beeinflußten[3]. Daher soll zunächst eine Übersicht über die im Rahmen der KSVG-Durchführung vorhandenen Einflußnahmemöglichkeiten gegeben werden (unten I.), um diese anschließend einer rechtlichen Qualifikation zu unterziehen (unten II).

---

[1] Vgl. nur *Kirchhof*, in: HdbStR III, § 59 Rdn. 203.

[2] Gesetzgebung und der Erlaß von Rechtsverordnungen werden zwar kaum als Einflußnahme wahrgenommen - im Gegenteil zu Aufsichtmaßnahmen wie z.B. der Ersatzvornahme; gleichwohl reicht deren Intensität genau gesehen tiefer, da sie Verwaltungshandeln vom Grund her steuern, dieses erst ermöglichen und nicht "bloß" kontrollieren; vgl. dazu *Lerche*, in: Maunz/Dürig, Art. 84 Rdn. 86 a.E.

[3] Vgl. *Schnapp*, Amtsrecht, S. 121 f.: "Vielmehr ist das Ob und Wie des Rechtsschutzes abhängig von der vorherigen dogmatischen Qualifizierung einer staatlichen Maßnahme". Ebenso *Bleutge*, Der Kommunalverfassungsstreit, S. 29.

I. Tabellarische Übersicht und Abgrenzung

KSVG:

§ 25 Abs. 2 Satz 3	VO-Ermächtigung an BMA zur Vereinfachung des Abgabeverfahrens
§ 26 Abs. 1 Satz 2	VO-Ermächtigung an BMA zur Ermittlung der Vom-Hundert-Sätze (erlassen als VO zur Durchführung des KSVG vom 23.05.1984, BGBl. I, S. 709 ff.)
§ 26 Abs. 5	VO-Ermächtigung an BMA mit Einvernehmen BMF zur Bestimmung der Vom-Hundert-Sätze (jährlich erlassene Künstlersozialabgabeverordnung, z.B. für 1994: BGBl. I 1993, S. 1661)
§ 28 Satz 3	VO-Ermächtigung an BMA zur näheren Bestimmung von Form und Inhalt der Aufzeichnungspflicht (erlassen als VO zur Durchführung des KSVG vom 23.05.1984, BGBl. I, S. 709 ff.)
§ 32 Abs. 2 Satz 3	Zustimmung durch BVA zur vom KSVG abweichenden Entgeltermittlung für Mitglieder von Ausgleichsvereinigungen Künstlersozialabgabeverpflichteter
§ 34 a	Ermächtigung zum Erlaß von Verwaltungsvorschriften an BMA mit Zustimmung BMF zur Regelung des Näheren über die Verwaltungskosten
§ 35 Abs. 2	VO-Ermächtigung an BMA zur Überwachung der Beitrags- und Abgabeentrichtung
§ 38 Abs. 3 Satz 1, 3	(Ab-)Berufung der Beiratsmitglieder und Stellvertreter durch BMA unter Berücksichtigung von Vorschlägen der Interessensverbände
§ 40	VO-Ermächtigung an BMA zur näheren Bestimmung der Aufgaben, Zusammensetzung, Rechte und Pflichten der Mitglieder, Amtsdauer und Verfahren des Beirats und der Widerspruchsausschüsse (erlassen als VO zur Änderung der VO über die Satzung der KSK vom 26.11.1992, BGBl. I, S. 1975 f.

§ 43 Abs. 2 Satz 2	Genehmigung des Kontenrahmens durch BVA
§ 43 Abs. 4 Satz 1	Genehmigung des Haushaltsplans durch BVA mit Zustimmung BMA und BMF
§ 43 Abs. 5	Ausgabenzulassung bei Noch-Nicht-Genehmigung des Haushaltsplans durch BVA
§ 43 Abs. 6	Einwilligung außer- und überplanmäßiger Ausgaben durch BVA mit Zustimmung BMA und BMF
§ 43 Abs. 7 Satz 3, 4	Rechnungsprüfung und Entlastung durch BVA
§ 46	Aufsicht durch BVA
SGB IV:	
§ 30 Abs. 2 Satz 1	Weisungsgebundenheit
SGB VI:	
§ 143 Abs. 2 Satz 1	Ernennung des Geschäftsführers der LVA durch den Bundespräsidenten auf Vorschlag der Bundesregierung
§ 143 Abs. 2 Satz 2	Ernennung der übrigen Beamten durch BMA (auf Vorstand übertragbar)
§ 169 (i.V.m. § 15 KSVG)	Festsetzung der Beitragsbemessungsgrenze durch Bundesregierung mit Zustimmung Bundesrat
GG:	
Art. 86 Satz 1	Erlaß von allgemeinen Verwaltungsvorschriften durch Bundesregierung

Bei der vorzunehmenden rechtlichen Qualifizierung bleiben einige außerhalb des KSVG normierten Einflußmöglichkeiten unberücksichtigt, da sie nur sehr mittelbar auf die KSVG-Durchführung einzuwirken vermögen. Es sind dies die Ernennung des Geschäftsführers der LVA bzw. der übrigen Beamten durch den Bundespräsidenten auf Vorschlag der Bundesregierung hin bzw. durch den Bundesminister für Arbeit und Sozialordnung (§ 143 Abs. 2 SGB VI)[4], sowie die Verordnungsermächtigung zur Festlegung der Beitragsbemessungsgrenze an die Bundesregierung mit Zustimmung des Bundesrates nach § 160 SGB VI (i.V.m. § 15 KSVG).

Des weiteren bleibt außen vor die Zustimmung des Bundesversicherungsamtes zur vom KSVG abweichenden Entgeltermittlung für Mitglieder von Ausgleichsvereinigungen nach § 32 Abs. 2 Satz 3 KSVG. Denn Gegenstand der Untersuchung dieses Kapitels ist die staatliche Einflußnahme auf die LVA als KSK bei der KSVG-Durchführung. Die Einwirkungsmöglichkeit nach § 32 Abs. 2 Satz 2 KSVG räumt jedoch Privaten (nämlich den Ausgleichsvereinigungen) Befugnisse ein, die staatlicher Mitwirkung in Form der Zustimmung des Bundesversicherungsamtes und der KSK bedürfen.

---

4 Dabei soll nicht verkannt werden, daß Personalpolitik die Art einer Aufgabenausführung beeinflussen kann; diese Problematik weist jedoch über das Thema dieser Untersuchung hinaus. Nach § 143 Abs. 2 Satz 3 SGB VI kann der BMA die Ernennungsbefugnis auf den Vorstand der LVA übertragen. Unter der Geltung des entsprechenden alten Rechts (vgl. § 1344 Abs. 3 RVO) hatte der BMA von dieser Befugnis Gebrauch gemacht mit der "Anordnung über die Ernennung und Entlassung der Bundesbeamten im Geschäftsbereich des Bundesministers für Arbeit und Sozialordnung vom 5.6.1979 (BGBl. I 1979, S. 651), geändert durch die Anordnung vom 12.11.1979 (BGBl. I 1979, S. 1997). Zu § 143 SGB VI vgl. die Kommentierungen von *Emmerich*, in: GK-SGB VI und *Hauck/Haines*, SGB VI.

II. Rechtliche Qualifizierung der staatlichen Einflußnahmemöglichkeiten

1. Einflußmöglichkeiten des Bundesministers für Arbeit und Sozialordnung

a) Ermächtigung zum Erlaß von Rechtsverordnungen

Der Bundesminister für Arbeit und Sozialordnung (BMA) wird durch einige Vorschriften des KSVG ermächtigt, Rechtsverordnungen zu erlassen (§§ 25 Abs. 2 Satz 3, 26 Abs. 1 Satz 2, 26 Abs. 5, 28 Satz 3, 35 Abs. 2, 40). Bei dem Erlaß der Verordnung nach § 26 Abs. 5 KSVG ist dabei Einvernehmen mit dem Bundesminister für Finanzen (BMF) herzustellen.

aa) Rechtsnatur der Ermächtigungen

Bei der Bestimmung der Rechtsnatur von Ermächtigungen zum Erlaß von Rechtsverordnungen erscheint es zweckmäßig, sich zunächst dem Inhalt der Ermächtigung zuzuwenden, also die Rechtsnatur von Rechtsverordnungen zu beleuchten. Auf der so geschaffenen Grundlage kann dann die Rechtsnatur der Ermächtigung untersucht werden.

Rechtsverordnungen sind diejenigen Rechtsnormen, also allgemeinverbindliche Regelungen[5], die von Stellen der Exekutive erlassen werden[6]. Diese (nur[7]) materiellen Gesetze unterscheiden sich von den (auch) formellen Gesetzen[8], die von dem verfassungsrechtlich vorgesehenen Gesetzge-

---

[5] *Maurer*, Allgemeines Verwaltungsrecht, § 4 Rdn. 3, § 13 Rdn. 1; *Ossenbühl*, in: HdbStR III, § 64 Rdn. 1; *H. Schneider*, Gesetzgebungslehre, Rdn. 14, der allerdings in Rdn. 16 betont, daß nicht nur Rechts*regeln*, sondern auch die Festlegung von Grundentscheidungen (wie in Art. 1 Abs. 1 Satz 1 GG) von dem Ausdruck Rechtsnorm umfaßt wird, dabei aber einen zu engen Begriff der Rechtsregeln zugrundelegt. Besonders Art. 1 Abs. 1 Satz 1 GG, eine der Grundentscheidungen des Grundgesetzes, zeigt, daß Grundentscheidungen auch Rechtsregeln sind: Art. 1 Abs. 1 Satz 1 GG bedeutet eine verbindliche Rechtspflicht des Staates, die Menschenwürde bei der Schaffung wie bei der Anwendung von Rechtsvorschriften unangetastet zu lassen, vgl. *Jarass*, in: Jarass/Pieroth, Art. 1 Rdn. 2 GG.

[6] Vgl. nur *Ossenbühl*, in: HdbStR III, § 64 Rdn. 1.

[7] Vgl. aber *Wilke*, AöR 98 (1973), 196 (202 f.).

[8] Zu den verschiedenen Gesetzesbegriffen vgl. *Ossenbühl*, in: HdbStR III, § 61 Rdn. 5 ff. (vor allem Rdn. 15).

bungsorgan in Kraft gesetzt werden (auf der hier maßgeblichen Bundesebene ist dies der Bundestag unter Mitwirkung des Bundesrates).

Mit dem Erlaß von Rechtsverordnungen nimmt die Exekutive Funktionen der gesetzgebenden Gewalt wahr. Sie setzt allgemeinverbindliches Recht[9]. Diese Rechtsetzungsfunktion der Exekutive steht - oberflächlich betrachtet - in einem Spannungsverhältnis mit dem Gewaltenteilungsmodell[10], wie es in Art. 20 Abs. 2 Satz 2 GG niedergelegt ist: Danach ist die Gesetzgebung besonderen, von der Exekutive verschiedenen Organen überantwortet[11]. Art. 20 Abs. 2 GG kann zwar nicht als Kompetenzzuweisungsnorm verstanden werden[12], sondern postuliert allein den Grundgedanken, *daß* die Ausübung von Staatsmacht auf separate Organe verteilt werden soll; *wie* die Zuteilung in concreto ausgestaltet ist, erschließt sich aus der gesamten Verfassung. Das Grundgesetz weist die staatliche Funktion der Gesetzgebung entsprechend dem Grundsatz in Art. 20 Abs. 2 GG dem Parlament zu. Eine originäre (Außen-)Rechtsetzungskompetenz ist der Exekutive nicht überantwortet. Allerdings sieht Art. 80 GG die Delegation[13] von Rechtsetzungsbefugnissen des Gesetzgebers an bestimmte Stellen der Exekutive (Bundesregierung, Bundesminister, Landesregierungen) durch Gesetz vor[14]. Den Rechtsverordnungen kommt dabei die Funktion zu, das Parlament von politisch wenig(er) bedeutenden Entscheidungen oder (verwaltungs-)technischen Detailregelungen zu entlasten[15].

---

9 *Von Danwitz*, Die Gestaltungsfreiheit des Verordnungsgebers, S. 25 f.; *Kirchhof*, in: FS BVerfG II, S. 50 (82 f.); *von Mutius*, in: FS für Hans J. Wolff 1973, S. 167 (187); *Ossenbühl*, in: FS für Huber, S. 283 (288); vgl. die Nachweise aus der Rechtsprechung des Bundesverfassungsgerichts bei *Wilke*, AöR 98 (1973), 196 (199 f. Fn. 23 - 31).

10 Zu dessen inhaltlicher Zeitgebundenheit vgl. *Ossenbühl*, DÖV 1980, 545 ff.

11 Vgl. *Jarass*, in: Jarass/Pieroth, Art. 20 Rdn. 16; Nachweise aus der Rechtsprechung bei *Wilke*, AöR 98 (1973), 196 (198 Fn. 12 - 15); zu Inhalt, Grenzen und Ergänzungen dieser Aussage des Art. 20 GG: *Schnapp*, in: von Münch/ Kunig, Art. 20 Rdn. 34.

12 *Schnapp*, VVDStRL 43 (1985), 172 (190); *ders.*, NWVBL 1990, 186 (188).

13 Zu diesem Begriff vgl. *Busch*, Das Verhältnis des Art. 80 Abs. 1 Satz 2 GG zum Gesetzes- und Parlamentsvorbehalt, S. 55 ff. Zu den Grenzen der Delegationsbefugnis ausführlich *Staupe*, Parlamentsvorbehalt und Delegationsbefugnis.

14 Art. 80 GG ist also nicht *Durchbrechung* des grundgesetzlichen Gewaltenteilungsmodells (so aber z.B. *BVerfG* E 18, 52 (59)), sondern *Teil* desselben. Vgl. schon *Rupp*, Grundfragen, S. 126 ff.; *ders.*, NJW 1970, 412 f. - formuliert pointiert: "Ein allgemeingültiges "reines" Gewaltenteilungesschema gibt es nicht; deshalb kann ... es nur darauf ankommen, welche Herrschaftstypik des Rechtsstaates dem GG innewohnt. Und zu den Prinzipien dieser Herrschaftstypik gehört nun einmal Art. 80 Abs. 1 GG.".

15 *BVerfG* E 7, 267 (274); 19, 17 (28 f.)

Nach dieser Konzeption des Grundgesetzes bedarf die Exekutive für eine eigene Rechtsetzung einer formellgesetzlichen Ermächtigung[16], in welcher der Gesetzgeber seine Rechtsetzungsbefugnis auf die entsprechende Exekutivstelle delegiert[17].

Damit kann die Rechtsnatur der im KSVG statuierten Ermächtigungen zum Erlaß von Rechtsverordnungen verdeutlicht werden als Delegation von Rechtsetzungskompetenzen an den Bundesminister für Arbeit und Sozialordnung.

bb) Erlaß "im Einvernehmen" mit dem Bundesminister der Finanzen

Während die Verordnungen nach §§ 25 Abs. 2 Satz 3, 26 Abs. 1 Satz 2, 28 Satz 3, 35 Abs. 2 und 40 KSVG in der alleinigen Verantwortung des Bundesministers für Arbeit und Sozialordnung stehen, statuiert die in § 26 Abs. 5 KSVG an den BMA adressierte Ermächtigung zum Erlaß einer Rechtsverordnung, daß diese "im Einvernehmen mit dem Bundesminister der Finanzen" zu erfolgen hat. Diese Stellen haben also zusammenzuwirken; dem BMF ist ein Einfluß auf die Gestaltung der Rechtsverordnung und damit auf die KSK eingeräumt.

Herkömmlicherweise wird beim Zusammenwirken mehrerer Behörden unterschieden, ob der weiteren Stelle bestimmender oder beratender Einfluß zukommt[18]. Letzterer ist durch die Formulierung "im Benehmen mit" angezeigt, ersterer dadurch, daß die Entscheidung von der "Zustimmung" der betroffenen Stelle abhängt, oder "im Einvernehmen" mit der anderen Behörde zu ergehen hat[19].

Auf den hier zu untersuchenden Bereich übertragen bedeutet dies, daß ohne Zustimmung, genannt "Einvernehmen", des BMF eine entsprechende Rechtsverordnung vom BMA nicht rechtmäßig erlassen werden kann.

---

[16] *Degenhart*, Staatsrecht I, Rdn. 243; *Krebs*, VerwArch 68 (1979), 259 (264) m.w.N.; *Leibholz/Rinck/Hesselberger*, Art. 20 Rdn. 471; *H. Schneider*, Gesetzgebungslehre, Rdn. 236.

[17] *Degenhart*, Staatsrecht I, Rdn. 242; siehe auch die Nachweise aus der Rechtsprechung des Bundesverfassungsgerichts bei *Wilke*, AöR 98 (1973), 196 (214 Fn. 159 - 164). Vgl. die Definition von Rechtsverordnung bei *von Danwitz*, S. 27: "Konstitutives Element einer Rechtsverordnung als von der Exekutive erlassene grundsätzlich abstrakt-generelle Regelung ist die Wahrnehmung delegierter Rechtssetzungskompetenz".

[18] *Badura*, in: Erichsen/Martens, § 40 III.

[19] *Badura*, in: Erichsen/Martens, § 40 III; vgl. auch *Maurer*, Allgemeines Verwaltungsrecht, § 9 Rdn. 30.

Dieser Vorgabe entsprechend hat der BMA bei Erlaß der Künstlersozialabgabeverordnung 1994 nach § 26 Abs. 5 KSVG das erforderliche Einvernehmen mit dem BMF hergestellt[20].

cc) Verpflichtung zum Erlaß

Von den im KSVG normierten Ermächtigungen wurde bislang nur teilweise Gebrauch gemacht. Nicht ergangen sind die Rechtsverordnungen auf der Grundlage der §§ 25 Abs. 2 Satz 3 und 35 Abs. 2 KSVG. Es fragt sich mithin, ob es dem Adressaten einer Ermächtigung freigestellt ist, von ihr Gebrauch zu machen, oder ob mit der Ermächtigung zum Erlaß einer Rechtsverordnung eine Verpflichtung zum Erlaß korrespondiert, ob dieser Verpflichtung ein Anspruch auf den Erlaß entspricht, und wem er gegebenenfalls zukommt[21].

Zur Beantwortung dieser Fragen soll noch einmal kurz auf die Rechtsnatur der Verordnungsermächtigung rekurriert werden: Die Ermächtigung zum Erlaß einer Verordnung bedeutet Delegation von Rechtsetzungsbefugnis[22]. In Ausfüllung dieser Ermächtigung kreiert der Verordnungsgeber Recht. Innerhalb des durch die Ermächtigung vorgegebenen Rahmens steht dem Verordnungsgeber ein Bereich eigener Gestaltungsfreiheit zu[23], der je nach Charakter der Rechtsverordnung (welcher geprägt ist durch gesetzliche Vorgaben, verordnende Instanz, Verordnungsverfahren und Verordnungsinhalt) unterschiedlich weit reicht[24].

Diese Gestaltungsfreiheit umfaßt auch die Freiheit der Entscheidung, ob auf der Grundlage der Ermächtigung eine Rechtsverordnung erlassen wird oder nicht. Das ist als Grundsatz weitgehend anerkannt[25]. Dem entspricht die

---

20 Siehe BGBl.I 1993, S. 1661.

21 Ausführlich zu dieser Frage *Westbomke*, Der Anspruch auf Erlaß von Rechtsverordnungen und Satzungen. Vgl. auch *von Danwitz*, Die Gestaltungsfreiheit des Verordnungsgebers, S. 180 ff.

22 Siehe oben D II 1 a aa).

23 Eingehend zur Gestaltungsfreiheit *von Danwitz*, Die Gestaltungsfreiheit des Verordnungsgebers, S. 161 ff.; vgl. zu diesem Freiraum des Verordnungsgebers auch: *Badura*, in: FS für Martens, S. 25 ff.; *Ossenbühl*, in: HdbStR III, § 64 Rdn. 33 ff.; *H. Schneider*, Gesetzgebungslehre, Rdn. 248; *Spanner*, BayVBl. 1986, 225 (227); *Zuleeg*, DVBl. 1970, 157 ff.; kritisch zur Qualifikation dieses Freiraums des Verordnungsgebers als Ermessen *Westbomke*, Der Anspruch auf Erlaß von Rechtsverordnungen, S. 47 ff.

24 Vgl. hierzu *Ossenbühl*, in: HdbStR III, § 64 Rdn. 37 ff.

Praxis der Ermächtigungen, die es dem Verordnungegeber i.d.R. freistellt, von der Ermächtigung Gebrauch zu machen[26].

Gleichwohl kann im besonderen Fall eine Verpflichtung zur Ausführung der Ermächtigung bestehen. So wie der Gesetzgeber die inhaltliche Gestaltungsfreiheit des Verordnungsgebers durch entsprechende Vorgaben in der Ermächtigung eingrenzen kann, ist er nicht gehindert, im ermächtigenden Gesetz einen Auftrag und damit eine Verpflichtung zum Erlaß ausdrücklich zu statuieren[27]. Aber auch wenn die Ermächtigung keine ausdrückliche Verpflichtung festschreibt, kann der Verordnungsgeber gehalten sein, eine Verordnung zu erlassen. Denn die Verpflichtung kann sich daraus herleiten, daß das Gesetz ohne (Durchführungs-)Verordnung nicht vollzogen werden kann[28]. Dann würde nicht nur der parlamentarische Wille, der auf Ausführung des Gesetzes gerichtet ist[29], unterlaufen[30]. Die Entscheidung des Verordnungsgebers wäre auch rechtlich fehlerhaft. Wenn die zu treffende Regelung für den Vollzug des Gesetzes unentbehrlich ist, "kann der Verordnungs-

---

25 Vgl. *von Danwitz*, Die Gestaltungsfreiheit des Verordnungsgebers; *Ossenbühl*, in: HdbStR III, § 64 Rdn. 43; *H. Schneider*, Gesetzgebungslehre, Rdn. 248; *Wilke*, AöR 98 (1973), 196 (233 f.); *Zuleeg*, DVBl. 1970, 157; a.A. *Westbomke*, Der Anspruch auf Erlaß von Rechtsverordnungen, S. 47 ff. Nach einer älteren Ansicht, wonach solche Rechte - gemeint sind Kompetenzen - "in Wahrheit nur berechtigende Pflichten" seien (*Jellinek*, Allgemeine Staatslehre, S. 565; ähnlich *Krüger*, Allgemeine Staatslehre, S. 110 f.), stellt sich die Frage, ob der Ermächtigte zum Erlaß der Rechtsverordnung verpflichtet ist, erst gar nicht. Zum Verständnis von Kompetenzen als Auftrag bzw. Pflicht vgl. auch *Stettner*, Grundfragen einer Kompetenzlehre, S. 60 ff. Dazu, daß allein mit der Statuierung von Aufgaben und Zuständigkeiten nicht automatisch Pflichten zugewiesen sind, vgl. *Schnapp*, Bundespräsident, demnächst JuS, Skript, S. 14.

26 *Von Danwitz*, Die Gestaltungsfreiheit des Verordnungsgebers, S. 180; *H. Schneider*, Gesetzgebungslehre, Rdn. 248.

27 *Von Danwitz*, Die Gestaltungsfreiheit des Verordnungebers, S. 180; *Götz*, Der Vorbehaltsbereich der Bundesregierung, S. 193; *Ossenbühl*, HdbStR III, § 64 Rdn. 43.

28 *BVerfG* E 13, 248 (254); 16, 332 (338); 79, 174 (193 f.); *von Danwitz*, Die Gestaltungsfreiheit des Verordnungsgebers, S. 181, der die Parallele zur verwaltungsrechtlichen Figur der "Ermessensreduktion auf Null" zieht. Vgl. weiter *Ossenbühl*, in: HdbStR III, § 64 Rdn. 43; *Störmer*, Das nicht erlassene Ausführungsgesetz, vor allem S. 67 ff.; *Zuleeg*, DVBl. 1970, 157. Zur Pflicht des Parlamentsgesetzgebers zum Normerlaß vgl. z.B. *Seufert*, Die nicht erfüllten Gesetzgebungsgebote des Grundgesetzes und ihre verfassungsrechtliche Durchsetzung, v. a. S. 117 ff. und *Walecki*, Die Normsetzungspflicht des Gesetzgebers und ihre Erzwingbarkeit, zusammenfassend S. 68 und S. 160, jeweils mit zahlreichen Hinweisen auf die Rechtsprechung des Bundesverfassungsgerichts.

29 Nach der von *Laband* (Das Staatsrecht des Deutschen Reiches, S. 24 ff., 27) begründeten Lehre enthält ein Gesetzesbeschluß neben seinem Inhalt, *was* Gesetz sein soll, auch einen Gesetzesbefehl, nämlich *daß* das Beschlossene Gesetz sein soll. Kritisch hierzu *Böckenförde*, Gesetz und gesetzgebende Gewalt, S. 229.

30 Dem Gesetzgeber steht es allerdings frei, eine Verpflichtung positiv im Gesetz festzuschreiben.

geber seine Entschließungsfreiheit deren Zwecksetzung entsprechend nur noch fehlerfrei ... ausüben, indem er die Rechtsverordnung erläßt"[31].

Diejenigen Ermächtigungen, von denen der BMA bislang keinen Gebrauch gemacht hat, sind vor dem Hintergrund dieser Ausführungen daraufhin zu untersuchen, ob sie eine derartige Verpflichtung zum Erlaß beinhalten.

Die Ermächtigung des § 25 Abs. 2 Satz 3 KSVG ist umschrieben mit "wird ermächtigt ... zu bestimmen". Eine ausdrückliche Verpflichtung, ein Auftrag ist dieser Formulierung nicht zu entnehmen[32]. Da die Verordnung lediglich der Vereinfachung des Abgabeverfahrens dienen soll, kann auch nicht gesagt werden, der Gesetzesvollzug werde durch das Fehlen der Rechtsverordnung verhindert. Zudem zeigt die nunmehr über zehn-jährige Praxis, daß der Vollzug des KSVG nicht von dem Erlaß dieser Rechtsverordnung abhängt. Mag eine Vereinfachung des schwierigen Abgabeverfahrens auch wünschenswert sein, eine Verpflichtung zum Erlaß der Rechtsverordnung läßt sich aus dem Gesichtspunkt der Unentbehrlichkeit nicht herleiten. Damit kommt dem BMA die Entscheidungsfreiheit zu, ob er von der Ermächtigung Gebrauch macht; tut er es nicht - wie bisher - so verhält er sich gleichwohl rechtmäßig.

In der Ermächtigung des § 35 Abs. 2 KSVG heißt es, der BMA "erläßt". Auch aus dieser Formulierung kann auf eine ausdrückliche Verpflichtung zum Erlaß der Rechtsverordnung nicht geschlossen werden[33]. Wenn in solcher Formulierung ein "imperatives Präsens", eine Verpflichtung[34] ausgemacht wird, ist dem entgegenzuhalten, daß angesichts der grundsätzlichen Entscheidungsfreiheit des Verordnungsgebers nur eine ausdrücklich statuierte Verpflichtung diesen binden kann. Die Ausdrücklichkeit ist in Formulierungen wie "ist zu bestimmen" oder "hat zu erlassen" enthalten, nicht aber in der neutralen Wortwahl "erläßt". Der Gesetzgeber hat es in der Hand, mit der Ermächtigung die Reichweite des Gestaltungsspielraums des Verordnungsgebers zu bestimmen. Wenn er ihn zum Erlaß verpflichten will, soll er dies entsprechend deutlich kennzeichnen.

Wenngleich keine ausdrückliche Verpflichtung zu erkennen ist, muß doch eine Verpflichtung wegen Nichtvollziehbarkeit der in § 35 Abs. 1 KSVG gesetzlich statuierten Überwachungspflicht in Erwägung gezogen werden. Obzwar eine nähere Ausgestaltung der Art und Weise der Überwachung ein De-

---

31 *Von Danwitz*, Die Gestaltungsfreiheit des Verordnungsgebers, S. 181.

32 Vgl. auch *Zuleeg*, DVBl. 1970, 157.

33 Vgl. auch *Zuleeg*, DVBl. 1970, 157.

34 So *H. Schneider*, Gesetzgebungslehre, Rdn. 248.

siderat ist[35], kann dennoch keine Rede davon sein, daß eine Überwachung schlechthin ummöglich ist. Denn der KSK stehen hierzu gesetzlich statuierte Verpflichtungen der zu Überwachenden (z.B. Vorlage- und Aufzeichnungspflichten) und eigene Befugnisse (z.B. die Erhebung eines Säumniszuschlags) zur Seite[36]. Durch den Nichterlaß der RVO wird der Normvollzug keineswegs verhindert, wie auch hier die Praxis einiger Jahre zeigt. Der BMA ist folglich zum Erlaß der Rechtsverordnung nicht verpflichtet, sondern es steht ihm frei, von der Ermächtigung Gebrauch zu machen. Erläßt er keine entsprechende Rechtsverordnung, befindet er sich gleichwohl "im Recht".

b) Ermächtigung zum Erlaß von Verwaltungsvorschriften in § 34 a KSVG

Die Eingliederung der KSK in die LVA Oldenburg/Bremen nach § 30 Abs. 2 KSVG bewirkt, daß die Kosten, die der LVA durch die Erfüllung der übertragenen Aufgabe entstehen, vom Auftraggeber zu tragen sind[37]. Dieser Verpflichtung trägt § 34 Abs. 2 KSVG Rechnung, in dem festgelegt ist, daß der Bund für die Verwaltungskosten der KSK aufkommt. Wie die Höhe der Zahlungen an die LVA zu berechnen ist, regelt das Gesetz selbst nicht. Das Nähere über die Verwaltungskosten zu bestimmen, ist dem BMA überantwortet, der in § 34 a KSVG ermächtigt wird, mit Zustimmung des BMF entsprechende Verwaltungsvorschriften zu erlassen.

aa) Rechtsnatur der Ermächtigung

Die bei der Bestimmung der Rechtsnatur der Ermächtigung zum Erlaß von Rechtsverordnungen, soll auch hier als Anknüpfungspunkt der Inhalt der Ermächtigung dienen, soll also zunächst die Rechtsnatur von Verwaltungsvorschriften beleuchtet werden.

Unter Verwaltungsvorschriften versteht man im allgemeinen Rechtssätze[38] des staatlichen "Innenbereichs", generell-abstrakte und verbindliche Anordnungen einer Behörde an nachgeordnete Behörden oder eines Vorgesetzten an Untergebene[39]. Sie dienen dazu, Organisation und Handeln der Verwaltung

---

[35] Siehe oben B I 1 e).

[36] Siehe oben B I 1 h) und i).

[37] Siehe oben C II 2.

[38] Daß Verwaltungsvorschriften zu den Rechtssätzen zählen, ist anerkannt, vgl. nur *Ossenbühl*, in: HdbStR III, § 65 Rdn. 5, wenn sich auch in jüngerer Zeit noch die gegenteilige Auffassung findet: *BVerwG* E 55, 250 (255); 58, 45 (49); *BVerwG*, NVwZ 1987, 315 (316).

näher zu bestimmen[40] und entfalten ihre Wirkungskraft im staatlichen Innenbereich. Verwaltungsvorschriften kommt grundsätzlich nur eine mittelbare Außenwirkung, d.h. Verbindlichkeit im Staat/Bürger-Verhältnis zu[41]. Diese Beschränkung der Bindungswirkung auf den verwaltungsinternen Bereich dient zugleich als wichtige Unterscheidung zur Rechtsverordnung, die im Außenverhältnis Allgemeinverbindlichkeit entfaltet.

Anders als die Rechtsverordnungen, zu deren Erlaß die Exekutive einer Ermächtigung bedarf, gehören die Verwaltungsvorschriften in der überkommenen Terminologie zum sogenannten "Hausgut" der Verwaltung[42]. Von diesem Rechtsetzungsinstrument kann die Verwaltung in eigener Machtvollkommenheit aufgrund ihrer Organisations- und Weisungsgewalt Gebrauch machen[43]. Die Exekutive besitzt damit eine eigene Rechtsetzungskompetenz[44], für die sie keiner Ermächtigung bedarf.

Bezogen auf § 34 a KSVG würde das jedoch heißen, daß die Ermächtigung des BMA keine Rechtsetzungs*delegation* vom Parlament auf die Exekutive wie bei der Ermächtigung zu Rechtsverordnungen wäre. Die Ermächtigung in § 34 a KSVG bedeutete bzgl. der Befugnis zur Rechtsetzung eine bloße *Deklaration*. Der Regelungsgehalt bestünde allein in der Festlegung, welche Stelle, d.h. wer konkret die Verwaltungsvorschriften erlassen darf. Die Er-

---

39 *Krebs*, VerwArch 70 (1979), 259 (264): "Innenrechtssätze" m.w.N. Zur Entwicklung des Verständnisses von Verwaltungsvorschriften ausführlich *Ossenbühl*, Verwaltungsvorschriften, S. 34 ff.; eine kurze Darstellung bietet *Weyreuther*, DVBl. 1976, 853 ff.

40 *Böckenförde/Grawert*, AöR 95 (1976), 1 (20); *Götz*, Der Vorbehaltsbereich der Bundesregierung, S. 145; *Lerche*, in: Maunz/Dürig, Art. 84 Rdn. 96; unter der "heute weniger gebräuchlichen" (*Ossenbühl*, in: Erichsen/Martens, § 7 IV 1, S. 90 Fn. 75) Bezeichung "Verwaltungsverordnungen" *Hill*, NVwZ 1989, 401: "Zur internen Steuerung des Verwaltungshandelns bestimmt"; *Maurer*, Allgemeines Verwaltungsrecht, § 24 Rdn. 1; *Ossenbühl*, in: Erichsen/Martens, § 7 IV 1, S. 90; *Wolff/Bachof*, Verwaltungsrecht I, § 24 II d 2; zur unterschiedlichen Terminologie *Lerche*, in: Maunz/Dürig, Art. 84 Rdn. 93 Fn. 44.

41 Zur mittelbaren Außenwirkung vgl. z.B. *Maurer*, Allgemeines Verwaltungsrecht, § 24 Rdn. 20 ff. Eine unmittelbare Außenwirkung wird vor allem im Umweltrecht verstärkt anerkannt unter dem Stichwort "normkonkretisierende Verwaltungsvorschriften", vgl. *Di Fabio*, DVBl. 1992, 1338 ff.; *Gerhardt*, NJW 1989, 2233 (2234); *Hill*, NVwZ 1989, 401 ff.; Zu dieser neuen Kategorie vgl. auch *Maurer*, Allgemeines Verwaltungsrecht, § 24 Rdn. 25a f.; Allgemein zur Außenwirkung von Verwaltungsvorschriften schon früher *Ossenbühl*, Verwaltungsvorschriften.

42 *Richter*, Organisationsgewalt, S. 13; *Lerche*, in: Maunz/Dürig, Art. 84 Rdn. 93: "der Exekutive inhärent"; *BVerfG* E 26, 338 (396).

43 *Ossenbühl*, in: HdbStR III, § 65 Rdn. 64; vgl. auch *Antoni*, AöR 114 (1989), 220 (248 f.).

44 *Krebs*, VerwArch 70 (1979), 259 (264) m.w.N.; *Schnapp*, VVDStRL 43 (1985), 171 (195).

mächtigung wäre nichts anderes als eine Kompetenzverteilungsanordnung innerhalb der Exekutive[45]. Im Hinblick darauf, daß die LVA Oldenburg/Bremen als KSK aufgrund § 30 Abs. 2 SGB IV dem Bund gegenüber weisungsabhängig ist[46], erscheint diese Qualifikation der Ermächtigung des § 34 a KSVG zunächst durchaus konsequent und einleuchtend.

Bei einer solchen Sichtweise würde aber der Umstand verkannt, daß in einer auf der Grundlage des § 34 a KSVG ergangenen Verwaltungsvorschrift das Nähere über die vom Bund zu tragenden Verwaltungskosten der KSK zu bestimmen ist. Hier geht es inhaltlich um die Festlegung, wie im einzelnen und mit welcher Art von Pauschalierungen die KSK-Verwaltungskosten berechnet werden. Diese Berechnung ist vor allem dann problematisch, wenn LVA-Personal sowohl Aufgaben der Rentenversicherung als auch der KSK wahrnimmt[47]. Damit betreffen die Verwaltungsvorschriften über die Verwaltungskosten der KSK aber zugleich die LVA als Rentenversicherungsträgerin. Diese untersteht zwar gemäß §§ 87, 90 Abs. 1 SGB IV der Rechtsaufsicht des Bundes, jedoch ist sie nicht weisungsabhängig. Indem die Verwaltungsvorschriften die LVA in ihrer Eigenschaft als Selbstverwaltungskörperschaft involvieren, ist derjenige hierarchisch aufgebaute Innenbereich, in dem das Institut der Verwaltungsvorschriften der Exekutive als originäre Rechtsetzungsbefugnis überantwortet ist, verlassen. Das bedeutet, daß unterschieden werden muß zwischen dem Innenbereich "Behördenhierarchie" und dem Innenbereich "Staat/verselbständigte Verwaltungsträger", in dem verschiedene eigenständige Subjekte sich gegenüberstehen. Sollen Verwaltungsvorschriften dergestalt intersubjektiv wirken, genügt dafür die Organisations- und Geschäftsleitungsgewalt als Grundlage nicht. Solche Verwaltungsvorschriften bedürfen einer gesetzlichen Ermächtigungsgrundlage[48]. Die Ermächtigung

---

[45] Vgl. *BVerfG* E 26, 338 (396 f.); *Ossenbühl*, in: HdbStR III, § 65 Rdn. 65; nach *Busch*, Das Verhältnis des Art. 80 Abs. 1 Satz 2 GG zum Gesetzes- und Parlamentsvorbehalt, S. 58 f., ist dies bei gesetzlichen Ermächtigungen zum Erlaß von Verwaltungsvorschriften immer der Fall; er ist allerdings (zumindest) in seiner Terminologie unklar, wenn er weiter ausführt, Art. 84 Abs. 2 und Art. 85 Abs. 2 GG seien (zwar) "reine Ermächtigungsnormen", die jedoch (lediglich) auf die Kompetenzverteilung innerhalb der Exekutive Einfluß nähmen.

[46] Zu Inhalt und Reichweite dieser Weisungsabhängigkeit siehe unten D II 4.

[47] Diese Problematik wurde auch im Gesetzgebungsverfahren erkannt, vgl. Begründung zum Gesetz zur finanziellen Sicherung der Künstlersozialversicherung vom 18.12.1987, BR-Drucks. 339/87, S. 13 f.

[48] *BVerfG* E 26, 338 (397); *Freitag*, BKK 1970, 221 (224 f.); *Maurer*, Allgemeines Verwaltungsrecht, § 24 Rdn. 33, 19; *Ossenbühl*, in: HdbStR III, § 65 Rdn. 65; *ders.*, in: Erichsen/ Martens, § 7 IV 5, S. 101; *ders.*, Verwaltungsvorschriften, S. 362 ff. allgemein zu intersubjektiven Verwaltungsvorschriften; speziell zu Verwaltungsvorschriften an die Adresse der Sozialversicherungsträger *Pappai*, BArbBl. 1962, 27 ff. m.w.N.

zum Erlaß von Verwaltungsvorschriften ist somit als Befugnisverleihung zu innerstaatlich intersubjektiv wirkender Rechtsetzung zu qualifizieren.

Die LVA Oldenburg/Bremen ist jedoch eine bundesunmittelbare Körperschaft des öffentlichen Rechts i.S.v. Art. 87 Abs. 2 GG[49], gehört also zum Bereich der mittelbaren Bundesverwaltung, und ist damit "dem Bund unterstellt"[50]. Art. 86 GG wiederum bestimmt für den Bereich der mittelbaren Bundesverwaltung, daß die Bundesregierung allgemeine Verwaltungsvorschriften erläßt, soweit nicht das Gesetz Besonderes vorschreibt. Das kann zweierlei bedeuten: Versteht man Art. 86 GG als (bloße) Kompetenznorm, die allenfalls eine im einfachen Gesetz fehlende Zuständigkeitsregelung trifft, nämlich die Zuweisung an die Bundesregierung[51], so beinhaltet § 34 a KSVG eine Befugnisverleihung und Kompetenzzuschreibung. Sieht man hingegen Art. 86 GG selbst als Befugnisnorm[52] an, so ist die Ermächtigung zum Erlaß von Verwaltungsvorschriften bereits in Art. 86 GG enthalten. § 34 a KSVG wäre insofern also doch bloße Deklaration.

Es muß jedoch berücksichtigt werden, daß die Kompetenz in Art. 86 GG durch die Selbstverwaltungsgarantie der Sozialleistungsträger im SGB IV eingeschränkt ist, denn es heißt "soweit das Gesetz nicht Besonderes bestimmt"[53]. Art. 86 GG differenziert nicht zwischen den verschiedenen Erscheinungsformen der mittelbaren Staatsverwaltung. So gibt es neben den mit dem Recht zur Selbstverwaltung ausgestatteten Sozialversicherungsträgern auch Träger mittelbarer Staatsgewalt ohne Selbstverwaltungsrecht - wie beispielsweise die ehemalige öffentlichrechtliche Anstalt Künstlersozialkasse. Der Gesetzesvorbehalt in Art. 86 GG trägt genau diesen unterschiedlichen

---

49 Bundestag und Bundesrat haben die Ergänzung des Art. 87 Abs. 2 GG um Satz 2 beschlossen, der seit Inkrafttreten am 15.11.1994 lautet: "Soziale Versicherungsträger, deren Zuständigkeitsbereich sich über das Gebiet eines Landes, aber nicht mehr als drei Länder erstreckt, werden abweichend von Satz 1 als landesunmittelbare Körperschaften des öffentlichen Rechts geführt, wenn das aufsichtsführende Land durch die beteiligten Länder bestimmt ist." (BGBl. I 1994, S. 3146; BT-Drucks. 12/6633 und 12/8165; BT-StenBer, 12. WP/238. Sitzung vom 30.06.1994/S. 21029 (B)). Wenn die Länder Niedersachsen und Bremen sich einigen, verliert die LVA Oldenburg/Bremen als Rentenversicherungsträgerin ihre Eigenschaft als bundesunmittelbare Körperschaft nach Art. 87 Abs. 2 GG. Den sich in diesem Fall ergebenden organisationsrechtlichen Auswirkungen auf die LVA Oldenburg/Bremen in ihrer Doppelfunktion konnte im Rahmen dieser Untersuchung nicht mehr nachgegangen werden.

50 *Maunz*, in: Maunz/Dürig, Art. 87 Rdn. 66.

51 Zu diesem Verständnis der Norm vgl. *Ossenbühl*, Verwaltungsvorschriften, S. 415, der selbst allerdings eine andere Interpretation präferiert; zu dieser gleich.

52 So *Lerche*, in: Maunz/Dürig, Art. 86 Rdn. 40 und 98; *Ossenbühl*, Verwaltungsvorschriften, S. 415 ff.; *Pappai*, BArbBl. 1962, 27 (28).

53 Vgl. *Bull*, VSSR 1977, 113 (127); *Lerche*, in: Maunz/Dürig, Art. 86 Rdn. 98; *Ossenbühl*, Verwaltungsvorschriften, S. 416; a.A. *Pappai*, BArbBl. 1962, 27 (28 ff.),

Gestaltungsmöglichkeiten Rechnung[54]. Aufgrund der Selbstverwaltungsgarantie der Sozialversicherungsträger im SGB IV bedurfte es also nach jedem Verständnis des Art. 86 GG der Regelung des § 34 a KSVG, um erstens die Befugnis zum Erlaß der Verwaltungsvorschriften zu verleihen und zweitens, um diese Befugnis dem BMA zuzuweisen[55]. § 34 a KSVG ist damit eine Ermächtigungsgrundlage zum Erlaß von Verwaltungsvorschriften an die Adresse des BMA.

bb) Erlaß "mit Zustimmung" des Bundesministers der Finanzen

Ähnlich der Rechtsverordnung nach § 26 Abs. 5 KSVG[56] sieht § 34 a KSVG ein Zusammenwirken des Bundesministers für Arbeit und Sozialordnung und des Bundesministers für Finanzen in der Form vor, daß die Verwaltungsvorschriften zu § 34 a KSVG "mit Zustimmung" des Bundesministers für Finanzen zu ergehen haben. Dies bedeutet nichts anderes als bei der Rechtsverordnung nach § 26 Abs. 5 KSVG, nämlich daß zu einem rechtmäßigen Erlaß der Verwaltungsvorschriften diese Zustimmung erforderlich ist.

cc) Verpflichtung zum Erlaß

Da die Verwaltungsvorschriften bislang nicht ergangen sind, stellt sich wie bei den noch nicht erlassenen Rechtsverordnungen[57] auch hier die Frage, ob die Ermächtigung gleichzeitig eine Verpflichtung des Bundesministers für Arbeit und Sozialordnung zum Erlaß statuiert. Ebenso wie bei der Ermächtigung zu Rechtsverordnungen wird man in der Befugnisverleihung zum Erlaß von Verwaltungsvorschriften nicht notwendigerweise eine Verpflichtung zur Ausfüllung dieser Ermächtigung sehen können[58]. Anderes muß auch für die Ermächtigung zu Verwaltungsvorschriften dann gelten, wenn die Pflicht entweder ausdrücklich normiert ist, oder die Verwaltungsvorschriften zur Gesetzesausführung notwendig sind[59].

---

[54] Das übersieht *Pappai*, BArbBl. 1962, 27 (28 ff.).

[55] Zum Problem, ob der Ausdruck "Bundesregierung" in Art. 86 GG auch einzelne Bundesminister bezeichnen kann, vgl. *Götz*, Der Vorbehaltsbereich der Bundesregierung, S. 145 m.w.N., sowie *Antoni*, AöR 114 (1989), 220 (246 ff.) m.w.N. zu den insoweit vergleichbaren Art. 84 Abs. 2, Art. 85 Abs. 2 Satz 2, Art. 108 Abs. 7 GG.

[56] D II 1 a bb).

[57] D II 1 a cc).

[58] *Bull*, in: AK, Art. 84 Rdn. 39: Ermessen.

Der Formulierung des § 34 a KSVG ("erläßt") ist wie bei derjenigen in § 35 Abs. 2 KSVG (Rechtsverordnungsermächtigung) eine ausdrückliche Verpflichtung zum Erlaß nicht zu entnehmen. Daß die Verwaltungsvorschriften zum Gesetzesvollzug (§ 34 Abs. 2 KSVG) unabdingbar seien, ist schon durch die seit der Eingliederung der KSK in die LVA Oldenburg/Bremen über sechsjährige Praxis ohne diese Verwaltungsvorschriften widerlegt. Den BMA trifft damit wie bei den Ermächtigungen zum Erlaß von Rechtsverordnungen auch nach § 34 a KSVG keine Verpflichtung zum Erlaß der Verwaltungsvorschriften.

c) (Ab-)Berufung der Beiratsmitglieder und ihrer Stellvertreter

Neben der Ermächtigung zum Erlaß von Rechtsverordnungen und Verwaltungsvorschriften ist dem Bundesminister für Arbeit und Sozialordnung noch weiterer Einfluß auf die Verwaltungstätigkeit der Künstlersozialkasse eingeräumt. In § 38 Abs. 3 Satz 1 KSVG wird er ermächtigt, die Mitglieder des Beirats und deren Stellvertreter zu berufen. Satz 3 der Vorschrift regelt, unter welchen Voraussetzungen eine Abberufung erfolgen kann.

Grundsätzlich ist für die Errichtung von Beratungsgremien, denen - wie hier - keine Entscheidungskompetenzen im Außenverhältnis gegenüber den Bürgern zukommt[60], sowie für die Berufung ihrer Mitglieder keine Ermächtigungsgrundlage erforderlich. Diese Kompetenzen sind vielmehr Bestandteil der Organisationsgewalt der Leitung des für diesen Bereich zuständigen Organs[61]. Hat sich der Gesetzgeber jedoch für eine gesetzliche Regelung entschieden, sind deren Vorgaben (selbstverständlich) aufgrund des rechtsstaatlichen Grundsatzes des Gesetzesvorrangs (Art. 20 Abs. 3 GG) verbindlich und nur durch Gesetz zu ändern oder aufzuheben. § 38 Abs. 3 Satz 1 KSVG bildet damit für den BMA eine Ermächtigungsgrundlage für die (Ab-)Berufung der Beiratsmitglieder.

Auch hier stellt sich die Frage, ob der Ermächtigung zur Berufung eine Verpflichtung entspricht. Dazu können folgende Überlegungen angestellt werden: Da ein Beratungsgremium ohne Mitglieder nicht funktionsfähig ist,

---

[59] Vgl. *Antoni*, AöR 114 (1989), 220 (245); *Lerche*, in: Maunz/Dürig, Art. 84 Rdn. 91 zu Art. 84 Abs. 2 GG: "Grundsätzlich nur Ermächtigung, nicht Verpflichtung ...(es sei denn), wenn anders eine hinreichend effektive Ausführung der Bundesgesetze schlechthin nicht sichergestellt werden kann."

[60] Siehe oben C I 2.

[61] *Brohm*, in: HdbStR II, § 36 Rdn. 42 m.w.N.

kann zunächst der Gesetzesauftrag: Beratung inklusive der Anhörung bei der Haushaltsfeststellung nach § 43 Abs. 3 Satz 2 KSVG nicht erfüllt werden. Dieser Beratung kommt nach der Konzeption der Künstlersozialversicherung große Bedeutung wegen des im Beirat konzentrierten Sachverstandes zu[62]. Zudem können die Widerspruchsausschüsse ihre Aufgaben nicht ordnungsgemäß erfüllen, denn sie sind gemäß § 39 Abs. 2 KSVG mit je zwei Beiratsmitgliedern zu besetzen. Damit ist nicht nur die Funktionsfähigkeit der KSK, die auch eine verwaltungsinterne Kontrolle durch die Widerspruchsausschüsse voraussetzt, tangiert. Über den Innenrechtskreis hinaus wird ohne diese Kontrolle die Rechtsstellung der vom KSVG betroffenen Personenkreise berührt, indem gesetzlich vorgesehene Rechtsschutzmöglickeiten verkürzt sind. Insgesamt ist also ohne Berufung der Beiratsmitglieder die Ausführung des KSVG in einem Teilbereich nicht sichergestellt.

Da ein tatsächlich installierter Beirat unentbehrliche Voraussetzung zum Vollzug des KSVG ist, erstarkt die Ermächtigung zu einer Pflicht, Beiratsmitglieder zu berufen. § 38 Abs. 3 Satz 1 KSVG ist somit eine kompetenzzuweisende und pflichtbegründende Norm an die Adresse des BMA. Dieser Pflicht ist der BMA nachgekommen, so daß sich die weitergehende Frage, was das Korrelat dieser Pflicht wäre (ein Anspruch, eine Berechtigung - und von wem wäre diese(r) geltend zu machen?) erübrigt.

Aufgrund des Gesetzesvorrangs ist der BMA bei der Auswahl der Personen an die Vorgaben des § 38 Abs. 1 und 3 Satz 2 KSVG gebunden[63]. Die Zusammensetzung des Beirats wurde bereits erläutert[64]. Da sowohl § 38 Abs. 1 Satz 2 als auch § 38 Abs. 3 Satz 2 KSVG als "Soll" - Vorschriften ausgestaltet sind, bleibt festzustellen, daß der BMA an die Vorschläge der Verbände rechtlich nicht gebunden ist. Er kann vielmehr eine abweichende Nominierung treffen, benötigt dafür allerdings einen sachlichen Grund[65].

Abschließend sei noch ganz kurz auf die Voraussetzungen der Abberufung eines Beiratsmitgliedes eingegangen. Sie kann gemäß § 38 Abs. 3 Satz 3 KSVG nur aus wichtigem Grund erfolgen, der wiederum anzunehmen ist,

---

62 Siehe oben B I 2.

63 Eine andere Frage ist, welche Rechtsnatur die Berufung hat und ob die so "Auserwählten" sich dieser Aufgabe entziehen können. Vgl. hierzu *Kämper*, Der Sachverständigenrat zur Begutachtung der gesamtwirtschaftlichen Entwicklung - Aufgaben und Rechtsstellung, S. 99 f.

64 B II 2 b).

65 Ebenso *Kraegeloh*, KSVG, § 38 Anm. 3; allgemein zum Charakter von Soll-Vorschriften *Wolff/ Bachof*, Verwaltungsrecht I, § 31 II b, S. 196.

wenn der Verbleib eines Beirats-Mitglieds aufgrund seines Verhaltens für die KSK unzumutbar ist, weil es z.B. den Interessen der KSK nachhaltig zuwiderhandelt[66].

2. Ermächtigung der Bundesregierung zum Erlaß von allgemeinen Verwaltungsvorschriften in Art. 86 Satz 1 GG

Für die rechtliche Qualifizierung der Ermächtigung der Bundesregierung zum Erlaß von allgemeinen Verwaltungsvorschriften nach Art. 86 Satz 1 GG kann an die Ausführungen zur Ermächtigung in § 34 a KSVG angeknüpft werden. Wie dort[67] gezeigt, bestimmt Art. 86 Satz 1 GG, daß im Bereich der mittelbaren Bundesverwaltung, in dem der Bund die Gesetze durch bundesunmittelbare Körperschaften des öffentlichen Rechts durchführt, die Bundesregierung allgemeine Verwaltungsvorschriften erläßt, soweit nicht das Gesetz Besonderes vorschreibt. Das Bundesgesetz "Künstlersozialversicherungsgesetz" wird gemäß § 37 KSVG durch die öffentlichrechtliche bundesunmittelbare Körperschaft LVA Oldenburg/Bremen durchgeführt[68]. Damit erstreckt sich die Ermächtigung in Art. 86 Satz 1 GG auch auf dem Funktionsbereich der LVA Oldenburg/Bremen: "Durchführung des KSVG".

Diese dort geregelte Befugnis zum Erlaß von Verwaltungsvorschriften ist allerdings durch das Recht der Sozialleistungsträger wie der LVA auf Selbstverwaltung eingeschränkt[69]. Diese Begrenzung wirkt indes nur im Bereich der tatsächlich zugewiesenen Selbstverwaltung[70]. Bei der Durchführung des KSVG kommt der LVA Oldenburg/Bremen aber gerade kein Selbstverwaltungsrecht zu[71]. In diesem Bereich ist der Bundesregierung also durch Art. 86 Satz 1 GG die Kompetenz zugewiesen, allgemeine Verwaltungsvorschriften zu erlassen[72].

---

66 *Kraegeloh*, KSVG, § 38 Anm. 4.

67 D II 1 b aa).

68 Siehe oben D II 1 b aa).

69 Dazu schon oben D II 1 b aa).

70 *Lerche*, in: Maunz/Dürig, Art. 86 Rdn. 98.

71 Siehe oben C II 2 d) und C II 3.

72 Allgemein zum Verständnis des Art. 86 GG als Befugnisnorm: *Ossenbühl*, Verwaltungsvorschriften, S. 415 ff. Zum Begriff der *allgemeinen* Verwaltungsvorschrift vgl. *Lerche*, in: Maunz/Dürig, Art. 84 Rdn. 92 f., 96 f.

3. Einflußnahmemöglichkeiten des Bundesversicherungsamtes

Neben der Bundesregierung und einzelnen Ministern übt auch das Bundesversicherungsamt staatlichen Einfluß auf die Tätigkeit der LVA Oldenburg/ Bremen als Künstlersozialkasse aus. So ist in § 46 KSVG dem BVA generell die Aufsicht über die KSK übertragen worden. Darüber hinaus sind im Zusammenhang mit der Haushaltsführung in § 43 KSVG verschiedene spezielle Einflußnahmemöglichkeiten normiert, an die zum Teil die Zustimmung des BMA und des BMF geknüpft ist.

a) Aufsicht

aa) Einführung

§ 46 KSVG erklärt lediglich, daß das BVA die Aufsicht über die KSK ausübt, soweit "dieses Gesetz nichts Abweichendes bestimmt", ohne Näheres über die Art der Aufsichtsunterworfenheit auszuführen. Was diese Aufsichtsunterstellung der KSK im einzelnen bedeutet, ist aus sich heraus nicht ohne weiteres verständlich, da sich der Begriff der Aufsicht nicht allgemeingültig bestimmen läßt. Er ist "als solcher .. weitgehend inhaltsleer und ausfüllungsbedürftig"[73]. Eine erste Annäherung an das, was "die Aufsicht" bedeuten kann, soll über eine allgemein gehaltene Beschreibung versucht werden. *Heinrich Triepel* faßt "das Rechtsinstitut der Staatsaufsicht" auf "als die Gesamtheit staatlicher Handlungen, die zum Zwecke haben, das Verhalten der dem Staate Unterstellten in Übereinstimmung mit einem feststehenden Richtmaß zu setzen oder zu erhalten"[74].

Kann man sich damit zwar schon vorstellen, was "Aufsicht" bedeuten kann, so ist die Frage, welches Richtmaß angelegt werden soll (Aufsichtsmaßstab) und welche staatliche Handlungen (Aufsichtsmittel) welche staatliche Instanzen (aufsichtsführende Instanz) wem gegenüber (beaufsichtigte Instanz) ausführen dürfen, mit einer solch allgemeinen Begriffsbestimmung für den konkreten Fall - notwendigerweise - noch völlig offen. Die vor dem Hintergrund dieser Frage von der Rechtswissenschaft auf der Basis der unterschiedlichen gesetzlichen Ausgestaltungen von Aufsicht erarbeitete Kategorisierung

---

[73] *Schnapp*, Ersatzvornahme, S. 29.

[74] Die Reichsaufsicht, S. 121. In der Sache nichts anderes ausdrückend, aber eher unklarer formuliert *Krebs*, wenn er ausführt, daß die Aufsicht "auf die Beachtung von Entscheidungsdeterminanten durch den Beaufsichtigten (zielt), der zu diesem Zweck dem Zugriff durch den Beaufsichtigenden unterstellt ist", in: HdbStR III, § 69 Rdn. 41.

dieser Aufsichtsformen im hier relevanten staatlichen Binnenbereich[75] zeigt folgende Differenzierung.

Eine erste Unterteilung trennt nach Adressaten: Die Aufsicht über rechtlich verselbständigte wird von derjenigen über hierarchisch nachgeordnete Verwaltungseinheiten unterschieden, also die Aufsicht im Bereich der mittelbaren von derjenigen der unmittelbaren Staatsverwaltung. Letztere wird als Organ- oder Behördenaufsicht bezeichnet[76]. Innerhalb der Aufsicht über Träger der mittelbaren Staatsverwaltung wird diejenige über juristische Personen mit dem Recht zur Selbstverwaltung differenziert von solchen ohne dieses Recht und bei ersteren weiter die Aufsicht im Tätigkeitsfeld der Selbstverwaltung - auch Staatsaufsicht genannt[77], von der sogenannten Auftrags- oder Weisungsverwaltung[78].

Zur Verdeutlichung diene eine bildliche Darstellung:

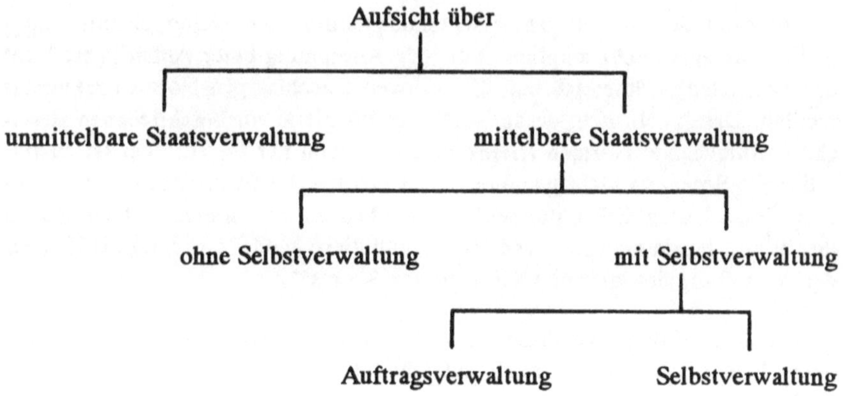

[75] Die *Triepel*'sche Definition impliziert darüber hinaus die Aufsicht auch über nichtstaatliche Rechtssubjekte.

[76] *Schröder*, JuS 1986, 371 (372). In §§ 11, 12 LOG-NW ist diese Aufsichtsart mißverständlich als Dienstaufsicht tituliert. Diese Bezeichnung sollte der personalrechtlichen Aufsicht des Vorgesetzten über den Amtswalter vorbehalten bleiben. Vgl. hierzu *Schröder*, JuS 1986, 371 (372); *Wolff/Bachof*, Verwaltungsrecht II, § 77 II b. 6., S. 104.

[77] *Schröder*, JuS 1986, 371 (372); *Salzwedel*, VVDStRL 22 (1965), 206 (216) bezeichnet die Aufsicht über Selbstverwaltungskörperschaften im eigenen Wirkungskreis als Staatsaufsicht im engeren Sinne und unterscheidet hiervon die Staatsaufsicht im weiteren Sinne als die Aufsicht über Selbstverwaltungskörperschaften im eigenen und übertragenen Wirkungskreis.

[78] *Schröder*, JuS 1986, 371 (372).

Eine zweite Unterteilung orientiert sich am jeweiligen Aufsichts*maßstab*: Die Rechtsaufsicht erstreckt sich auf die Rechtmäßigkeit des zu beaufsichtigenden Handelns, die Fachaufsicht darüber hinaus auch auf dessen Zweckmäßigkeit[79].

Eine dritte Unterteilung knüpft an die Aufsichts*mittel* an, indem präventive und repressive, und in die Rechte des Beaufsichtigten nicht eingreifende bzw. in diese Rechte eingreifende Aufsichtsmittel unterschieden werden[80].

Welcher Aufsichtsmaßstab heranzuziehen ist, und welche Aufsichtsmittel zur Verfügung stehen, läßt sich abstrakt nicht dergestalt feststellen, daß die Adressateneigenschaft den Aufsichtsmaßstab und die Aufsichtsmittel indiziert. Gesichert ist lediglich, daß der Gesetzgeber die Träger der mittelbaren Staatsverwaltung mit dem Recht zur Selbstverwaltung in diesem Tätigkeitsbereich ausschließlich der Rechtsaufsicht unterworfen hat[81], während Träger der unmittelbaren Staatsverwaltung einer (grundsätzlich unbeschränkten[82]) Rechts- und Fachaufsicht unterliegen[83].

Aufgrund des vielfältigen Erscheinungsbildes sind weitergehende allgemeine Aussagen nicht möglich. Für jede Anordnung einer Aufsicht muß auf den konkreten Sachbereich und die insoweit einschlägigen Normen rekurriert werden. Damit soll nicht gesagt sein, daß für die zuvor beschriebenen Bereiche entsprechende Normen irrelevant seien, denn der Gesetzgeber ist an traditionelle Schemata nicht gebunden. Das positive Recht kann mithin von solchen "gesicherten Erkenntnissen" Abweichendes bestimmen. Fehlen jedoch detaillierte Bestimmungen - wie hier -, sind diese Modelle wichtige Hilfen bei der Ausfüllung des lückenhaften positiven Rechts[84].

Vor dem Hintergrund dieser Ausführungen ist hinsichtlich der im KSVG geregelten Aufsicht des BVA als aufsichtsführende Instanz über die LVA Oldenburg/Bremen als KSK als beaufsichtigte Instanz zunächst festzuhalten, daß

---

79 *Ehlers*, in: Erichsen/Martens, § 1 Rdn. 20; *Wolff/Bachof*, Verwaltungsrecht II, § 77 II c 2, S. 105..

80 *Erichsen*, Kommunalrecht, § 15 B 2 und 3, S. 312 ff.; *ders.*, DVBl. 1985, 943 (944) m.w.N.; vgl. die weiter ausdifferenzierte Aufgliederung bei *Wolff/Bachof*, Verwaltungsrecht II, § 77 II d und e, S. 107 ff.

81 Vgl. *Rudolf*, in: Erichsen/Martens, § 56 Rdn. 53.

82 Nur "grundsätzlich" deshalb, weil immer ein Mindestmaß an Eigenverantwortlichkeit bleiben muß, *Schröder*, JuS 1986, 371.

83 Vgl. *Ossenbühl*, Verwaltungsvorschriften, S. 413; *Rudolf*, in: Erichsen/Martens, § 56 Rdn. 52.

84 Vgl. *Ossenbühl*, Verwaltungsvorschriften, S. 413.

die LVA Oldenburg/ Bremen zwar der mittelbaren Staatsverwaltung zuzurechnen ist, im Tätigkeitsbereich "Durchführung des KSVG" jedoch kein Recht zur Selbstverwaltung innehat, sondern im Auftrag des Bundes handelt[85]. Damit ist die Antwort auf die Frage nach dem für das BVA maßgeblichen Aufsichtsmaßstab und den ihm zur Verfügung stehenden Aufsichtsmitteln allerdings noch nicht im oben beschriebenen Sinne prädeterminiert, sondern sie muß ermittelt werden anhand der juristischen Auslegungsmethoden. Allein die aufsichtsführende und die beaufsichtigte Instanzen sind in § 46 KSVG klar bestimmt: BVA und KSK.

bb) Aufsichtsmaßstab

Zum Aufsichtsmaßstab ist in den Gesetzgebungsmaterialien zu § 46 KSVG[86] näher ausgeführt, daß die Aufsicht des BVA über die KSK Rechtsaufsicht sein solle. Danach hätte das BVA als aufsichtsführende Instanz (lediglich) darüber zu wachen, daß die LVA als beaufsichtigte Instanz sich rechtmäßig verhält, oder, anders formuliert, im Einklang mit den Gesetzen handelt[87]. Aber es spricht noch mehr für die Ausgestaltung dieser Aufsicht als Rechtsaufsicht. So erstreckt sich nach § 43 KSVG die Genehmigung des Haushaltsplans der KSK durch das BVA auch auf die Zweckmäßigkeit der Ansätze. Eine Zweckmäßigkeitsüberprüfung ist einer Aufsichtsbehörde jedoch nur im Rahmen der Fachaufsicht gestattet. Wäre die Aufsicht des § 46 KSVG als eine über die Rechtsaufsicht hinausgreifende Fachaufsicht zu verstehen, hätte es einer Hervorhebung des Zweckmäßigkeitskriteriums nicht bedurft.

Eine am Sinn und Zweck gesetzlicher Regelungen orientierte Auslegung kommt gleichfalls zu einer Beschränkung der Aufsicht auf eine bloße Rechtmäßigkeitskontrolle. Hauptargument für die Schaffung der KSK als zentrale Einrichtung der Künstlersozialversicherung war deren komplizierte Materie[88]. Sie zu bewältigen bedarf es spezieller Sachkompetenz. Aufgrund dieser Komplexität steht der KSK auch ein Beirat aus besonders sachkundigen Personen aus dem Kreis der vom Gesetz Betroffenen zur Seite. Durch die Möglichkeit fachaufsichtlicher Maßnahmen bestünde die Gefahr, daß die so in der KSK konzentrierte Sachkompetenz konterkariert würde.

---

[85] Siehe oben C II 2.

[86] BR-Drucks. 339/87, S. 14.

[87] So die Formulierung des § 106 Abs. 1 GO-NW, der die Rechtsaufsicht allerdings mit der Bezeichnung "allgemeine Aufsicht" belegt, siehe auch *Erichsen*, Kommunalrecht, § 15 B 1, S. 312; zu den unterschiedlichen Ausdrücken vgl. *ders.*, DVBl. 1985, 943 (944).

[88] Siehe oben A II 1.

Die Tatsache, daß gerade das BVA mit der Aufsichtsführung betraut ist, weist ebenfalls auf eine bloße Rechtsaufsicht hin. Das BVA ist nach § 90 Abs. 1 HS 1 SGB IV grundsätzlich die aufsichtsführende Instanz für die bundesunmittelbaren Sozialversicherungsträger. So übt es z.B. auch die Aufsicht über die LVA Oldenburg/Bremen in ihrer Funktion als Rentenversicherungsträgerin aus. Diese Aufsicht ist gemäß § 87 Abs. 1 SGB IV bloße Rechtsaufsicht[89]. Aufsichtsmaßstab ist dabei das Gesetz und sonstiges für die Sozialversicherungsträger maßgebliches Recht. Letztlich spricht auch die Tatsache der Aufgabendurchführung im Wege der mittelbaren Staatsverwaltung, also die Verselbständigung an sich, nicht nur bei Körperschaften mit Selbstverwaltungsrecht, sondern auch bei juristischen Personen mit Anstaltscharakter für eine Rechtsaufsicht, sofern nichts anderes bestimmt ist[90].

Festzuhalten ist nach alledem, daß der Maßstab für die Aufsicht über die LVA als KSK das Gesetz inklusive Rechtsverordnungen und sonstiges für die KSK maßgebliches Recht ist. Die Aufsicht des BVA ist Rechtsaufsicht, mag dieses Ergebnis für den Bereich der "Auftragsverwaltung" auch ungewöhnlich sein.

cc) Aufsichtsmittel

Nachdem die Auslegung ergeben hat, daß der vom BVA anzulegende Aufsichtsmaßstab das Gesetz ist, es sich also um Rechtsaufsicht handelt, muß weiter gefragt werden, welcher Aufsichtsmittel sich das BVA bei seiner Aufsichtsführung bedienen, welche Maßnahmen das BVA also ergreifen kann. Auch darüber schweigt sich das KSVG aus. Allein in § 21 Abs. 2 KSK-VO ist geregelt, daß der Geschäftsführer der LVA die Aufsichtsbehörde bei Nichtabhilfe eines von ihm beanstandeten Widerspruchsbescheides eines Widerspruchsausschusses zu unterrichten hat. Wie das BVA darauf reagieren kann, ist indes nicht ausgeführt. Weitere, die Aufsicht über die KSK betreffende Vorschriften existieren nicht. Damit ist eine vollständige Regelungslücke hinsichtlich der Aufsichtsmittel zu konstatieren.

Die Frage ist, welche Konsequenzen dieses Fehlen jeglicher Normen zeitigt. Wäre die KSK mit dem Recht zur Selbstverwaltung ausgestattet, bliebe dem BVA alleine das Aufsichtsmittel "Beratung", das keinen Eingriff in Rechte der betroffenen Institution beinhaltet. Denn Selbstverwaltung bedeutet

---

89 Im Bereich der Unfallverhütung und der Ersten Hilfe bei Arbeitsunfällen ist die Aufsicht als Fachaufsicht ausgestaltet, § 87 Abs. 2 SGB IV. Diese wird aber gemäß § 90 Abs. 1 HS 2 SGB IV vom BMA ausgeübt.

90 *Lange*, VVDStRL 44 (1986) 169 (199 f.).

eigenverantwortliche Aufgabenwahrnehmung. Greifen Aufsichtsmaßnahmen in diesen gesetzlich garantierten Bereich ein, bedarf diese Ingerenz einer gesetzlichen Grundlage[91]. Der Schluß von der Aufgabe, die Rechtsaufsicht zu führen, auf die Mittel ist ebenso unzulässig wie eine analoge Anwendung bestehender gesetzlicher Regelungen[92]. Erforderlich ist eine ausdrückliche Regelung.

Die Situation der Aufsichtsführung über die LVA als KSK ist jedoch eine andere, denn der KSK kommt - und kam auch als selbständiger öffentlich-rechtlicher Anstalt - nicht das gesetzlich garantierte Recht zur Selbstverwaltung zu. Die LVA Oldenburg/Bremen hat zwar nach § 29 SGB IV das Recht zur Selbstverwaltung, allerdings ist sie bei der Aufsicht nach § 46 KSVG gerade nicht in diesem ihrem mit Selbstverwaltungsrecht ausgestatteten Funktionsbereich als Rentenversicherungsträgerin betroffen. Aus einem Recht zur Selbstverwaltung der aufsichtsunterworfenen KSK läßt sich folglich für das BVA kein Verbot ableiten, ohne ausdrücklich gesetzlich normierte Befugnisse Aufsichtsmaßnahmen (welche auch immer) gegenüber der LVA als KSK zu ergreifen.

Vielmehr weist die Tatsache, daß der LVA Oldenburg/Bremen die Durchführung des KSVG nach § 30 Abs. 2 SGB IV übertragen wurde, und sie damit grundsätzlich weisungsunterworfen ist[93], dahin, daß es einer Normierung von Aufsichtsbefugnissen überhaupt nicht bedarf. Ein Blick ins Kommunalrecht zeigt, daß im Bereich der Auftragsverwaltung[94], in dem die Kommune den Behörden der unmittelbaren Staatsverwaltung mit ihrem hierarchischen Aufbau angenähert ist, Aufsichts- und Weisungsbefugnisse nicht ausdrücklich normiert werden müssen[95]. Die Parallele zur KSVG-Durchführung als Auftragsangelegenheit bietet sich an.

Demzufolge kämen dem BVA gegenüber der LVA als KSK uneingeschränkte Weisungs- und Aufsichtsbefugnisse zu. Das käme jedoch einer weitgehenden Fachaufsicht gleich; und dies widerspricht dem gerade erarbei-

---

91 *Schnapp*, WissR 1987, 97 (105).

92 Der Schluß von der Aufgabe auf die Mittel wurde schon von *Mayer*, Deutsches Verwaltungsrecht, S. 283 f. Anm. 20 als "Folgerungsweise des Polizeistaates" verworfen.

93 Siehe oben C II 2.

94 Dies trifft nur für die Länder mit dem dualistischen Aufgabenmodell - Bayern, Niedersachsen, Rheinland-Pfalz, Saarland - zu; das monistische Modell, z.B. in Nordrhein-Westfalen, kennt hier nur noch "Pflichtaufgaben zur Erfüllung nach Weisung", für die Weisungs- und Aufsichtsrechte explizit gesetzlich normiert werden müssen. Vgl. dazu *Pagenkopf*, Kommunalrecht, § 17 3, S. 173; *Stober*, Kommunalrecht, § 7 II 2, S. 125.

95 Vgl. *Habermehl*, Organisations- und Kommunalrecht, Rdn. 85 und 312.

teten Befund, daß der Gesetzgeber die Aufsicht auf eine bloße Rechtsaufsicht beschränkt hat. Um diesen Widerspruch zu vermeiden[96], muß die Beschränkung des Aufsichtsmaßstabs auch für die dem BVA zur Verfügung stehenden Aufsichts*mittel* gelten, so daß das BVA nicht alle ihm sinnvoll erscheinenden Maßnahmen ergreifen kann. Die Beschränkung kann wiederum nicht zur Konsequenz haben, dem BVA wegen mangelnder Normierung jegliche Aufsichtsmittel zu versagen. Dann nämlich stünde die ohne Selbstverwaltungsrecht ausgestattete KSK "besser" - im Sinne von ingerenzfreier - als die Sozialversicherungsträger, denen das Recht zur Selbstverwaltung eingeräumt ist; das wäre gerade auch auf dem Hintergrund der speziellen Situation der LVA Oldenburg/Bremen - hie Selbstverwaltungskörperschaft, da KSK - eine kaum tragbare Folge. Die Konsequenz aus der Beschränkung auf die Rechtsaufsicht kann nur sein, dem BVA gegenüber der KSK dieselben Aufsichtsmittel an die Hand zu geben, wie sie ihm auch gegenüber den Sozialversicherungsträgern zustehen. Einer solchen analogen Anwendung bestehen gegenüber der LVA als KSK insofern keine Bedenken, als Rechte, in die eingegriffen werden könnte, mangels Selbstverwaltungsrechts nicht existieren.

Die Voraussetzungen für eine Analogie, nämlich das Vorhandensein einer planwidrigen Lücke sowie anderweitige, vergleichbare gesetzliche Regelungen[97], sind erfüllt: Die für die Aufsichtsführung des BVA über die LVA als KSK bestehende Lücke im KSVG ist planwidrig. Der Gesetzgeber hat die Regelungen im KSVG insgesamt sehr eng an diejenigen in der Sozialversicherung nach dem SGB IV angelehnt. Dort sind die Mittel der Aufsichtsbehörden positiv geregelt. Hinzu tritt, daß die KSK derjenigen Behörde aufsichtsunterworfen ist, die auch sonst die Aufsicht über (bundesunmittelbare) Sozialversicherungsträger führt. Daß der Gesetzgeber dem BVA *bewußt* keine Aufsichtsmittel gegenüber der KSK an die Hand gegeben hat, also eine *planmäßige* Gesetzeslücke geschaffen hat, ist vor diesem Hintergrund nicht anzunehmen. Dem BVA stehen zur Ausfüllung dieser Lücke vergleichbare gesetzliche Regelungen zur Verfügung. Denn die Aufsichtsmittel, die das BVA gegenüber den Sozialversicherungsträgern ergreifen darf, sind in § 89 SGB IV normiert. Diese Regelungen sind damit für die Aufsicht über die KSK analog anzuwenden. Dabei ist lediglich Abs. 1 der Vorschrift relevant, da Abs. 2 und 3 Besonderheiten der Sozialversicherungsträger betrifft, die auf die LVA als KSK nicht übertragbar sind.

---

96 Widerspruchsfreiheit ist ein Bedürfnis jeglicher Systematisierung. Vgl. *Engisch*, Studium Generale 1957, 173 ff.

97 Vgl. *Larenz*, Methodenlehre der Rechtswissenschaft, S. 381 ff.

Nach § 89 Abs. 1 Satz 1 SGB IV (analog) soll das BVA bei einer Rechtsverletzung, die Voraussetzung für rechtsaufsichtsbehördliches Tätigwerden ist[98], die LVA als KSK beraten mit der Zielsetzung, daß diese die Rechtsverletzung behebt. Hierzu muß eine angemessene Frist eingeräumt werden, wie sich aus § 89 Abs. 1 Satz 2 HS 1 SGB IV ergibt. Reagiert die KSK nicht in der entsprechenden Weise, kann[99] sie gemäß § 89 Abs. 1 Satz 2 SGB IV durch das BVA verpflichtet werden, die Rechtsverletzung zu beheben. Diese Anordnungen können nach Satz 3 mit den Mitteln des Verwaltungsvollstrekkungsrechts durchgesetzt werden bis hin zur Möglichkeit der Ersatzvornahme (§ 10 VwVG), dem sog. Selbsteintritt[100].

dd) Rechtsnatur der Aufsichtsmaßnahmen

Wie zu Anfang dieses Abschnitts kurz erwähnt, ist die Rechtsnatur von Maßnahmen staatlicher Einflußnahme wie der Aufsicht maßgeblich für eventuell bestehende Rechtsschutzmöglichkeiten. Sind die Aufsichtsmaßnahmen des BVA gegenüber der LVA als KSK z.B. als Verwaltungsakte zu qualifizieren, ist eine Anfechtungsklage nach § 54 Abs. 1 SGG möglich. Die Klärung der Rechtsnatur ist mithin von eminenter Bedeutung[101].

Um die Rechtsnatur der Aufsichtsmaßnahmen des BVA gegenüber der LVA als KSK zu bestimmen, können die Kriterien für die Einordnung der entsprechenden Maßnahmen im Sozialversicherungsrecht und im Kommunalrecht herangezogen werden. Die Aufsichtsmaßnahmen des BVA gegenüber den Sozialversicherungsträgern und damit gegen die LVA als Rentenversicherungsträgerin sind mit Ausnahme der Beratung als Verwaltungsakte zu qualifizieren[102]. Dies ist mit der Rechtsstellung der Sozialversicherungsträger als Selbstverwaltungskörperschaften zu begründen. Denn Maßnahmen der

---

98 *Gleitze*, in: GK-SGB IV, § 89 Rdn. 2.

99 Es gilt das Opportunitätsprinzip, vgl. BT-Drucks. 7/4122, S. 39, sowie *Gleitze*, in: GK-SGB IV, § 89 Rdn. 9.

100 Vgl. *Gleitze*, in: GK-SGB IV, § 89 Rdn. 22; *Krause*, in: FS BSG, Band 1, S. 185 (202 f.); *Schnapp*, Handbuch der Krankenversicherung, der Ersatzvornahme und Selbsteintrittsrecht wohl unterscheidet; vgl. Rdn. 88 mit Rdn. 93; kritisch zur Anwendbarkeit der Ersatzvornahme *Bull*, VSSR 1977, 117 (139). Vgl. zum Selbsteintrittsrecht allgemein jüngst *Guttenberg*, Weisungsbefugnisse und Selbsteintrittsrecht - eine verwaltungsorganisationsrechtliche Untersuchung (zusammenfassend S. 272, Nr. 4). Der Zwangsmitteleinsatz bedarf jedoch vorheriger Androhung und Festsetzung (§§ 13, 14 VwVG); ausführlich dazu *Schnapp*, Ersatzvornahme, S. 70 f. Vgl. allgemein zur Staatsaufsicht über Sozialversicherungsträger *Schirmer/Kater/Schneider*, Aufsicht in der Sozialversicherung und *Stößner*, Staatsaufsicht.

101 Näheres zum Rechtsschutz siehe unten E.

102 Vgl. nur *Schnapp*, Handbuch der Krankenversicherung, Rdn. 81, 123 m.w.N.

Rechtsaufsicht gegenüber Selbstverwaltungsträgern reichen aus dem staatsinternen Bereich hinaus und haben damit die für die Verwaltungaktqualität erforderliche Außenwirkung[103]. Mit derselben Argumentation werden Aufsichtsmaßnahmen gegenüber Gemeinden, Handelskammern u.ä. als Außenrechts- und damit als Verwaltungsakte eingeordnet[104].

Demgegenüber werden Maßnahmen der Gemeindeaufsicht, die im Rahmen der Auftragsverwaltung ergehen, mangels Berührung des Selbstverwaltungsbereichs der Gemeinden nicht als Verwaltungsakte qualifiziert. Ihnen fehlt die dafür notwendige Außenwirkung, weil den Gemeinden *insofern* diejenige Eigenständigkeit als Rechtssubjekt, wie sie durch das Recht zur Selbstverwaltung vermittelt wird, nicht zukommt[105].

Auf die hier zu beurteilende Situation übertragen bedeutet das folgendes. Der LVA als KSK mangelt es an dem die Außenwirkung der Rechtsaufsichtsmaßnahmen begründenden, durch das Recht zur Selbstverwaltung vermittelten Eigenständigkeit als Rechtssubjekt gegenüber dem BVA. Deshalb, und aufgrund der Tatsache, daß der LVA die Durchführung des KSVG nach § 30 Abs. 2 SGB IV übertragen wurde - der Auftragsverwaltung im Kommunalrecht vergleichbar, fehlt es bei den Aufsichtsmaßnahmen des BVA gegenüber der LVA als KSK an der für die Verwaltungsaktqualität erforderlichen Außenwirkung. Diese Maßnahmen bleiben auf den verwaltungsinternen Bereich beschränkt[106].

---

103 Vgl. für die Gemeinden: *BVerwG* E 52, 151 (153 f.) und *BayVGH*, BayVBl. 1979, 305 (306): Sonder- und fachaufsichtliche Weisung, die die Gemeinde zugleich im Selbstverwaltungsbereich betrifft und deshalb Verwaltungsakt ist.

104 Vgl. nur *Schmidt-Aßmann*, in: Besonderes Verwaltungsrecht (7. A.), S. 124 (Gemeinden); schon *Fröhler*, Staatsaufsicht über die Handwerkskammern, S. 92 ff. (Handwerkskammern).

105 Vgl. *Schmidt-Aßmann*, in: Besonderes Verwaltungsrecht (7. A.), S. 125 f.; *Schmidt-Jortzig*, JuS 1979, 488 (489 f.).

106 Für Selbstverwaltungskörperschaften im Wirtschaftsverwaltungsrecht formuliert *Tettinger*, Rechtsanwendung, S. 232: "Soweit .. Selbstverwaltungsträger qua Gesetz zur Übernahme staatlicher Aufgaben verpflichtet wurden, haben sie im Rahmen deren Durchführung nur eine Behörden der unmittelbaren Staatsverwaltung vergleichbare Stellung und unterliegen entsprechenden Weisungen." Welche Folgen dies für Rechtsschutzmöglichkeiten der LVA als KSK gegen solche Aufsichtsmaßnahmen mit sich bringt, wird in Kapitel E II untersucht.

b) Rechtliche Qualifizierung der Maßnahmen im Zusammenhang mit der Haushaltsführung

Neben der Befugnis zur Aufsicht räumt das KSVG dem BVA in § 43 KSVG verschiedene Einflußnahmemöglichkeiten auf die Haushaltsführung der KSK ein: Die Genehmigung von Kontenrahmen (Abs. 2 Satz 2) und Haushaltsplan (Abs. 4), die Einwilligung in außer- bzw. überplanmäßige Ausgaben (Abs. 6), die Zulassung von Ausgaben bei Noch-Nicht-Genehmigung des Haushaltsplans (Abs. 5), sowie die Prüfung der Rechnungslegung und anschließende Entlastung (Abs. 7 Satz 3 und 4). Auch diese Befugnisse sind einer rechtlichen Qualifizierung zu unterziehen, da diese maßgeblich ist für eventuell bestehende Rechtsschutzmöglichkeiten.

aa) Genehmigung von Kontenrahmen und Haushaltsplan

Zunächst soll kurz erläutert werden, was unter Kontenrahmen und Haushaltsplan zu verstehen ist.

Der Kontenrahmen ist eine allgemeine systematische Ordnung der Konten nach Kontenklassen, Kontengruppen und Kontenarten (§ 1 Abs. 2 Satz 2 SHVH), die nach dem Prinzip der sachlichen Spezialisierung entsprechend den Entstehungsgründen bei den Einnahmen und den Zwecken bei den Ausgaben abgegrenzt sind. Eine Kontoart/ein Konto entspricht einem Haushaltstitel bzw. einer Haushaltsstelle im Haushaltsplan (§ 1 Abs. 2 Satz 2 SHVH)[107]. Der Kontenrahmen der KSK hat sich gemäß § 43 Abs. 2 KSVG bei der Veranschlagung und Buchung der Verwaltungseinnahmen und -ausgaben nach demjenigen für die Träger der Rentenversicherung der Arbeiter und Angestellten zu richten, da der Verwaltungsträger der KSK - die LVA Oldenburg/Bremen - Rentenversicherungsträger ist[108]. Damit sind die Verordnung über das Haushaltswesen in der Sozialversicherung (SHVH)[109] und die Allgemeinen Vorschriften über das Rechnungswesen in der Sozialversicherung (SRVwV)[110] entsprechend anwendbar. Die im Kontenrahmen vorgesehenen Kontenklassen, Kontengruppen und Kontenarten sind dabei für den Verwaltungsträger bindend[111].

---

107 Vgl. *Brandts/Wirth*, Haushaltsrecht, 250 § 1 Rdn. 2.

108 Vgl. Begründung zu § 43 KSVG, BT-Drucks. 11/862, S. 10.

109 Abgedruckt in: *Brandts/Wirth*, Haushaltsrecht, 250.

110 Abgedruckt in: *Brandts/Wirth*, Haushaltsrecht, 420.

111 Anlage 3 gemäß § 25 Abs. 2 Nr. 3 SRVwV, abgedruckt in: *Brandts/Wirth*, Haushaltsrecht, 423.

Der Haushaltsplan ist als Zusammenstellung der für ein Haushaltsjahr veranschlagten Einnahmen und Ausgaben[112] gemäß § 68 Abs. 1 Satz 2 SGB IV die Grundlage für die Haushalts- und Wirtschaftsführung[113].

Bei der Frage nach der Verbindlichkeit des Haushaltsplans muß unterschieden werden: Ansprüche oder Verbindlichkeiten Dritter werden durch den Haushaltsplan weder begründet noch aufgehoben (§ 68 Abs. 2 SGB IV). Insofern ist allein das (materielle) Leistungsrecht maßgebliche Rechtsgrundlage. Für die KSK selbst ist der Haushaltsplan mit der Feststellung durch den Geschäftsführer der LVA Oldenburg/Bremen gemäß § 43 Abs. 3 KSVG hingegen rechtsverbindlich in sachlicher und zeitlicher Hinsicht. Die in den Titeln etatisierten Mittel dürfen also nur für den angegebenen Zweck, nur in der entsprechenden Höhe und nur für das laufende Haushaltsjahr verwendet werden[114].

Dieser Hintergrund erhellt den Zweck der Vorschriften über die Bewilligung über- und außerplanmäßiger Ausgaben sowie der vorläufigen Haushaltsführung bei noch nicht genehmigtem Haushaltsplan (§ 43 Abs. 5 und 6 KSVG)[115]. Sie sind die Konsequenz aus der Bindung der Verwaltung an den festgestellten Haushaltsplan. Kontenrahmen und Haushaltsplan gehören somit zu den Innenrechtssätzen.

Kontenrahmen und Haushaltsplan können von der LVA als KSK nicht in Alleinverantwortung rechtswirksam aufgestellt werden, sie bedürfen der Genehmigung des Bundesversicherungsamtes. Die Genehmigung des Haushaltsplans ist darüber hinaus an die Zustimmung des BMA und des BMF geknüpft (§ 43 Abs. 2 Satz 2 bzw. Abs. 4 KSVG). Nachdem die Rechtsnatur von Kontenrahmen und Haushaltsplan als Innenrechtssätze bestimmt wurde, kann die rechtliche Qualität dieser Genehmigungen und Zustimmungserfordernisse untersucht werden.

---

112 *Gleitze*, in: GK-SGB IV, § 68 Rdn. 2.

113 Aufgrund der engen Anlehnung der Künstlersozialversicherung an die Vorschriften für die Sozialversicherungsträger im SGB IV sind diese Vorschriften für Erläuterungen entsprechend heranzuziehen.

114 Vgl. *Brandts/Wirth*, Haushaltsrecht, 250 § 18 Rdn. 2 und 5.

115 Für die Sozialversicherungsträger geregelt in §§ 72, 73 SGB IV.

Derartige Genehmigungen durch die Aufsichtbehörde werden zum Teil als (präventive) Aufsicht bezeichnet[116], so daß auch die Rechtsnatur entsprechend derjenigen der Aufsichtsmaßnahmen bestimmt werden könnte. Diese Einordnung der Genehmigung unter die Kategorie der Aufsichtsmaßnahmen wird jedoch von der wohl überwiegenden Meinung nicht geteilt. Diese sieht in Genehmigungen besondere Mitwirkungshandlungen außerhalb der Aufsicht[117]. Rechtliche Auswirkungen, also unterschiedliche Rechtsfolgen zeitigt die differente Zuordnung allerdings nicht. Denn welche Maßnahmen das BVA unter welchen Voraussetzungen treffen darf, bestimmt das Gesetz - ob im Rahmen der Aufsicht oder außerhalb[118]; und über die hier zu untersuchende Rechtsnatur, von der wiederum eventuell bestehende Rechtsschutzmöglichkeiten abhängen, ist nichts ausgesagt.

Der Zugang zur rechtlichen Qualität solcher Genehmigungen kann jedoch von ihrer Wirkungsweise her geschaffen werden. Die Genehmigungen durch das BVA wirken konstitutiv. Sie sind also Voraussetzung für die Wirksamkeit des Kontenrahmens und Haushaltsplans. Bis zur Genehmigung bleiben diese schwebend unwirksam[119]. Versagt das BVA die Genehmigung, wird der festgestellte Haushaltsplan endgültig unwirksam, und ein neues Verfahren muß eingeleitet werden[120]. Dabei erstreckt sich der Beurteilungsmaßstab bei der Ausübung des Genehmigungsrechts nach § 43 Abs. 4 Satz 2 KSVG ausdrücklich auch auf die Zweckmäßigkeit der Haushaltsplanansätze.

Als Wirksamkeitserfordernisse bei der Schaffung der Innenrechtssätze Haushaltsplan und Kontenrahmen sind die Genehmigungen grundsätzlich auf den Innenrechtsraum beschränkt. Demgegenüber werden die Genehmigungen der Haushaltspläne der Unfallkassen und der Bundesknappschaft gemäß §§ 70

---

116 So *Krause*, in: FS BSG Band 1, 185 (193); *Krauskopf/Schroeder-Printzen*, Soziale Krankenversicherung, Vor § 87 SGB IV Rdn. 2; *Salzwedel*, VVDStRL 22 (1965), 206 (218 Fn. 37). Nicht ganz deutlich, aber wohl ebenso *Gleitze*, in: GK-SGB IV, § 70 Rdn. 12 "Aufsichtsmaßstab" und § 71 Rdn. 5 "aufsichtsrechtliche Genehmigung"; unklar auch *Freund*, Innenrecht und Außenrecht, S. 40 f., der Genehmigungsvorbehalte zur "Einzelaufsicht" rechnet, aber dann gesondert unter "Mitwirkungshandlungen" behandelt.

117 *BSG* E 37, 276; *Hauck/Haines*, SGB IV, K § 87 Rdn. 1a und 5; *Maier*, in: Kasseler Kommentar, § 71 SGB IV Rdn. 4; *Schirmer/Kater/Schneider*, Aufsicht in der Sozialversicherung, 500 S. 1; *Schnapp*, Handbuch der Krankenversicherung, Skript, Rdn. 16; *Stößner*, Staatsaufsicht, S. 114 ff.

118 Siehe oben a); ebenso, allgemein für die Sozialversicherung: *Schnapp*, Einheitsfunktion, S. 139.

119 Vgl. zur Parallelregelung des § 71 SGB IV *Brandts/Wirth*, Haushaltsrecht, 210 § 71 Rdn. 15.

120 Vgl. zur Parallelregelung des § 71 SGB IV *Brandts/Wirth*, Haushaltsrecht, 210 § 71 Rdn. 15 und 21.

Abs. 2 a, 71 Abs. 3 SGB IV als Verwaltungsakte qualifiziert[121]. Allerdings ergibt sich die für diese Qualifikation nötige rechtliche Außenwirkung, wie bei den Aufsichtsmaßnahmen auch, aus der durch dieses Selbstverwaltungsrecht der jeweiligen Körperschaft vermittelten Eigenständigkeit als Rechtssubjekt gegenüber der Aufsichtsbehörde[122]. Der LVA Oldenburg/Bremen als KSK jedoch fehlt dieses Selbstverwaltungsrecht.

Die Genehmigungen des BVA reichen damit ebensowenig wie die (sonstigen) Aufsichtsmaßnahmen aus dem Innenrechtsbereich hinaus. Sie sind damit keine Verwaltungsakte, sondern rein verwaltungsinternes Erfordernis zur Wirksamkeit des Kontenrahmens und des Haushaltsplans. Damit letzterer in Kraft treten kann, ist die Genehmigung darüber hinaus an die Zustimmung des BMA und des BMF gebunden. Diese sind weitere notwendige Wirksamkeitsvoraussetzungen[123].

bb) Ausgabenzulassung und Einwilligung

Da ohne gültigen Haushaltsplan eine Haushaltsführung (rechtlich) nicht möglich ist, trifft das Gesetz für bestimmte Ausnahmesituationen Sonderregelungen. Für den Fall, daß ein Haushaltsplan zwar festgestellt, aber noch nicht genehmigt ist, normiert § 43 Abs. 5 KSVG, daß das BVA für die Erfüllung von rechtlich begründeten Verpflichtungen und Aufgaben unvermeidbare Ausgaben der KSK zulassen kann. Die Ausgabenzulassung ermöglicht also eine vorläufige Haushaltsführung.

§ 43 Abs. 6 KSVG versetzt den Geschäftsführer der LVA in die Lage, bei bestehendem Haushaltsplan über- und außerplanmäßige Ausgaben zu leisten. Überplanmäßig ist eine Ausgabe, wenn sie über den im Haushaltsplan festgestellten und für diesen Zweck bewilligten Geldansatz hinausgeht. Außerplanmäßig ist eine Ausgabe, wenn ein Ansatz im Haushaltsplan überhaupt fehlt. Für beide Ausgabenarten ist ein unvorhergesehenes und unabweisbares Be-

---

121 *Brandts/Wirth*, Haushaltsrecht, 210 § 71 Rdn 15. Die Haushaltspläne der Krankenkassen und der Träger der Rentenversicherung (Landesversicherungsanstalten und BfA) bedürfen demgegenüber keiner Genehmigung staatlicher Stellen. Den Aufsichtsbehörden (bzw. bei der BfA die Bundesregierung, § 71 Abs. 4 Nr. 1 SGB IV) ist jedoch ein Beanstandungsrecht vor Feststellung des Haushaltsplans durch die Vertreterversammlung eingeräumt. Zu diesem Beanstandungsverfahren vgl. Brandts/Wirth, Haushaltsrecht, 210 § 70 Rdn. 18 ff., 38 ff.

122 Siehe oben D II 3 a dd; zur Selbstverwaltung der Unfallkassen vgl. *Brandts/Wirth*, Haushaltsrecht, 210 vor § 67 Anm. II. 2., S. 11 und 210 § 70 Rdn. 20 a.

123 Dazu, was "Zustimmung" bedeutet, vgl. schon oben D II 1 b bb).

dürfnis Voraussetzung[124]. Diese Entscheidungen kann der Geschäftsführer der LVA jedoch nicht alleine treffen. Sie bedürfen der Einwilligung des BVA, die ihrerseits an die Zustimmung des BMA und des BMF gebunden ist.

Auch diesen Mitwirkungsmaßnahmen des BVA (Ausgabenzulassung und Einwilligung in über- und außerplanmäßige Ausgaben) mangelt es an der für die Verwaltungsaktqualität erforderlichen rechtlichen Außenwirkung, da der LVA als KSK insoweit die durch das Recht zur Selbstverwaltung vermittelte Eigenständigkeit als Rechtssubjekt gegenüber dem BVA fehlt. Diese Mitwirkungsmaßnahmen sind also ebenfalls lediglich verwaltungsinterne Wirksamkeitsvoraussetzungen.

cc) Rechnungsprüfung und Entlastung

Die letzte, im Rahmen der Haushaltsführung zu nennende Einflußnahmemöglichkeit des BVA auf die LVA als KSK ist in § 43 Abs. 7 Satz 3 und 4 KSVG geregelt. Danach prüft das BVA die Rechnung der LVA als KSK und erteilt Entlastung. Die Rechnungsprüfung dient der Kontrolle der Haushaltsführung, insbesondere hinsichtlich der Einhaltung des Haushaltsplans[125]. Die Entlastung bedeutet die Feststellung, daß sich der Geschäftsführer der LVA beim Vollzug des Haushaltsplans ordnungsgemäß verhalten hat[126].

Wie den anderen Mitwirkungsmaßnahmen kommen auch der Rechnungsprüfung und der Entlastung schon mangels rechtlicher Außenwirkung keine Verwaltungsaktqualität zu. Sie sind ebenfalls lediglich (staats-)verwaltungsinterne Mitwirkungsmaßnahmen[127].

4. Weisungsgebundenheit nach § 30 Abs. 2 SGB IV

Wird einem Sozialversicherungsträger eine Aufgabe nach § 30 Abs. 2 SGB IV übertragen, ist er bei der Erfüllung dieser Aufgaben an die Weisungen des "Auftraggebers" gebunden.

---

124 Diese Regelungen entsprechen den für die Sozialversicherungsträger geltenden Normen der §§ 72, 73 SGB IV; auf die Literatur hierzu wird verwiesen.

125 Vgl. *Gleitze*, in: GK-SGB IV, § 77 Rdn. 5.

126 Vgl. *Gleitze*, in: GK-SGB IV, § 77 Rdn. 6.

127 Bei den Sozialversicherungsträgern obliegt die Entlastung der Vertreterversammlung, einem Selbstverwaltungsorgan, und hat schon deswegen "im wesentlichen nur" interne Wirkung, *Gleitze*, in: GK-SGB IV, § 77 Rdn. 7.

Die Landesversicherungsanstalt Oldenburg/Bremen ist also in ihrem Funktionsbereich "Durchführung des KSVG" dem Bund weisungsunterworfen[128]. Was diese Weisungsgebundenheit im einzelnen bedeutet, wurde bislang offengelassen und soll nun untersucht werden. Das Ergebnis dieser Untersuchung wird dabei überraschen und die Eigenartigkeit der vom Gesetzgeber gewählten Konstruktion "Durchführung des KSVG von der LVA Oldenburg/ Bremen" abermals verdeutlichen.

a) Umfang der Weisungsbefugnis

Bevor auf den Umfang der sich aus der Aufgabenübertragung nach § 30 Abs. 2 SGB IV ergebenden Weisungsbefugnis eingegangen wird, soll kurz geklärt werden, was unter Weisung zu verstehen ist.

Weisungen sind Mittel der Leitung einer übergeordneten gegenüber einer untergeordneten Verwaltungseinheit. Sie dienen der Durchsetzung eigener Vorstellungen hinsichtlich rechtlicher und fachlicher Gesichtspunkte[129]. Dabei wird zunächst nicht unterschieden zwischen konkret-individuellen und abstrakt-generellen Weisungen. Da die Befugnis zum Erlaß allgemeiner Verwaltungsvorschriften gemäß Art. 86 GG die Kompetenz zur Erteilung generell-abstrakter Weisungen bedeutet, beschränken sich die weiteren Überlegungen auf Einzelweisungen, d.h. konkret-individuelle Weisungen. Danach sind Weisungen im hier verstandenen Sinne verbindliche Anordnungen für konkrete Sachverhalte ohne Außenwirkung[130].

Vor diesem Hintergrund stellt sich der rechtliche Extrakt aus § 30 Abs. 2 SGB IV zunächst und bei unbefangenem Blick wie folgt dar. Die Vorschrift beinhaltet die Befugnis des Bundes, gegenüber der beauftragten und damit untergeordneten LVA als KSK Einzelweisungen zu treffen. Demnach könnte der BMA als ressortführender Bundesminister der "Verwaltungseinheit Bundesregierung"[131] der LVA also konkret-individuelle, verbindliche Willensbe-

---

128 Siehe oben C II 2.

129 Vgl. *Brandner*, DÖV 1990, 966 (966 f.); *Oebbecke*, Weisungs- und unterrichtungsfreie Räume, S. 6; *Risken*, Grenzen amtlicher und dienstlicher Weisungen im öffentlichen Dienst, S. 26.

130 *Blümel*, in: HdbStR IV, § 101 Rdn. 34.

131 Die Bundesregierung als oberstes Exekutivorgan des Bundes nimmt nicht nur Regierungs- sondern auch Verwaltungsfunktionen wahr, vgl. *Achterberg*, Allgemeines Verwaltungsrecht, § 8 Rdn. 6, S. 121; *Schröder*, in: HdbStR III, § 67 Rdn. 10, 30; vgl. auch *BVerwG* E 63, 37 (40), wo die Doppelfunktion des Ministers in seiner politischen und seiner Vorgesetztenstellung herausgestellt wird.

kundungen in fachlicher und rechtlicher Hinsicht bezüglich der Durchführung des KSVG erteilen[132].

Sofort drängt sich jedoch der Widerspruch dieses Befundes zur oben festgestellten Beschränkung der Aufsicht über die LVA als KSK auf eine Rechtmäßigkeitskontrolle auf: Wenn sich der Bund per Gesetz der ihm grundsätzlich zukommenden Befugnis der Fachaufsicht begeben und sich auf eine Rechtsaufsicht beschränkt hat, ist es in sich unstimmig, dem BMA das Recht zu fachlichen Einzelweisungen zu belassen. Denn diese können nicht nur im Vorfeld von Entscheidungen, sondern auch zur Korrektur einer als nicht gewünscht erachteten Maßnahme ergehen. Es ist also ein Widerspruch zwischen der Aussage des § 30 Abs. 2 SGB IV - fachliches Einzelweisungsrecht - und derjenigen des § 46 KSVG - bloße Rechtsaufsicht - zu konstatieren.

Um ein widerspruchsfreies Bild gesetzlich gegebenen staatlichen Ingerenzpotentials zu zeichnen, bietet sich folgende Lösungsmöglichkeit an: Ausgangspunkt der Überlegungen ist, daß § 46 KSVG gegenüber § 30 Abs. 2 SGB IV die speziellere Regelung beinhaltet. Die im KSVG niedergelegte Selbstbeschränkung des Bundes auf eine Rechtsaufsicht bewirkt dann eine Einschränkung des sachlichen Anwendungsbereichs des § 30 Abs. 2 SGB IV insoweit, als die Weisungsbefugnis des Bundes gemäß § 30 Abs. 2 SGB IV sich ausschließlich auf rechtliche Aspekte beschränkt. Dies ist zugegebenermaßen ein ungewöhnlicher Befund, der das Neuartige der vom Gesetzgeber für die Organsiation der Künstlersozialversicherung gewählten Konstruktion unterstreicht.

b) Rechtsnatur der Weisung

Obwohl auf rechtliche Aspekte eingegrenzt, sind auch die Weisungen aufgrund ihrer fehlenden rechtlichen Außenwirkung - mangels durch ein Selbstverwaltungsrecht der LVA als KSK vermittelte Eigenständigkeit als Rechtssubjekt gegenüber dem Bund - keine Verwaltungsakte[133]. Sie sind ebenso wie die Aufsichtsmaßnahmen auf den verwaltungsinternen Bereich beschränkt.

---

132 Vgl. *Brackmann*, Handbuch der Sozialversicherung, Band I/1, S. 153 r II; *Hauck/Haines*, SGB IV/1, K § 30 Rdn. 10.

133 Als Verwaltungsakte werden z.B. Weisungen des Bundes gegenüber einem Land im Rahmen des Art. 85 Abs. 3 GG diskutiert von *Lange*, Das Weisungsrecht des Bundes in der atomrechtlichen Auftragsverwaltung, S. 39 ff. m.w.N., der die Verwaltungsaktqualität allerdings nicht an der notwendigen Außenwirkung scheitern läßt, sondern daran, daß der Bund bei Weisungen nach Art. 85 Abs. 3 GG "trotz ... Affinität zum Verwaltungshandeln" nicht als Behörde i.S.d §§ 1, 35 VwVfG tätig wird (S. 45 f.), ohne auszuführen, welche Eigenschaft dem Bund insofern zukommt.

c) Inhaber des Weisungsrechts

Zu klären bleibt, welche Stelle konkret zur Ausübung des Weisungsrechts gemäß § 30 Abs. 2 SGB IV befugt ist. Insofern lediglich den "Bund" als Auftraggeber anzuführen, bleibt zu sehr im Unspezifischen. Da die Erteilung von Weisungen zu den Exekutivfunktionen gehört, ist als zuständige Stelle zunächst die Bundesregierung zu nennen, innerhalb derer als ressortführender Minister der Bundesminister für Arbeit und Sozialordnung das Weisungsrecht gegenüber der LVA als KSK nach § 30 Abs. 2 SGB IV innehat[134].

---

[134] Der BMA sollte dieses Weisungsrecht aus Zweckmäßigkeitserwägungen allerdings nicht selbst ausüben, sondern wegen der größeren Sachnähe dem BVA übertragen (vgl. zur Kompetenzverteilung zwischen BMA und BVA § 2 BVAG).

E. Rechtsschutzfragen

In diesem Kapitel werden Rechtsschutzfragen im Rahmen der Organisation der Künstlersozialversicherung in zweierlei Hinsicht untersucht. Die erste ergibt sich aus der besonderen organisatorischen Struktur der Künstlersozialversicherung. Denn die Aufgabe der LVA Oldenburg/Bremen "Durchführung des KSVG" verteilt sich auf die vorstehend[1] als (Teil-)Organe qualifizierten KSK, die Widerspruchsausschüsse und den Beirat. Aus dieser Aufsplittung resultieren potentiell Konflikte zwischen und innerhalb dieser organisatorischen Einheiten, die im Interesse einer effizienten Verwaltung einer Lösung zugeführt werden müssen. Diese Rechtsschutzfragen des LVA-Binnenbereichs werden im 1. Teil dieses Kapitels (unten I.) untersucht. Zum zweiten ergeben sich Rechtsschutzfragen aus dem analysierten staatlichen Einflußnahmepotential. Es fragt sich hier, ob den so Beeinflußten Rechtsschutzmöglichkeiten zur Seite stehen, und wenn ja, welche. Dieser Frage wird im 2. Teil dieses Kapitels (unten II.) nachgegangen.

I. Rechtsschutzfragen im Innenbereich der LVA Oldenburg/Bremen

1. Überblick und Abgrenzung

Um Rechtsschutzfragen zu erörtern, sollen zunächst die sich aus der innerorganisatorischen Aufgabenverteilung möglicherweise ergebenden Konfliktlagen aufgespürt werden. Dabei wird man sich zwangsläufig im Spekulativen bewegen müssen; denn ob überhaupt, und wenn ja, welche Konflikte in der noch "jungen" KSK einmal virulent werden, läßt sich nicht vorhersagen.

1 Oben C I.

Betrachtet man die nun durch §§ 38, 39 KSVG und die KSK-VO[2] vorgegebenen organisationsrechtlichen Strukturen, können im wesentlichen[3] folgende potentielle Streitkonstellationen ausgemacht werden[4]:

- *Beirat ./. KSK*

  wegen Nichtbeachtung des Vorschlags für die Besetzung der Widerspruchsausschüsse (§ 39 Abs. 2 Satz 2 KSVG)

  wegen Nichtanhörung bei der Feststellung des Haushaltsplans (§ 43 Abs. 3 Satz 2 KSVG),

- *Beiratsmitglieder ./. Beiratsvorsitz*

  wegen (Verfahrens-)Fehlern bei Einberufung und Ablauf der Sitzung (§§ 6 bis 8 KSK-VO),

- *Widerspruchsausschuß ./. KSK*

  wegen fehlender Unterrichtung der Aufsichtsbehörde im Beanstandungsverfahren (§ 21 Abs. 2 Satz 1 KSK-VO),

- *Widerspruchsausschußmitglieder ./. Vorsitzenden*

  wegen (Verfahrens-)Fehlern bei der Einberufung und dem Ablauf der Sitzung (§§ 15, 16, 18, 19 KSK-VO),

- *Widerspruchsausschuß ./. Widerspruchsausschuß*

  wegen Abgrenzungsfragen bei der Zuständigkeit (§ 14 KSK-VO),

- *Geschäftsführer als KSK-Leiter ./. LVA-Vorstand*

  wegen Kompetenzüberschreitung (§ 41 KSVG).

Von diesen hier angeführten potentiellen Streitigkeiten hält die Rechtsordnung hinsichtlich des Zuständigkeitskonflikts zwischen verschiedenen Wider-

---

2 Dazu schon oben B I 2.

3 Die Abgrenzung wesentlich - unwesentlich erfolgt nach angenommener Konfliktträchtigkeit.

4 Eventuelle Streitigkeiten zwischen KSK und Beirats- bzw. Widerspruchsausschußmitgliedern wegen einer Pflichtverletzung (§§ 38 Abs. IV, 39 Abs. IV KSVG i.V.m. § 42 Abs. 2 SGB IV, §§ 3, 17 KSK-VO) oder Erstattungs- und Entschädigungsleistungen (§§ 9, 22 KSK-VO, §§ 39 Abs. 4, 39 Abs. 4 KSVG i.V.m. § 41 SGB IV) bleiben unberücksichtigt, da sie die persönliche Rechtsstellung der Betroffenen berühren und damit - ähnlich der Abgrenzung bei Maßnahmen gegenüber Beamten (vgl. nur *von Münch*, in: Besonderes Verwaltungsrecht (7.A.), S. 79) - dem Außenrechtskreis zugehörig sind.

spruchsausschüssen eine Regelung bereit: Für den negativen Kompetenzstreit[5] besagt § 14 Abs. 3 KSK-VO, daß der Geschäftsführer der LVA entscheidet. Der (in der Praxis wohl selten vorkommende) positive Kompetenzkonflikt dürfte entsprechend zu behandeln sein, da die Voraussetzungen einer analogen Anwendung gegeben sind: Es besteht eine planwidrige Regelungslücke, und eine ähnliche Regelung ist im Gesetz vorhanden[6].

Auch der mögliche Konflikt wegen fehlender Unterrichtung der Aufsichtsbehörde im Beanstandungsverfahren bezüglich eines Widerspruchsbescheides gemäß § 21 Abs. 2 Satz 1 KSK-VO ist kein Streit, der vor Gericht auszutragen ist; denn es gibt einen einfacheren Weg: Der betroffene Widerspruchsausschuß kann die Aufsichtsbehörde selbst unterrichten[7].

Die verbleibenden Streitlagen sollen im folgenden auf eventuell bestehende Rechtsschutzmöglichkeiten hin ausgelotet werden. Zwar kommen als mögliche Instrumente "innerorganisatorischer" Streitentscheidung dienstrechtliche und aufsichtsbehördliche Maßnahmen in Betracht[8]. Da diese jedoch nicht zum Rechtsschutz im eigentlichen Sinne, nämlich Rechtsschutz durch Gerichte[9] gehören, werden sie nur ansatzweise erwähnt. Diese "Vernachlässigung" ist auch deshalb angezeigt, weil zum einen das Dienstrecht nicht Thema dieser Untersuchung ist. Zum anderen sind die der Aufsichtsbehörde - auch zur Streitentscheidung - zur Verfügung stehenden Befugnisse bereits behandelt worden.

Zu dienstrechtlichen Maßnahmen sei nur soviel angemerkt: Aufgrund der dienstrechtlichen Stellung der KSK-Beschäftigten und der Tatsache, daß ein Amtswalter sein Amt und nur sein Amt wahrzunehmen hat[10], stehen dem jeweiligen Dienstvorgesetzten bei nicht (organisations-)rechtsgemäßem Verhalten die allgemeinen dienstrechtlichen Maßnahmen wie Weisungen bis hin

---

[5] Trotz nach wie vor bestehender Unsicherheit über die genaue Abgrenzung des Begriffsinhalts von Zuständigkeit einerseits und Kompetenz andererseits (vgl. *Stettner*, Grundfragen einer Kompetenzlehre, S. 31 ff.; vgl. auch *Hirschberger*, Organleihe - Begriff und Rechtmäßigkeit, S. 9 ff.) sollen hier die Begriffe synonym verwendet werden.

[6] Vgl. zu den Voraussetzungen einer Analogie *Larenz*, Methodenlehre der Rechtswissenschaft, S. 381 ff.

[7] Tut er dies (aus welchen Gründen auch immer) nicht, wird eine Klage jedenfalls wegen fehlenden Rechtsschutzbedürfnisses unzulässig sein.

[8] Die jederzeit zur Verfügung stehenden "informellen" Streitentscheidungsmittel wie z.B. Mitarbeitergespräche seien hiermit nur kurz erwähnt.

[9] Das ist insofern ungenau, als auch das verwaltungs*behördliche* Widerspruchsverfahren zu den Rechtsschutzmöglichkeiten zählt.

[10] *Schnapp*, Amtsrecht, S. 214.

zu Disziplinarmaßnahmen zur Verfügung. Als Adressaten solcher Maßnahmen kommen die "KSK-Beschäftigten", also die Vorsitzenden der Widerspruchsausschüsse (vgl. § 13 KSK-VO) und der Geschäftsführer der LVA (in seiner Eigenschaft als Behördenleiter der KSK) in Betracht[11]. Auf diese Weise können nachstehend aufgelistete Streitigkeiten einer Lösung zugeführt werden:

- *Gegen den Geschäftsführer der LVA*

  wegen Nichtbeachtung des Vorschlags des Beirats bei der Widerspruchsausschußbesetzung (§ 39 Abs. 2 Satz 2 KSVG[12]), wegen Nichtanhörung bei der Haushaltsplanfeststellung (§ 43 Abs. 3 Satz 2 KSVG) und in seiner Eigenschaft als Beiratsvorsitzender (§ 5 KSK-VO) wegen (Verfahrens-)Fehlern bei Einberufung und Ablauf der Sitzungen (§§ 6 bis 8 KSK-VO).

- *Gegen die jeweiligen Vorsitzenden der Widerspruchsausschüsse*

  wegen (Verfahrens-)Fehlern bei Einberufung und Ablauf der Sitzungen (§§ 15, 16, 18, 19 KSK-VO).

Die Untersuchung beschränkt sich also auf sogenannte "Innenrechtsstreitigkeiten"[13], die herkömmlich differenziert werden in Inter- und Intraorganstreitigkeiten[14]. Der Begriff "Organstreitigkeit" ist dabei untechnisch zu verstehen, denn auf der Organebene, auf der wir uns befinden, sobald wir den Außenrechtskreis verlassen und den Innenrechtsbereich betreten, "sind 'Organe' nicht mehr Organe"[15].

---

[11] Oberste Dienstbehörde des Geschäftsführers der LVA ist der BMA, § 143 Abs. 3 SGB VI, der gemäß der "Anordnung zur Durchführung der Bundesdisziplinarordnung im Geschäftsbereich des Bundesministers für Arbeit und Sozialordnung" vom 20.05.1958 (BGBl. I 1958, S. 382 f.) auch Dienstvorgesetzter i.S.d. Disziplinarordnung ist.

[12] Zur Bindung an den Vorschlag siehe oben B I 2 b).

[13] Zu diesem Begriff *Erichsen*, in: FS für Menger, S. 211 ff.; als "Insichprozeß" bezeichnet von *Kisker*, Insichprozeß, mit einer Begriffsklärung S. 11.

[14] *Hoppe*, Organstreitigkeiten vor den Verwaltungs- und Sozialgerichten, S. 120; *Schnapp*, AöR 105 (1980), 243 (276).

[15] *Schnapp*, Rechtstheorie 1978, 275 (285) m.w.N. Dabei soll nicht verkannt werden, daß "Innen" und "Außen" nicht immer leicht und eindeutig separiert werden können. Vgl. hierzu *Alberts*, WissR 1974, 50 (51); aus neuerer Zeit: *Erichsen*, in: FS für Menger, S. 211 (214 ff.); zur Abgrenzung vgl. *Freund*, Innenrecht und Außenrecht, S. 5 ff., 33 ff.; *Schmidt-De Caluwe*, JA 1993, 77 (115 f.); *Schnapp*, Amtsrecht, S. 160 ff. Von einer Abgrenzbarkeit des "Innen" vom "Außen" geht der Gesetzgeber z.B. in § 35 Satz 1 VwVfG aus: "nach außen gerichtet".

2. Gerichtliche Streitentscheidung

Auf die Möglichkeit ihrer gerichtlichen Beilegung hin bleiben folgende Konflikte zu untersuchen:

- *Beirat ./. KSK*

wegen Nichtbeachtung des Vorschlags für die Besetzung der Widerspruchsausschüsse (§ 39 Abs. 2 Satz 2 KSVG)

wegen Nichtanhörung bei der Feststellung des Haushaltsplans (§ 43 Abs. 3 Satz 2 KSVG)

- *Mitglieder des Beirats/Widerspruchsausschüsse ./. Vorsitzenden des Beirats/Widerspruchsausschüsse*

wegen Verfahrensfehlern bei Einberufung und Ablauf der Sitzung (§§ 6 bis 8, 15, 16, 18, 19 KSK-VO).

- *Geschäftsführer als KSK-Leiter ./. LVA-Vorstand*

wegen Kompetenzüberschreitung (§ 41 KSVG)

Kernfrage bei allen Innenrechtsstreitigkeiten ist, wann Organen bzw. Organteilen Rechtspositionen so zugeordnet sind, daß sie bei deren Verletzung um gerichtlichen Rechtsschutz nachsuchen können[16]. Die Grundlage der diesen Problemkreis nach wie vor behaftenden Unklarheit wird meist in dem Umstand gesehen, daß die Prozeßordnungen (VwGO und SGG) auf die Rechtsverhältnisse im Außenrechtskreis zugeschnitten sind[17]. Diese rein prozessuale Betrachtungsweise bedeutet indes eine Verengung des Problems. Die tiefer liegenden Ursachen sind materiellrechtlicher Natur[18], denn hinter den Fragen nach Beteiligungsfähigkeit, Klagebefugnis und Klageart steht letztlich die Frage danach, welche Rechtsposition mit Hilfe der Gerichte durchgesetzt werden kann, also klagbar ist[19]. Das freilich ist eine Frage des materiellen Rechts. Auch die Gerichtspraxis verfährt genau genommen in dieser Weise:

---

[16] Vgl. *Ehlers*, NVwZ 1990, 105, *Schnapp*, VerwArch 78 (1987), 407 (418) m.w.N.; *Kisker*, Insichprozeß, S. 36.

[17] *Bethge*, DVBl. 1980, 309 f.; *Dolde*, in: FS für Menger, S. 423 (436); *Gern*, VBlBW 1989, 449; *Hoppe*, Organstreitigkeiten vor den Verwaltungs- und Sozialgerichten, S. 33; *Kisker*, JuS 1975, 704 (706); *Schoch*, JuS 1987, 783 (784).

[18] *Krebs*, Jura 1981, 569 (571); *Löwer*, VerwArch 68 (1977), 327 (327), sieht den "tieferen und allgemeineren Problemhintergrund" der Schwierigkeit mit dem Insichprozeß in der Aufteilung der Staatsgewalt auf unter-, zu- und nebengeordnete Organe.

[19] *Bethge*, DVBl. 1980, 309 (310); *Erichsen*, in: Erichsen/Martens, § 10 III 5 f, Rdn. 65; vgl. auch *Dolde*, in: FS für Menger, S. 423 (432).

Ist eine Rechtsposition als klagbar akzeptiert, findet sich ein Weg, die prozessualen Probleme zu bewältigen. Das veranschaulichen z.B. die (frühere) Konstruktion der Klageart sui generis im Kommunalverfassungsstreit oder auch die Subsumtion eines einzelnen Ratsmitglieds unter den Vereinigungsbegriff des § 61 Nr. 2 VwGO[20].

Ohne auf die unterschiedlichen rechtswissenschaftlichen Konstruktionen zur Abgrenzung der unzulässigen von den zulässigen Innenrechtsstreitigkeiten en detail einzugehen[21], soll doch das Spektrum, in dem sich die bisherige Diskussion und Gerichtspraxis bewegt, kurz aufgezeigt werden.

Mittlerweile unstreitig anerkannt sind sogenannte Körperschaftsverfassungsstreitigkeiten, bei denen es um die Wahrung der Rechtsstellung der am Willensbildungsprozeß eines Selbstverwaltungskörpers beteiligten Mitglieder geht[22]. Am anderen Ende der Skala befinden sich die Streitigkeiten nachgeordneter Verwaltungsorgane (oder Organwalter) mit ihrem Rechtsträger oder anderen Organen ihres Rechtsträgers um die (bloße) Wahrnehmung von Aufgaben und Kompetenzen, und um das Begehren, die Rechtswidrigkeit von Organhandeln (z.B. von Beschlüssen) rein objektiv, also ohne Anbindung an subjektive Rechtsstellungen feststellen zu lassen. Solche Klagen werden durchweg als nicht zulässig erachtet[23]. Das heißt, diese Rechtspositionen werden als nicht klagbar qualifiziert. Dagegen sollen zulässig sein Organstreitigkeiten zur Wahrung der Position eines mit besonderer Unabhängigkeit ausgestatteten Organs oder Organteils[24].

---

20 Vgl. z.B. *OVG Münster*, OVG E 17, 261; 27, 258 (260); 35, 8; *OVG Münster*, NVwZ 1983, 485 (486); dazu, welche Klagearten in welchen Situationen zu wählen sind vgl. *Ehlers*, NVwZ 1990, 105 ff.; *Gern*, VBlBW 1989, 449 ff.; *Preusche*, NVwZ 1987, 854 ff.; sowie zu Entwicklungstendenzen in der neueren Rechtsprechung *Fehrmann*, NWVBL 1989, 303 ff. Für *Papier*, DÖV 1980, 292 (297), stellen die Klagen wegen Verletzung von Mitgliedschaftsrechten schon keine Organstreitigkeiten dar, sondern "Organwalterklagen, die sich mühelos in das allgemeine System des subjektiven Rechtsschutzes der VwGO eingliedern lassen."

21 Eine knappe Darstellung einiger Lösungskonzepte bietet *Schnapp*, VerwArch 78 (1987), 407 (418); vgl. auch *Löwer*, VerwArch 68 (1977), 327 (335 ff.).

22 Vgl. die Zusammenstellung und Nachweise bei *Bethge*, Die Verwaltung 1975, 459 (460 ff.) und *Püttner*, Dokumentation, S. 129 (131 ff.); aus der neueren Rspr. vgl. *OVG Koblenz*, NVwZ 1985, 283; dazu *Schoch*, JuS 1987, 783 ff.; *OVG Lüneburg*, NVwZ 1985, 850; *OVG Münster*, OVG E 36, 154.

23 Vgl. nur *Gern*, VBlBW 1989, 449 (450) und *Püttner*, Dokumentation, S. 129 (132) sowie *BayVGH*, BayVBl 1981, 719 f.

24 *Püttner*, Dokumentation, S. 129 (133); *OVG Koblenz*, DVBl. 1983, 56; *VGH Mannheim*, DÖV 1988, 469 f.; vgl. auch *Dolde*, in: FS für Menger, S. 423 (430).

Um eine Abgrenzung zur sogenannten Popularklage vornehmen zu können, die unserem Rechtsschutzsystem fremd ist[25], sollen jedenfalls nur solche Streitigkeiten zulässig sein, die von Kompetenzen mit "subjektivrechtlichem Einschlag" handeln[26]. Die Zuweisung einer Kompetenz als solche genüge nicht, da sie primär im Interesse des Funktionierens der Verwaltungseinheit, der das Organ/-teil angehört, bestehe[27]. Die Kompetenz müsse zudem einer eigenständigen, rechtlich geschützten Position entsprechen[28]. Über die Kriterien, wann Kompetenzen derart geschützt sind, wann also Rechtsnormen des staatlichen Innenbereichs klagbare Rechte verleihen, gibt es nach wie vor keine allgemeinverbindlichen Aussagen[29]. Die nötige dogmatische Klarheit herzustellen, wäre wert, Gegenstand einer eigenständigen Untersuchung zu sein[30]; dies kann und soll hier nicht geleistet werden. Es geht vielmehr darum, einen brauchbaren Lösungsansatz für den hier im Raume stehenden Problemkreis zu entwickeln.

Die zu untersuchenden Konfliktlagen bei der KSK lassen eine Zuordnung zu diesen von der Rechtsprechung und Literatur herausgearbeiteten Fallgruppen nicht zu, so daß auch keine eindeutige Entscheidung pro oder contra gerichtlichen Rechtsschutz getroffen werden kann.

Ansatzpunkt für eine daraufhin zu unternehmende Problemlösung ist zum einen, "daß es einer Rechtsordnung freisteht, wen sie zum Adressaten von (berechtigenden) Rechtssätzen macht"[31]. Der Status als Organ/-teil schließt dabei solche Berechtigungen nicht a priori aus[32]. Zum anderen stellt sich die Frage: Wie kann ausgeschlossen werden, daß Kompetenzstreitigkeiten vor Gericht zu einer unzulässigen abstrakten Rechtmäßigkeitskontrolle - also

---

25 Als gewisse Ausnahmen können die sogenannten Verbandsklagen angesehen werden, diese sind allerdings positivrechtlich geregelt z.B. in Art. 98 Satz 4 Verfassung des Freistaats Bayern i.V.m. Art. 2 Nr. 7 des Gesetzes über den Bayerischen Verfassungsgerichtshof sowie in § 13 Abs. 2 AGBG, § 13 Abs. 2 UWG.

26 *Püttner*, Dokumentation, S. 129 (133 f.); vgl. auch *Borchmann*, VR 1989, 105 f.; *Gern*, VBlBW 1989, 449 (450); *Dolde*, in: FS für Menger, S. 423 (437) m.w.N. in Fn. 64; aus der neueren Rspr.: *BVerwG*, NVwZ 1989, 470; *VGH Mannheim*, VBlBW 1992, 375.

27 *Bethge*, DVBl. 1980, 309 (313) m.w.N. Anders noch *Preuß*, Schmollers Jahrbuch 26 (1902), 588 (590): "Die Kompetenz ist das subjektive Recht der Organperson als solcher".

28 H.M., vgl. nur *Dolde*, in: FS für Menger, S. 423 (438) m.w.N. in Fn. 66; aus der Rspr. *BayVGH*, BayVBl. 1981, 719 (720).

29 Vgl. zum Ganzen auch *Stettner*, Grundfragen einer Kompetenzlehre, S. 64 ff.

30 Wenn auch die Veröffentlichungen zu diesem Thema mittlerweile Legion sind, vgl. nur die bisher angeführte Literatur mit den jeweiligen weiteren Nachweisen.

31 *Schnapp*, Amtsrecht, S. 139 ff.; 152 ff.; vgl. schon *Kisker*, Insichprozeß, S. 37.

32 Vgl. auch *Papier*, DÖV 1980, 292 (294) m.w.N.

quasi einer "Innenrechts-Popularklage" - benutzt werden können? Im Außenrechtsprozeß wird dies durch das Kriterium des subjektiv-öffentlichen Rechts geleistet[33]. Denn der Kläger muß für die Zulässigkeit seiner Klage vor dem Verwaltungsgericht gemäß § 42 Abs. 2 VwGO[34] geltend machen, in seinen Rechten verletzt zu sein[35]. Nach einer allgemeinen Definition besteht ein solches Recht, wenn ein Rechtssatz der Verwirklichung von Individualinteressen eines Bürgers zu dienen bestimmt ist und die Verwaltung zu einem bestimmten Verhalten verpflichtet[36].

Das ist auf den Innenrechtsbereich nicht ohne weiteres übertragbar[37]. Vom Normgeber statuierte Berechtigungen von Organen bzw. Organteilen sind nicht ohne weiteres subjektiven Rechten gleichzusetzen[38]. Betrachtet man jedoch eine wesentliche Funktion des subjektiven öffentlichen Rechts, nämlich die "rechtliche Bewehrung personaler (Individual-)Interessen"[39], so kann der Brückenschlag über eine nähere Bestimmung des Kernelements der Definition des subjektiv-öffentlichen Rechts[40], nämlich des Begriffes "Interesse" gelingen[41]. Wenn der Normautor frei darin ist, wen er zum Adressaten von berechtigenden Rechtssätzen macht[42], erscheint das Interesse nicht als eine nachträgliche rechtliche Anerkennung einer individualpsychologischen Tatsache, sondern als ein konstitutives Zuerkennen einer bestimmten Rechtsposition. Es kommt also allein auf die Begünstigungsintention des

---

[33] Schon *Bleutge*, Der Kommunalverfassungsstreit, S. 79 ff. m.w.N. *Frotscher*, DÖV 1971, 259 (262 f.). Zur Kritik an diesem auf das subjektive öffentliche Recht ausgerichteten Rechtsschutz siehe *Zuleeg*, DVBl. 1976, 509 ff.

[34] Zwar gilt § 42 Abs. 2 VwGO direkt nur für Anfechtungs- und Verpflichtungsklagen. Die Vorschrift wird aber auch bei der Leistungs- und der Feststellungsklage analog angewandt, um Popularklagen zu verhindern. Hierzu und zur Kritik an der analogen Anwendung eingehend, jedoch für die analoge Anwendung eintretend *Ehlers*, NVwZ 1990, 105 (109 ff.); *ders.*, VerwArch 84 (1993), 139 (141 ff.).

[35] Schon *Kisker*, Insichprozeß, S. 35 f., betont, daß die Probleme der "Insichprozesse" dann "entfallen, wenn die Rechtsordnung die miteinander Streitenden in ihrem Verhältnis zueinander mit subjektiven Rechten in dem von § 42 Abs. 2 VwGO vorausgesetzten Sinne ausstattet".

[36] *Maurer*, Allgemeines Verwaltungsrecht, § 8 Rdn. 8; sog. Schutznormtheorie; vgl. dazu *Schmidt-Aßmann*, in: Maunz/Dürig, Art. 19 IV Rdn. 128 ff.; vgl. zur Kritik an dieser Bezeichnung *Ehlers*, VerwArch 84 (1993), 139 (145, Fn. 26).

[37] *Krebs*, VerwArch 68 (1977), 189 (194): keinesfalls selbstverständliche Prämisse.

[38] *Krebs*, Jura 1981, 569 (574).

[39] *Krebs*, Jura 1981, 569 (574).

[40] Vgl. *Kisker*, JuS 1975, 704 (706): Das subjektive öffentliche Recht ist nichts anderes als ein mit rechtlicher Willensmacht bewehrtes Interesse.

[41] Schon *Kisker*, Insichprozeß, S. 35 ff., beschreitet diesen Weg.

[42] Siehe *Schnapp*, Amtsrecht, S. 139 ff., S. 152 ff.

Normautors an[43]. So *kann* (nicht muß[44]) die Rechtsordnung eben auch Organe solcherart mit Rechten ausstatten[45]. Daß genau diese Begünstigungsintention letztlich auch im Bereich des Individualrechtsschutzes bei der Bestimmung einer Norm als subjektiv-öffentliches Recht ausschlaggebend ist, zeigt beispielsweise die Diskussion darum, wann Normen des Baurechts nachbarschützender Charakter zukommt[46]. Das "Individualinteresse" i.S.d. subjektiv-öffentlichen Rechts existiert *rechtlich* nur durch die Zuweisung einer Berechtigung seitens des Normgebers. So gewendet verwundert es nicht, daß es bei der Geltendmachung von Mitgliedschaftsrechten im Kommunalverfassungsstreit um die Frage geht, welche Normen dem Schutz des Klägers *zu dienen bestimmt* sind[47].

Läßt sich also aus den Organisationsrechtsnormen hinreichend deutlich entnehmen, daß eine bestimmte Kompetenzzuweisung wehrhaft ausgestattet ist und nicht nur das allgemeine Funktionieren der Organisationseinheit mit der Regelung bezweckt ist, kann das mit diesem Recht behaftete Organ zur Abwehr von Übergriffen gerichtlichen Rechtsschutz in Anspruch nehmen. Ob das so ist, kann nur anhand der jeweils einschlägigen Vorschriften untersucht werden[48].

Aus dem Wortlaut der maßgeblichen Normen im KSVG (§§ 39 Abs. 2 Satz 2, 41, 43 Abs. 3 Satz 2) und der KSK-VO (§§ 6 bis 8, 15, 16, 18, 19) lassen sich eindeutige Zuweisungen einer wehrhaften Berechtigung durch den Normgeber nicht entnehmen. Das wird bei Organisationsrechtsnormen indes nur äußerst selten anders sein, so daß man bei diesem Befund nicht verharren kann. Auch eine genetische Betrachtung der Vorschriften hilft hier nicht wei-

---

43 *Schnapp*, VerwArch 78 (1987), 407 (425).

44 Anders *Hoppe*, Organstreitigkeiten vor den Verwaltungs- und Sozialgerichten, S. 195 ff., der grundsätzlich *jedem* Organ ein subjektives öffentliches Recht i.S.d. § 42 Abs. 2 VwGO auf Beachtung seines Aufgaben- und Befugnisbereichs zuerkennt.

45 Vgl. auch *Kisker*, JuS 1975, 704 (708).

46 Vgl. dazu *Maurer*, Allgemeines Verwaltungsrecht, § 8 Rdn. 9 mit instruktiven Hinweisen zur Kasuistik der Rspr.

47 Vgl. nur *OVG Koblenz*, NVwZ 1985, 283; *Schröder*, NVwZ 1985, 246 (247). Diese klare Position wird von der Rechtsprechung allerdings verlassen, wenn sie objektiven Funktionsnormen ohne weiteres einen subjektiven Charakter zumißt. Beispiel: Sitzungsöffentlichkeit im Gemeinderecht, §§ 33 Abs. 2, 42 Abs. 2 Satz 1 GO-NW; *OVG Münster*, OVG E 35, 8 (12); vgl. dazu die Kritik von *Schröder*, NVwZ 1985, 246 (247); speziell und ausführlich zur Sitzungsöffentlichkeit im Kommunalrecht: *Schnapp*, VerwArch 78 (1987), 407 ff.

48 Dabei werden sich solcherart "versubjektivierte" Organrechtspositionen nicht immer mit der notwendigen Klarheit aus dem Kompetenzgefüge von Verwaltungsorganisationen herausarbeiten lassen, *Krebs*, Jura 1981, 569 (577).

ter: Die entsprechenden Materialien zum Gesetzgebungsverfahren lassen keinen sicheren Schluß zu.

Unter Zuhilfenahme des (weiteren) rechtswissenschaftlichen Auslegungsmethodenkanons[49] sollen im folgenden nur einige "Merkposten" angeführt werden, die bei einer Entscheidung über klagbare Positionen Betroffener zu berücksichtigen sein werden[50].

a) Beirat ./. KSK

Will der Beirat gegen die KSK wegen der Nichtbeachtung des Vorschlags für die Besetzung der Widerspruchsausschüsse (§ 39 Abs. 2 Satz 2 KSVG) oder wegen der Nichtanhörung bei der Feststellung des Haushaltsplans (§ 43 Abs. 3 Satz 2 KSVG) um gerichtlichen Rechtsschutz nachsuchen, müssen ihm zu Seite stehende klagbare Rechtspositionen ausgemacht werden können. Hier wäre zunächst die Weisungsunabhängigkeit der Beirats- (und Widerspruchsausschuß-)mitglieder ins Felde zu führen. Diese weist ebenso wie die pluralistische Besetzung des Gremiums zwar auf eine eigenständige Position der Mitglieder hin[51]. Ein klagbarer Status des Beirats als Gremium ist damit jedoch nicht per se vermittelt[52]. Stellt man die entscheidende Frage, zu welchem Zweck und in wessen Interesse diese Weisungsunabhängigkeit statuiert wurde, so erscheinen die Regelungen weniger im Interesse der Beirats- und Widerspruchsausschußmitglieder denn im Interesse der vom KSVG Betroffenen erlassen zu sein. Denn diesen soll letztlich die Unabhängigkeit und die Sachkenntnis der Beirats- und Widerspruchsausschußmitglieder - vermittelt über die KSK- bzw. Ausschußentscheidungen - zugute kommen.

Des weiteren könnte die Bindung der KSK an den Vorschlag für die Besetzung der Widerspruchsausschüsse, die als Kontrollorgane[53] der KSK fungieren, in Richtung einer klagbaren Rechtsposition interpretierbar sein. Der Rechtspflicht der KSK, entsprechend dem Vorschlag des Beirats die Widerspruchsausschüsse zu besetzen, korreliert aber nicht per se ein im *Interesse*

---

[49] Vgl. hierzu *Larenz*, Methodenlehre der Rechtswissenschaft, vor allem S. 195 ff.

[50] Die Entscheidung selbst ist Sache der Gerichte. Aufgabe der Rechtswissenschaft ist es, generelle Kriterien, nach denen im konkreten Einzelfall entschieden werden soll, herauszuarbeiten.

[51] So *Herbert*, DÖV 1994, 108 (111).

[52] Allgemein zur Klagemöglichkeit von weisungsfreien Ausschüssen gegen Kompetenzübergriffe seitens des Behördenvorstandes vgl. *Löwer*, VerwArch 68 (1977), 327 (357), im Ergebnis wie hier. Bejahend hingegen *Lorenz*, AöR 93 (1968), 308 (321).

[53] "Organe" ist hier im untechnichen Sinne gemeint.

des Beirats statuierter Anspruch auf Einhaltung der Pflicht. Diese Pflichtentreue zu überwachen zählt vornehmlich zu den Aufgaben der Aufsichtsbehörde im Rahmen der Rechtsaufsicht[54]. Hinzu tritt eine eventuelle Möglichkeit der betroffenen Künstler, Publizisten und Abgabeverpflichteten, im Wege einer Klage die Rechtswidrigkeit von Bescheiden der Widerspruchsausschüsse wegen fehlerhafter Besetzung geltend zu machen[55].

Aber auch die Pflicht des Geschäftsführers der LVA als KSK, den Beirat bei der Haushaltsplanfeststellung zu hören, bedeutet kein Anhörungsrecht im Sinne einer eigenständigen, justiziablen Rechtsposition des Beirats (anders als das Anhörungsrecht des in einem Verwaltungsverfahren beteiligten Bürgers gemäß § 28 VwVfG). Denn die Mitwirkung des Beirats erschöpft sich in der bloßen Anhörung, die den Zweck hat, durch den im Beirat versammelten Sachverstand den Haushaltsplan der KSK auf eine möglichst fundierte Grundlage zu stellen[56]. Verletzt der Geschäftsführer der LVA als KSK seine Pflicht, den Beirat zu hören, ist es Aufgabe der Aufsichtsbehörde, auf Einhaltung der Pflicht zu dringen.

Insgesamt ist eine klagbare Position des Beirats gegen die KSK also nicht festzustellen, eventuelle Klagen aus dem hier untersuchten Bereich wären damit bereits als unzulässig anzusehen.

b) Beiratsmitglieder ./. Beiratsvorsitz

Bei der Frage, ob die Beiratsmitglieder bei Mißachtung der Vorschriften hinsichtlich Einberufung und Ablauf der Sitzungen (§§ 6 bis 8 KSK-VO) durch den Vorsitzenden eine klagbare Position innehaben, ist zunächst daran zu erinnern, daß die besondere Zusammensetzung des Beirats die Bündelung

---

[54] Dazu oben D II 3 a).

[55] Die Situation ist vergleichbar mit dem Handeln einer unzuständigen Behörde (vgl. zu § 42 SGB X: *Schnapp*, SGb 1988, 309 (312 f.); zu § 46 VwVfG: *Dens.*, AöR 105 (1980), 243 (272 ff.) m.w.N.). Da - wegen der Weisungsfreiheit der Beiratsmitglieder - nicht auszuschließen ist, daß eine andere Entscheidung in der Sache bei anderer Besetzung ergehen würde, wirkt sich die fehlerhafte Besetzung zumindest bei Ermessensentscheidungen (vgl. hierzu *Schnapp*, SGb 1988, 309 (312 f.)) - vgl. z.B. §§ 12 Abs. 1 Satz 2, 13, 16 Abs. 2 Satz 5, 18 KSVG - auf die Rechtmäßigkeit des Verwaltungsaktes aus.

[56] Vgl. zum Zweck des Beirats: BT-Drucks. 9/26, S. 22; ebenso zum Anhörungsrecht des Elternbeirats bei der Errichtung bzw. Auflösung einer Volksschule: *BayVGH*, BayVBl. 1981, 719 (720); anders *Herbert*, DÖV 1994, 108 (112) bezüglich Anhörungsrechte von kommunalen Gremien. Eine andere Frage ist die, welche Folgen eine unterbliebene Anhörung für die Feststellung des Haushaltsplans hat. Zumindest dürfte das Bundesversicherungsamt als Aufsichtsbehörde im Genehmigungsverfahren auf eine Nachholung dringen. Zu den Folgen einer unterbliebenen Anhörung im Normsetzungsverfahren vgl. *Hill*, Das fehlerhafte Verwaltungsverfahren und seine Folgen im Verwaltungsrecht, S. 69 ff.

von Sachkompetenz bezweckt, um die KSK bei der Erfüllung ihrer Aufgaben zu unterstützen. Hierbei sind die Beiratsmitglieder weisungsfrei gestellt und zu gewissenhafter und unparteiischer Erfüllung ihrer Aufgaben verpflichtet (§ 3 KSK-VO). Aus dieser Rechtsstellung steht den berufenen Mitgliedern das Recht auf Teilnahme und Abstimmung bei den Sitzungen - ähnlich den Gemeinderatsmitgliedern im Kommunalrecht[57] - zu, denn nur so können sie ihre Pflicht erfüllen. Darüber hinaus normiert § 6 Abs. 2 KSK-VO die Pflicht des Vorsitzenden, den Beirat einzuberufen, wenn ein Drittel der Mitglieder dies verlangt. Dieses "Verlangen" erscheint deutlich der Rechtssphäre der Mitglieder zugeordnet und nicht *nur* im Interesse einer allgemeinen Funktionsfähigkeit des Gremiums statuiert. Insofern kommt den Beiratsmitgliedern durchaus eine klagbare Rechtsposition gegenüber dem Vorsitzenden zu.

Wann dieser Status im einzelnen verletzt ist - ob nur durch die Nichteinberufung oder beispielsweise auch durch fehlende vorherige Informationen über den Sitzungsablauf - ist einer eventuellen gerichtlichen Entscheidung zu überlassen, die alle konkreten Umstände des Falles zu berücksichtigen hat. Die Zulässigkeit einer Klage von Beiratsmitglidern gegen den Vorsitzenden wegen Verletzung von Ablaufs- und Verfahrensvorschriften ist also grundsätzlich gegeben, da eine Rechtsverletzung nicht von vorneherein auszuschließen ist.

c) Widerspruchsausschußmitglieder ./. Widerspruchsausschußvorsitz

Anders als bezügich des Beirats enthalten die Vorschriften hinsichtlich Einberufung und Ablauf der Sitzungen der Widerspruchsausschüsse (§§ 15, 16 18, 19 KSK-VO) keine Hinweise auf eine besondere Rechtsstellung der Mitglieder. Zwar sind auch sie weisungsunabhängig (§ 39 Abs. 3 KSVG), sie können jedoch im Gegensatz zu den Beiratsmitgliedern die Einberufung des Gremiums nicht verlangen. Dies ist auch sachgerecht, da die Sitzung eines Widerspruchsausschusses davon abhängig ist, daß vom KSVG betroffene Bürger gegen eine Maßnahme der KSK Widerspruch eingelegt haben, über den dann der Ausschuß zu entscheiden hat.

Diese Stellung der Widerspruchsausschüsse spricht dafür, daß mit den Verfahrensvorschriften (lediglich) eine sachgerechte Beschlußfassung nach vorheriger und ausreichender Informationsbeschaffung ermöglicht werden soll. Mit diesen Ablaufs- und Verfahrensregelungen ist die optimale Funktionsfähigkeit des Gremiums intendiert, deren Einhaltung zu überwachen außerdem zu den Aufgaben der Aufsichtsbehörde zählt. Insofern kommt man zu dem Ergebnis,

---

[57] Vgl. hierzu nur Schröder, NVwZ 1985, 246 f.

daß die Vorschriften nicht im Interesse der Gremiumsmitglieder erlassen sind und damit auch keine klagbaren Rechte statuiueren.

d) Geschäftsführer ./. Vorstand

Dem Vorstand als Selbstverwaltungsorgan der LVA kommt bei der Durchführung des KSVG kein Einwirkungsrecht zu[58]. Anders als im Funktionsbereich Rentenversicherung kann er in diesem Aufgabenbereich die Tätigkeit des Geschäftsführers der LVA nicht über Richtlinien beeinflussen (§ 42 KSVG). Erläßt der Vorstand der KSK gleichwohl Richtlinien auch für die Tätigkeit des Geschäftsführers im Rahmen der KSVG-Durchführung, überschreitet er seine Kompetenzen und handelt damit rechtswidrig. Solche Richtlinien können zum einen für den Geschäftsführer in seiner Funktion als Organ "Der Geschäftsführer der LVA" namens "KSK" keine Verbindlichkeit begründen[59]. Zum anderen liegt die Voraussetzung für ein Einschreiten der (gemeinsamen) Aufsichtsbehörde BVA gemäß § 89 SGB IV[60] vor. Für eine gerichtliche Durchsetzung der Kompetenzeinhaltung ist dagegen nicht so ohne weiteres Raum[61]. Etwas anders gilt jedoch für sogenannte "Kontrastorgane"[62], das sind "von der Rechtsordnung als Gegenüber anderer Organe im politischen Kräftespiel"[63] ausgestattete Organe. Soll eine derartige Ausnahme zugunsten des Geschäftsführers gegenüber dem Vorstand greifen, müßten allerdings außer der Kompetenzabgrenzung als solche noch weitere Gesichtspunkte sprechen; es müßten sich Indizien dafür finden, daß die Kompetenzanmaßung des Vorstands auf seiten des Geschäftsführers zu einem justiziablen Abwehranspruch erstarkt. Für eine solche Interpretation sind den Normen des KSVG jedoch keinerlei Anhaltspunkte zu entnehmen. Der Geschäftsführer der LVA als KSK kann damit die Kompetenzeinhaltung durch den Vorstand nicht gerichtlich durchsetzen, er ist an kompetenzwidrig erlassene Richtlinien allerdings auch nicht gebunden. Eine andere Beurteilung könnte sich dann ergeben, wenn zwischen Vorstand und Geschäftsführer streitig ist, ob die erlassenen Richtlinien dem Geschäftsbereich der LVA als Rentenversicherungsträgerin oder demjenigen als KSK zuzuordnen sind, ob die Richtlinien also nach § 35 Abs. 2 SGB IV für den Geschäftsführer eine

---

[58] Siehe oben C II 2 a).

[59] Der Vorstand ist auch nicht Vorgesetzter des Geschäftsführers (§ 143 Abs. 3 SGB VI), so daß § 56 Abs. 2 BBG keine Anwendung findet.

[60] Zur Aufsicht vgl. oben C II 3 a).

[61] *Bleutge*, Der Kommunalverfassungsstreit, S. 86 ff.; *Herbert*, DÖV 1994, 108 (111) m.w.N.; als Grundsatz bejahend auch *Kisker*, Insichprozeß, S. 41 m.w.N.

[62] Vgl. *Bethge*, DVBl. 1980, 309 (318).

[63] *Kisker*, Insichprozeß, S. 38.

Bindungswirkung entfalten oder nach § 42 KSVG eben nicht. Angesichts der völligen Unterschiedlichkeit der beiden Funktionsbereiche der LVA ohne jegliche inhaltliche Berührungspunkte, ist diese Problemstellung allzu hypothetisch, um ihr hier näher nachzugehen.

II. Rechtsschutz gegenüber staatlicher Einflußnahme

Die abschließend zu behandelnden Rechtsschutzfragen hinsichtlich staatlicher Einflußnahme folgen im Aufbau der Rechtsform der Einwirkungsmöglichkeiten. Zunächst wird gefragt, ob die LVA Oldenburg/Bremen als KSK gegen den Erlaß bzw. Nichterlaß von abstrakten Regelungen - Rechtsverordnungen und Verwaltungsvorschriften - gerichtlich vorgehen kann (unten 1.). Anschließend werden die Aufsichts- und Mitwirkungsbefugnisse des Bundesversicherungsamtes auf Rechtsschutzmöglichkeiten der LVA als KSK hin untersucht (unten 2.). Zuletzt wird gefragt, ob die LVA als KSK gegen Einzelweisungen nach § 30 Abs. 2 SGB IV die Gerichte anrufen kann (unten 3.).

1. Rechtsschutz gegen den Erlaß bzw. beim Nichterlaß von Rechtsverordnungen und Verwaltungsvorschriften

Bei einem Rechtsschutz gegen den Nichterlaß von Rechtsverordnungen und Verwaltungsvorschriften geht es letztlich um die Frage der Sanktion gesetzgeberischen Unterlassens. Grundsätzlich gewährt unsere Rechtsordnung Rechtsschutz gegen Nichthandeln nur, wenn auf der einen Seite die Verpflichtung zu einem Tätigwerden statuiert ist, die mit einem Anspruch auf der anderen Seite korrespondiert[64]. Mangels einer Verpflichtung des BMA[65] scheidet eine Rechtsschutzmöglichkeit gegen den Nichterlaß von Rechtsverordnungen und Verwaltungsvorschriften von vorneherein aus.

Beim Rechtsschutz gegen den Erlaß von Rechtsverordnungen zielt das Begehren auf deren Aufhebung. Eine solche Rechtsschutzmöglichkeit ist nur eröffnet, wenn eine Pflicht des Normgebers zur Aufhebung besteht. Das wird für den Fall angenommen, daß zum Erlaß der Rechtsverordnung bestimmte tatsächliche Umstände gegeben sein müssen, die nachträglich weggefallen

---

[64] Das ist für Leistungsklagen selbstverständlich. Vgl. auch die Untätigkeitsklage gemäß § 75 VwGO.

[65] Siehe oben D II 1 a cc) und b cc).

sind[66]. Zudem muß dieser Wegfall der Voraussetzungen zweifelsfrei erwiesen sein[67]. Bei den Rechtsverordnungen nach dem KSVG fehlt es schon an der ersten Bedingung, ein Rechtschutz gegen den Erlaß der Rechtsverordnungen ist damit ausgeschlossen[68].

2. Rechtsschutz gegen Maßnahmen des Bundesversicherungsamtes

Ob der LVA Oldenburg/Bremen als KSK gerichtlicher Rechtschutz gegen Maßnahmen des BVA offensteht, ist - anders als bei den Rechtsschutzmöglichkeiten gegen den (Nicht-)Erlaß von Rechtsverordnungen und Verwaltungsvorschriften - nicht in wenigen Sätzen feststellbar. Ausgangspunkt der Überlegungen ist die Rechtsnatur dieser Maßnahmen. Sowohl die Aufsichtsmaßnahmen als auch die Maßnahmen im Zusammenhang mit der Haushaltsführung sind in ihrer Rechtsqualität keine Verwaltungsakte, sie entbehren der Außenwirkung[69]. Da sie sich also auf den verwaltungsinternen Bereich beschränken, sind Konflikte zwischen der LVA als KSK und dem BVA Innen-

---

66 Beispiel: § 5 a Satz 1 Wohnungsbindungsgesetz: "Erhöhter Wohnbedarf"; vgl. *BayVGH*, BayVBl. 1987, 557 (558); *HessVGH*, ZMR 1987, 75 (77); *Ossenbühl*, in: HdbStR III, § 64, Rdn. 44. Zur Überprüfung fortbestehender Verordnungsvoraussetzungen und Verpflichtungen zur Aufhebung von Verordnungen vgl. *von Danwitz*, Die Gestaltungsfreiheit des Verordnungsgebers, S. 182 ff. Allgemein zu Überprüfungs- und Anpassungs-, bzw. Nachbesserungspflichten des Gesetzgebers: *Bernd*, Legislative Prognose und Nachbesserungspflichten, vor allem S. 122 ff., S. 134 ff.

67 *HessVGH*, ZMR 1987, 75 (77); *Ossenbühl*, in: HdbStR III, § 64, Rdn. 45.

68 Eine andere Frage ist, ob der KSK bei formell und/oder materiell fehlerhafter und daher nichtiger (vgl. z.B. *Ossenbühl*, in: HdbStR III, § 64 Rdn. 73; *Pietzcker*, DVBl. 1986, 806; *Wilke*, AöR 98 (1973), 196 (235 f.); zum sog. "Nichtigkeitsdogma" als Folge fehlerhafter Normen und den Abweichungen davon vgl. näher *Ossenbühl*, NJW 1986, 2805 ff. m.w.N.) Rechtsverordnungen über die Prüfungspflicht hinaus - und unter welchen Voraussetzungen - eine Verwerfungskompetenz zukommt. Vgl. zu den Meinungen: *Pro* Verwerfungskompetenz: *Forsthoff*, Lehrbuch des Verwaltungsrechts, S. 138; *Kopp*, DVBl. 1983, 821 (Zusammenfassung S. 828); *Maurer*, Allgemeines Verwaltungsrecht, § 4 Rdn. 47; *Ossenbühl*, in: HdbStR III, § 63 Rdn. 74; *ders.*, Die Verwaltung 1969, 393 ff. Fn. 1a sowie *ders.*, in: Verwaltungsvorschriften, S. 293 Fn. 44, wo er betont, daß die Frage der Verwerfungskompetenz bzgl. Rechtsverordnungen kein Problem darstellten, da prüfende und erlassende Instanz regelmäßig letztlich zusammenfielen; *Renck*, BayVBl. 1983, 86 f. *Contra* Verwerfungskompetenz: *Maunz*, BayVBl. 1980, 514; *Wilke*, AöR 98 (1973), 196 (237) mit zahlreichen Rechtsprechungsnachweisen; *Wolff/ Bachof*, Verwaltungsrecht I, § 28 II a, S. 156. Diese Frage ist wiederum zu unterscheiden von derjenigen, wem die letztendliche Entscheidung über die Nichtigkeit zukommt. Nur hingewiesen werden soll auf die beamtenrechtliche Seite des Problems, die mit den Begriffen Gesetzesbindung, Gehorsamspflicht und Remonstration zu umreißen ist. Vgl. hierzu *Hill*, Das fehlerhafte Verfahren und seine Folgen im Verwaltungsrecht, S. 91; *Ossenbühl*, Verwaltungsvorschriften, S. 294; *Schnapp*, Amtsrecht, S. 169 ff.

69 Siehe oben D II 3.

rechtsstreitigkeiten[70] - im Gegensatz zu den Aufsichtsstreitigkeiten von Selbstverwaltungskörperschaften[71]. Das bedeutet, daß die entsprechenden Normen - und das heißt letztlich die Beschränkungen, denen das BVA mit seinen Maßnahmen gegenüber der KSK unterworfen ist - im Interesse der KSK statuiert sein müßten. So darf das BVA zum einen (unter der Geltung des Gebots des Gesetzesvorrangs selbstverständlich) nur rechtmäßige Maßnahmen treffen. Zum anderen sind seine Aufsichtsbefugnisse auf rechtliche Aspekte eingeschränkt[72].

Betrachtet man zunächst die Reduzierung der Aufsicht auf eine bloße Rechtsaufsicht, so bedeutet eine Überschreitung des Aufsichtsrechts inhaltlich den Erlaß fachaufsichtlicher Maßnahmen. Diese sind jedoch nur dort überhaupt denkbar, wo die KSK rechtlich nicht gebunden ist, wo ihr also ein Entscheidungsfreiraum verbleibt. Bei der Durchführung des KSVG ist festzustellen, daß nur wenig Raum für fachaufsichtliche Maßnahmen bleibt, da der KSK lediglich geringe Entscheidungsspielräume zugestanden sind; Ermessen ist ihr nur in wenigen Normen eingeräumt:

- § 12 Abs. 1 Satz 2: Schätzung des Arbeitseinkommens des Versicherten

- § 13: Verlangen bereichsspezifischer Angaben über das Arbeitseinkommen

- § 16 Abs. 2 Satz 5: Vorzeitige Beendigung des Ruhens der Krankenversicherungsleistungen bei Vereinbarung über Ratenzahlungen

- § 18 Abs. 1 und 2: Erhebung eines Säumniszuschlags

- § 21 Abs. 2: Verrechnung zu Unrecht entrichteter Beitragsanteile

- § 27 Abs. 1 Satz 3: Schätzung der Höhe der Abgabe

- § 27 Abs. 5: Herabsetzung der Vorauszahlung

- § 30 Abs. 1 und 2: Säumniszuschlag

- § 33 Abs. 2: Verrechnung bei Vorauszahlung

- § 35 Abs. 1: Auferlegung der durch Pflichtversäumnis entstandene Kosten

---

70 Zu diesen siehe oben E I.

71 Deutlich für kommunale Aufsichtsstreitigkeiten *Fehrmann*, DÖV 1983, 311 (317).

72 Siehe hierzu oben D II 3 a) und b).

Vor dem Hintergrund der Kriterien für die Zulässigkeit von Innenrechtsstreitigkeiten kann die KSK sich gegen fachaufsichtliche Maßnahmen des BVA gerichtlich nur zur Wehr setzen, wenn diese Ermessenseinräumungen im Interesse der KSK statuiert sind; nur dann hat sie eine klagbare Rechtsposition inne. Die Ermessensvorschriften sind also auf ihre Begünstigungsintention hin zu untersuchen.

Eindeutig im Interesse der vom KSVG Betroffenen erlassen sind die Ermessensvorschriften der §§ 16 Abs. 2 Satz 5, 21 Abs. 2 und 33 Abs. 2 KSVG. Ein Blick auf den Inhalt der Normen genügt. Auch alle diejenigen Ermessensvorschriften, welche die Berechnung des maßgeblichen Beitrags zum Inhalte haben, also die §§ 12 Abs. 1 Satz 2 und 13 KSVG, sind im Interesse der Versicherten erlassen. Denn von der Zahlung der Beiträge hängen die Versicherungsleistungen insgesamt ab, und die Leistungen der Rentenversicherung berechnen sich (unter anderem) nach der Höhe des Beitrags. Aber auch die Vorschriften, die der Zahlungsfähigkeit der KSK dienen, sind nicht in deren Interesse, sondern im Interesse der Versicherten erlassen, denen die Zahlungsfähigkeit der KSK letztlich Gewähr für ihren Versicherungsschutz bietet. Hierzu zählen die §§ 18 Abs. 1 und 2, 27 Abs. 1 Satz 3, 30 Abs. 1 und 2 KSVG. Es bleiben § 27 Abs. 5 KSVG, dessen Ermessensspielraum ebenfalls im Interesse der zur Vorauszahlung Verpflichteten erlassen ist und § 35 Abs. 1 KSVG, dessen Ausgestaltung als Ermessensvorschrift (im Gegensatz zu einer Kosten-Auferlegungs*pflicht*) gleichfalls im Interesse der Betroffenen statuiert ist.

Insgesamt ist diesen Normen mithin kein eigenes, gerichtlich durchsetzbares Interesse der KSK auf freie, vom BVA unbeeinflußte Ermessensausübung zu entnehmen.

Zu überprüfen bleibt damit die allgemeine Rechtmäßigkeit der Maßnahmen des BVA als Konfliktpotential. Als Frage formuliert heißt das: Kann die KSK, die auf der Grundlage einer Aufsichtsmaßnahme eine ihrer Auffassung nach rechtswidrige Entscheidung nach außen erläßt (und erlassen muß), die Rechtmäßigkeit dieser Aufsichtsmaßnahme überprüfen lassen? Von Normenkontrollverfahren (Art. 93 Abs. 1 Nr. 2 GG, § 47 VwGO) abgesehen, bei denen immerhin eine Antragsbefugnis gegeben sein muß (vgl. § 47 Abs. 2 Satz 1 VwGO bzw. § 76 BVerfGG), ist eine rein objektive Rechtmäßigkeitskontrolle unserer Rechtsordnung fremd. Auf die Zulässigkeit eines Innenrechtsstreits bezogen lautet die Frage also: Ist die Klarheit über die Rechtmäßigkeit des Handelns der KSK in deren eigenem Interesse herbeizuführen? Zwar kann man wohl sagen, daß jeder Institution an einem ihrer Auffassung nach rechtmäßigen Handeln gelegen ist. Das Gebot der Rechtmäßigkeit staatlicher Tätigkeit ist neben dem allgemeinen objektiv-rechtlichen Gehalt jedoch in erster Linie im Interesse der von diesen Maßnahmen Betroffenen statuiert. Nur diese können, wenn sie wollen, um Rechtsschutz nachsuchen[73]. Allerdings ist es nicht von vorneherein undenkbar, daß bei genauer Befassung in einem konkreten Konfliktfall Vorschriften des KSVG als auch im Interesse der KSK erlassen interpretiert werden können. Insofern wird man die Zulässigkeit einer Klage der LVA Oldenburg/Bremen als KSK gegen Maßnahmen des Bundesversicherungsamtes nicht kategorisch verneinen können. Vor dem Hintergrund der hier vorgenommenen Überlegungen erscheinen solche Klagen jedoch (zumindest) als unbegründet.

3. Rechtsschutz gegen Weisungen nach § 30 Abs. 2 SGB IV

Weisungen beschränken sich schon per definitionem[74] auf den verwaltungsinternen Bereich. Streitigkeiten hierüber sind wie diejenige über Aufsichtsbefugnisse des Bundesversicherungsamtes Innenrechtsstreitigkeiten und nach denselben Kriterien der Zulässigkeit zu beurteilen. Auch hier müßte also die Einschränkung auf rechtliche Aspekte und die allgemeine Rechtmäßigkeit im Interesse der KSK statuiert sein. Aus denselben Gründen wie bei den Aufsichtsmaßnahmen muß eine solche Begünstigungsintention jedoch verneint werden. Eine Klage der LVA Oldenburg/Bremen als KSK gegen Weisungen nach § 30 Abs. 2 SGB IV ist deshalb allenfalls zulässig, in aller Regel jedoch (zumindest) unbegründet.

Im Ergebnis steht der LVA Oldenburg/Bremen als KSK damit gegen staatliche Einflußnahme grundsätzlich kein Weg zu den Gerichten offen. Soweit Klagen gleichwohl für zulässig erachtet werden, dürften sie in aller Regel unbegründet sein.

---

[73] Zum Funktionswandel der Staatsaufsicht mit der Entwicklung subjektiver öffentlicher Rechte des Bürgers vgl. *Schnapp*, DVBl. 1971, 480 ff.

[74] Siehe oben D II 4. Selbst Gemeinden mit ihrem verfassungsrechtlich abgesicherten Selbstverwaltungsrecht stehen gegen Weisungen in Auftragsangelegenheiten keine Rechtsbehelfe zur Verfügung, vgl. (überblicksartig) *Leidinger*, FS für Menger, S. 257 (270 ff.).

F. Zusammenfassung in Thesen

1.

Nach rund einem Jahrzehnt parlamentarischer Vorlaufzeit trat am 01.01.1983 das höchst kontrovers diskutierte Künstlersozialversicherungsgesetz in Kraft. Seitdem sind selbständige Künstler und Publizisten, soweit nicht anderweitig abgesichert, in die gesetzliche Kranken- und Rentenversicherung einbezogen. Dabei wurde in organisatorischer Hinsicht ein neuer Weg beschritten, indem zwischen Versicherte beziehungsweise Künstlersozialabgabeverpflichtete - das sind die zur Finanzierung herangezogenen Vermarkter künstlerischer Produkte - und den Sozialleistungsträgern (Krankenkassen und Bundesversicherungsanstalt für Angestellte) eine eigene Institution, nämlich die Künstlersozialkasse geschaltet ist.

2.

Der Künstlersozialkasse obliegt dabei vor allem die Feststellung der Versicherungspflicht der vom Künstlersozialversicherungsgesetz erfaßten Künstler und Publizisten und der Feststellung der Abgabepflicht der Vermarkter. Auf die Meldung der Arbeitseinkommen der Künstler und Publizisten hin berechnet die Künstlersozialkasse die Beitragsanteile der Versicherten und setzt die Höhe der Beiträge fest. Die Berechnung der Künstlersozialabgabe erfolgt von den zur Zahlung Verpflichteten selbst. Die Entrichtung der Versichertenbeitragsanteile und der Künstlersozialabgabe wird von der Künstlersozialkasse überwacht. Die erhaltenen Geldmittel leitet die Künstlersozialkasse zusammen mit dem pauschalen Bundeszuschuß, der dem Selbstvermarktungsanteil entspricht, an die zuständigen Versicherungsträger weiter. Zur Erfüllung dieser Aufgaben stehen der KSK Pflichten der betroffenen Verwerter und Künstler/Publizisten - wie Melde-, Auskunfts-, Vorlage- und Aufzeichnungspflichten - sowie eigene Befugnisse - wie Auferlegung von Geldbußen, Erhebung von Säumniszuschlägen und Feststellung des Ruhens der Leistungen aus der Krankenversicherung - zur Seite. Der sich aus Persönlichkeiten aus den Kreisen der Versicherten und der Künstlersozialabgabepflichtigen zusammensetzende Beirat hat in erster Linie die Aufgabe, die KSK bei der Erfüllung ihrer Aufgaben, insbesondere bei der Erfassung des versicherungs- und abgabepflichtigen Personenkreises und bei der Entscheidung über die Versicherungs- und Abgabepflicht, zu beraten. Darüber hinaus schlägt der Beirat die Mitglieder

der Widerspruchsausschüsse vor. Diese Widerspruchsausschüsse führen das vor einer sozialgerichtlichen Klage erforderliche Vorverfahren durch, sie entscheiden über von Betroffenen eingelegte Widersprüche.

3.

Die KSK ist gegenüber den Versicherungsträgern der Künstlersozialversicherung Schuldnerin für die Beiträge der versicherten Künstler und Publizisten. Zur finanziellen Entlastung und Sicherung der KSK existieren Ausnahmebestimmungen, die die KSK von ihrer Zahlungspflicht für Zeiten, in denen sie keine Beiträge von den Versicherten erhält (vor allem wegen Säumnis), befreien. Diese Beitragsansprüche der Versicherungsträger gegenüber der KSK und die Erstattung zu Unrecht geleisteter Beiträge an die Versicherungsträger unterliegen der Verjährung nach den Vorschriften des SGB IV. Gegenüber den Krankenkassen trifft die KSK die Pflicht, das Ruhen der Leistungen aufgrund Beitragszahlungsrückstand und die Erklärung des Versicherten über einen vorgezogenen Krankengeldanspruch mitzuteilen. Der Bundesverband der Ortskrankenkassen, die Verbände der Ersatzkassen und die BfA haben sich mit der KSK über die Einzelheitem zum Melde- und Beitragsverfahren abgestimmt. Das Ergebnis dieser Abstimmung, das "Gemeinsame Rundschreiben", ist seiner Rechtsnatur nach eine schlichte Verwaltungsvereinbarung, eine gemeinsame Meinungsäußerung und Willensbekundung der Beteiligten hinsichtlich der darin angesprochenen Verhaltensweisen. Sie stellt eine zulässige Form der Kooperation dar. Dieses "Gemeinsame Rundschreiben" ist zwar für die Sozialversicherungsträger rechtlich nicht verbindlich, von ihm geht jedoch eine erhebliche faktische Bindungswirkung aus.

4.

Nach dem Bundesverfassungsgerichtsurteil vom 08.04.1987 - aufgrund von Verfassungsbeschwerden Künstlersozialabgabepflichtiger - sowie wegen organisatorischer Probleme der Künstlersozialkasse erfolgten einige Änderungen des Künstlersozialversicherungsgsetzes, die unter anderem die Organisation der Künstlersozialversicherung reformierten: Ursprünglich als rechtsfähige Anstalt des öffentlichen Rechts konzipiert und errichtet, wurde die Künstlersozialkasse als Anstalt mit Ablauf des 31.12.1987 aufgelöst und in die LVA Oldenburg/Bremen eingegliedert. Diese "konservierende Eingliederung" im verwaltungsorganisationsrechtlichen Sinne stellt sich als eine Aufgabenübertragung nach § 30 Abs. 2 SGB IV dar: Einem Sozialversicherungsträger (der LVA Oldenburg/Bremen) wurden Aufgaben (die Durchführung des KSVG) eines Trägers öffentlicher Verwaltung (die bundesunmittelbare Anstalt KSK) aufgrund eines Gesetzes (des Gesetzes zur finanziellen Sicherung der Künstlersozialversicherung) übertragen. Die der LVA Oldenburg/Bremen hierdurch entstehenden Kosten trägt der Bund als Auftraggeber. Das bedeutet, daß der Grundsatz der rechtlichen Selbstverwaltung (§ 29 Abs. 3 SGB IV) in diesem Bereich nicht greift. Die durch das KSVG erfaßten Personenkreise sind an der politischen Selbstverwaltung der LVA Oldenburg/Bremen (zu Recht) nicht beteiligt. Die Selbstverwaltungsorgane der LVA Oldenburg/Bremen haben bezüglich der Durchführung des Künstlersozialversicherungsgesetzes keinerlei Gestaltungsmöglichkeit, vielmehr ist die LVA in dieser Hinsicht dem Bund grundsätzlich weisungsunterworfen.

5.

Mit der Eingliederung verlor die Künstlersozialkasse ihre Rechtsfähigkeit, alle Rechte und Pflichten sind auf die LVA Oldenburg/Bremen als Rechtsnachfolgerin übergegangen bei vollständiger Trennung beider Vermögensmassen. Indem der LVA Oldenburg/Bremen ein vom Staat als seine Aufgabe erkannter Funktionskreis zur Durchführung übertragen ist, ist die LVA in diesem Bereich ein rechtsfähiger Träger allgemeiner öffentlicher Verwaltung, eine juristische Person des öffentlichen Rechts mit Anstaltscharakter. In dieser Eigenschaft ist sie dem betroffenen Bürger als handlungs- und haftungsfähiges Gebilde gegenübergestellt, an das er sich - notfalls im Prozeß - halten kann.

6.

Sowohl die Künstlersozialkasse als auch die obligatorisch zu bildenden Widerspruchsausschüsse sind Behörden der LVA (im Funktionsbereich "Durchführung des KSVG") im organisatorischen und funktionalen Sinn (die Bezeichung Künstlersozialkasse ist dabei eine Abbreviatur für "Der Geschäftsführer der LVA Oldenburg/Bremen"). Als Behörde i.S.d. § 1 Abs. 2 SGB X sind die KSK und die Widerspruchsausschüsse an die Amtshilfevorschriften des SGB X gebunden. Die Entscheidungen im Außenverhältnis sind i.d.R. Verwaltungsakte mit allen Konsequenzen im Bereich des Verwaltungsverfahrensrechts und des Rechtsschutzes. Hinsichtlich der prozeßrechtlichen Qualifikation bleibt es beim Rechtsträgerprinzip des § 70 SGG. Der bei der KSK zu bildende Beirat ist weder Behörde im organisatorischen noch im funktionalen Sinn. Er ist ein lediglich intern wirkendes, pluralistisch aus dem Kreis der Betroffenen zusammengesetztes Hilfsgremium, mit dem gesellschaftlicher Sachverstand zur Aufgabenerfüllung der KSK nutzbar gemacht werden soll.

7.

Die aus der Aufgabenverteilung auf verschiedene (Teil-)Organe resultierenden potentiellen Konflikte zwischen und innerhalb dieser organisatorischen Einheiten rechnen zum Problemkreis der sogenannten Innenrechtsstreitigkeiten. Es stellt sich damit die Frage, ob solche Streitlagen einer gerichtlichen Entscheidung zugeführt werden können. Das ist abhängig davon, ob die Organisationsrechtsnormen den einzelnen organisatorischen Elementen klagbare Rechtspositionen vermitteln. Parallel zum subjektiven öffentlichen Recht im Individualrechtsschutz ist maßgeblich dafür die Begünstigungsintention des Normautors. Die Untersuchung der hier einschlägigen Normen zeigt, daß sich Zuweisungen wehrhafter Berechtigungen an organisatorische Einheiten der die Künstlersozialversicherung durchführenden LVA Oldenburg/Bremen als KSK durch den Normgeber im wesentlichen nicht ermitteln lassen. Allein den Mitgliedern des Beirats steht das aus ihrer Berufung herrührende Recht auf Einberufung des Beirats, Teilnahme an den Sitzungen und Abstimmung bei den Sitzungen zu. Zur Klärung der Frage, ob diese Rechte von dem Vorsitzenden verletzt wurden, können sie um gerichtlichen Rechtsschutz nachsuchen.

8.

Bei der Durchführung des KSVG ist die LVA Oldenburg/Bremen als KSK vielerlei staatlicher Einflußnahmemöglichkeiten unterworfen. Neben der Steuerung aufgrund der Gesetzgebungstätigkeit sind vor allem Ermächtigungen zum Erlaß von Rechtsverordnungen und allgemeinen Verwaltungsvorschriften, die Aufsichtsunterstellung und Mitwirkungsrechte bei der Haushaltsführung zu nennen.

9.

Die Ermächtigungen zum Erlaß von Rechtsverordnungen an den Bundesminister für Arbeit und Sozialordnung (die zum Teil im Einvernehmen mit dem Bundesminister für Finanzen zu ergehen haben) bedeuten Delegation von Bundesrechtssetzungskompetenzen an diesen. Hinsichtlich der Ermächtigungen, von denen bislang kein Gebrauch gemacht wurde, besteht keine Verpflichtung zum Erlaß der Rechtsverordnungen. Rechtsschutz ist weder gegenüber dem Erlaß noch bei einem Nichterlaß möglich.

10.

Die Ermächtigungen an den Bundesminister für Arbeit und Sozialordnung zum Erlaß von allgemeinen Verwaltungsvorschriften in § 34 a KSVG ist auch im Hinblick auf Art. 86 GG nicht als bloße Deklaration, sondern - aufgrund der Involvierung der LVA Oldenburg/Bremen als Rentenversicherungsträgerin modifiziert durch deren Selbstverwaltungsgarantie nach SGB IV - als Befugnisverleihung zu innerstaatlich-intersubjektiv wirkender Rechtsetzung zu qualifizieren. Gleichzeitig beinhaltet sie eine Kompetenzverteilung innerhalb der Exekutive von der Bundesregierung auf den Bundesminister für Arbeit und Sozialordnung (dessen Handeln, soll es wirksam sein, an die Zustimmung des Bundesministers für Finanzen geknüpft ist). Diesen trifft keine Verpflichtung zum Erlaß. Auch hier ist Rechtsschutz gegen einen Erlaß oder Nichterlaß nicht gegeben.

11.

§ 38 Abs. 3 Satz 1 KSVG ist eine kompetenzzuweisende und pflichtenbegründende Norm an die Adresse des Bundesministers für Arbeit und Sozialordnung, die Mitglieder des Beirats zu berufen: Da ohne Berufung weder eine Beratung der KSK, noch die Besetzung der Widerspruchsausschüsse erfolgen kann, ist die Ausführung des KSVG in einem Teilbereich nicht sichergestellt. Die Ermächtigung zur Berufung erstarkt zu einer Pflicht, welcher der Amtsinhaber nachgekommen ist.

12.

§ 46 KSVG normiert, daß - soweit nichts Abweichendes bestimmt ist - das Bundesversicherungsamt die Aufsicht über die KSK ausübt, ohne Näheres über die Art der Aufsichtsunterworfenheit auszuführen; lediglich die aufsichtsführende und die beaufsichtigte Instanz sind determiniert. Da der Begriff der Aufsicht sich nicht allgemeingültig bestimmen läßt, müssen Aufsichtsmaßstab und Aufsichtsmittel durch Auslegung ermittelt werden. Danach ist die Aufsicht des § 46 KSVG Rechtsaufsicht. Maßstab ist das Gesetz inklusive Rechtsverordnungen und sonstiges für die KSK maßgebliches Recht, wozu Verwaltungsvorschriften zählen. Das Fehlen jeglicher Regelungen hinsichtlich der dem BVA zur Verfügung stehenden Aufsichtsmittel bedeutet mangels Selbstverwaltungsrechts der KSK kein Verbot von über die Beratung hinausgreifenden Aufsichtsmaßnahmen. Dem BVA stehen grundsätzlich uneingeschränkte Aufsichtsbefugnisse zu. Die Reduzierung des Aufsichtsmaßstabs auf die Rechtsaufsicht führt jedoch im Ergebnis zu einer Eingrenzung der Aufsichtsmittel auf die dem BVA gegenüber den

Sozialversicherungsträgern zustehenden des § 89 Abs. 1 SGB IV (analog). Mangels durch ein Selbstverwaltungsrecht vermittelte Eigenständigkeit als Rechtssubjekt der LVA Oldenburg/Bremen als KSK bleiben die Maßnahmen auf den staatlichen Innenbereich beschränkt. Da ihnen somit keine rechtliche Außenwirkung zukommt, sind sie nicht als Verwaltungsakte zu qualifizieren. Einer Klage gegen eine Überschreitung des Aufsichtsrecht ist zwar die Zulässigkeit nicht von vorneherein abzusprechen, sie dürfte jedoch in aller Regel unbegründet sein.

13.

Die in § 43 KSVG normierten Befugnisse zu Mitwirkungsmaßnahmen des BVA im Zusammenhang mit der Haushaltsführung der KSK sind Wirksamkeitsvoraussetzungen für rechtmäßiges Haushaltsgebaren der KSK. Dieses zu kontrollieren obliegt nach § 43 KSVG ebenfalls dem BVA. Mangels durch ein Selbstverwaltungsrecht vermittelte Eigenständigkeit als Rechtssubjekt der LVA Oldenburg/Bremen als KSK fehlt diesen Maßnahmen die rechtliche Außenwirkung. Sie sind ebenfalls nicht als Verwaltungsakte zu qualifizieren; gegen sie dürften Rechtsschutzmöglichkeiten wenn nicht schon an der Zulässigkeit, jedenfalls in aller Regel an der Begründetheit, an einem fehlenden verletzten Recht scheitern.

14.

Die LVA Oldenburg/Bremen ist durch die Übertragung der Aufgabe "Durchführung des KSVG" nach § 30 Abs. 2 SGB IV als KSK dem Bund weisungsunterworfen. Das bedeutet die grundsätzliche Befugnis des Bundes, der LVA als KSK konkret-individuelle verbindliche Willensbekundungen in fachlicher und rechtlicher Hinsicht bezüglich der Durchführung des KSVG zu erteilen. Die Beschränkung der Aufsicht auf eine bloße Rechtmäßigkeitskontrolle bewirkt allerdings die Begrenzung der Weisungsbefugnis auf bloße rechtliche Aspekte. Gerichtlicher Rechtsschutz wegen Überschreitung der Weisungsbefugnisse scheitert mangels verletzten Rechts (zumindest) an der fehlenden Begründetheit.

Literaturverzeichnis

Arndt, Hans-Wolfgang/*Kraft*, Gerhard: Zur Verfassungskonformität "fremdnütziger" Sozialversicherungsbeiträge - Neue Gesichtspunkte nach der Entscheidung des Bundesverfassungsgerichts zum Künstlersozialversicherungsgesetz, DAngVers 1988, 49 ff.

Bachof, Otto: Die Dogmatik des Verwaltungsrechts vor den Gegenwartsaufgaben der Verwaltung, VVDStRL 30 (1972), 193 ff.

Badura, Peter: Das normative Ermessen beim Erlaß von Rechtsverordnungen und Satzungen, in: Peter Selmer/Ingo von Münch (Hrsg.), Gedächtnisschrift für Wolfgang Martens, Berlin/New York, 1987, S. 25 ff.; zitiert: FS für Martens.

– Das Verwaltungsverfahren (§§ 36 bis 42), in: Hans-Uwe Erichsen/Wolfgang Martens (Hrsg.), Allgemeines Verwaltungsrecht, 8. Auflage, Berlin/New York 1988, S. 373 ff.; zitiert: Erichsen/Martens.

Becher, Clemens: Selbstverwaltungsrecht des Sozialversicherungsrechts, Berlin, Loseblattkommentar, Stand: Juni 1989; zitiert: Selbstverwaltungsrecht.

Bernd, Werner: Legislative Prognose und Nachbesserungspflichten, Diss. Mainz 1989.

Bethge, Herbert: Probleme verwaltungsrechtlicher Organstreitigkeiten, Die Verwaltung 1975, 459 ff.

– Grundfragen innerorganisationsrechtlichen Rechtsschutzes, DVBl. 1980, 309 ff.

Birk, Dieter: Anmerkungen zum Urteil des Bundesverfassungsgerichts vom 8.4.1987 - 2 BvR 909/82 u.a., SGb 1988, 113 ff.

Bittner, Wolfgang: Verfassungsmäßigkeit der Künstlersozialabgabe - Bemerkungen zu Wegmann, BB 1986, 1845 ff., BB 1986, 2126 f.

Bleutge, Rolf: Der Kommunalverfassungsstreit, Berlin 1970.

Bley, Helmar: Die Künstlersozialversicherung - Spezifikum, Trendindikator, Modellregelung?, ZSR 1983, 18 ff.

Bley, Helmar/*Kreikebohm*, Ralf: Sozialrecht, 7. Auflage, Neuwied/Kriftel/Berlin 1993.

Blümel, Willi: Verwaltungszuständigkeit, in: Josef Isensee/Paul Kirchhof (Hrsg.), Handbuch des Staatsrechts der Bundesrepublik Deutschland, Band IV, Heidelberg 1990, § 101, S. 857 ff.; zitiert: HdbStR IV.

Böckenförde, Ernst-Wolfgang: Die Organisationsgewalt im Bereich der Regierung, Berlin 1964.

– Organ, Organisation, Juristische Person - Kritische Überlegungen zu den Grundbegriffen und der Konstruktionsbasis des staatlichen Organisationsrechts, in: Christian-Friedrich Menger (Hrsg.), Fortschritte des Verwaltungsrecht, Festschrift für Hans J. Wolff zum 75. Geburtstag, München 1973, S. 269 ff.; zitiert: FS für Hans J. Wolff.

– Gesetz und gesetzgebende Gewalt, 2. Auflage, Berlin 1981.

Böckenförde, Ernst-Wolfgang/*Grawert*, Rolf: Sonderverordnungen zur Regelung besonderer Gewaltverhältnisse, AöR 95 (1970), 1 ff.

Borchmann, Michael: Die besondere Gerichtsentscheidung: Keine Klagebefugnis gegen die Mitwirkung eines befangenen Gemeindevertreters - VG Kassel, Urteil vom 9.3.87 - III/ 3 E 1387/86, VR 1989, 105 ff.

Brackmann, Kurt: Handbuch der Sozialversicherung, Sankt Augustin - Loseblattausgabe, Stand: 1.9.1989, Band I/1 und I/2.

Brandmüller, Gerhard: Künstlersozialversicherungsgesetz (KSVG), Starnberg-Percha - Loseblattkommentar, Stand: 1.11.1989; zitiert: KSVG.

Brandner, Thilo: Grenzen des ministeriellen Weisungsrechts gegenüber nachgeordneten Behörden?, DÖV 1990, 966 ff.

Brandts, Hubert/*Wirth*, Rüdiger: Haushaltsrecht der Sozialversicherung, Berlin - Loseblattkommentar, Stand: August 1990; zitiert: Haushaltsrecht.

Breuer, Rüdiger: Die öffentlichrechtliche Anstalt, VVDStRL 44 (1986), 211 ff.

Brohm, Wilfried: Die Dogmatik des Verwaltungsrechts vor den Gegenwartsaufgaben der Verwaltung, VVDStRL 30 (1972), 245 ff.

– Sachverständige Beratung des Staates, in: Josef Isensee/Paul Kirchhof (Hrsg.), Handbuch des Staatsrechts der Bundesrepublik Deutschland, Band II, Heidelberg 1987, § 36, S. 207 ff.; zitiert: HdbStR II.

Bull, Hans Peter: Die Staatsaufgaben nach dem Grundgesetz, Frankfurt am Main 1973.

– Maßstäbe und Verfahrensvorschriften für die Tätigkeit der Aufsichtsbehörden nach dem Sozialgesetzbuch, VSSR 1977, 113 ff.

– Kommentierung zu Art. 84 GG, in: Rudolf Wassermann (Gesamtherausgeber), Kommentar zum Grundgesetz für die Bundesrepublik Deutschland (Reihe Alternativ-Kommentare), Band 2, Neuwied/Darmstadt 1984; zitiert: AK.

Bundesministerium für Arbeit und Sozialordnung: Widerspruchsausschüsse nach § 36 a SGB IV - Mitteilung des Bundesministeriums für Arbeit und Sozialordnung an das Ministerium für Arbeit, Gesundheit und Sozialordnung Baden-Württemberg vom 19.2.1982 - IVa 6-40537/3, BKK 1982, 185.

Bunge, Thomas: Künstlersozialversicherung - ein Streit ohne Ende?, JZ 1981, 119 ff.

Busch, Bernhard: Das Verhältnis des Art. 80 Abs. 1 Satz 2 GG zum Gesetzes- und Parlamentsvorbehalt, Berlin 1992.

Christmann, Alfred: Die Arbeit von 1986/87 - Bundesversicherungsamt -,BArbBl. 7 - 8 1987, 8 ff.

von Danwitz, Thomas: Die Gestaltungsfreiheit des Verordnungsgebers, Berlin 1989.

Degenhart, Christoph: Staatsrecht I - Staatszielbestimmung, Staatsorgane, Staatsfunktion, 7. Auflage, Heidelberg 1991.

Di Fabio, Udo: Verwaltungsvorschriften als ausgeübte Beurteilungsermächtigung, DVBl. 1992, 1338 ff.

Dittmann, Armin: Die Bundesverwaltung, Tübingen 1983.

Dolde, Klaus-Peter: Die Beteiligtenfähigkeit im Verwaltungsprozeß (§ 61 VwGO), in: Hans-Uwe Erichsen/Werner Hoppe/Albert von Mutius (Hrsg.), System des verwaltungsrechtlichen Rechtsschutzes, Festschrift für Christian-Friedrich Menger zum 70. Geburtstag, Köln/Berlin/Bonn/München 1985, S. 423 ff.; zitiert: FS für Menger.

Düring, Ruth: Das Schiedswesen in der gesetzlichen Krankenversicherung, Baden-Baden 1992.

Ehlers, Dirk: Die Klagearten und besonderen Sachentscheidungsvoraussetzungen im Kommunalverfassungsstreitverfahren, NVwZ 1990, 105 ff.

– Verwaltung und Verwaltungsrecht im demokratischen und sozialen Rechtsstaat, in: Hans-Uwe Erichsen/Wolfgang Martens (Hrsg.), Allgemeines Verwaltungsrecht, 9. Auflage, Berlin/New York 1992, § 1, S. 1 ff.; zitiert: Erichsen/Martens (9. A.).

– Die Klagebefugnis nach deutschem, europäischem Gemeinschafts- und U.S.-amerikanischem Recht, VerwArch 84 (1993), S. 139 ff.

von Einem, Hans-Jörg: Gestattet Art. 104 a Abs. 3 GG die Übertragung versicherungsfremder Aufgaben auf die Sozialversicherungsträger?, DVBl. 1987, 979 ff.

– Die Künstlersozialabgabe - Steuer, Sozialversicherungsbeitrag oder Sonderabgabe?, DVBl. 1988, 12 ff.

Emde, Ernst Thomas: Die demokratische Legitimation der funktionalen Selbstverwaltung, Berlin 1991.

Emmerich, Helmut: Kommentierung zu §§ 143 bis 145 SGB VI, in: Heinz-Werner Lueg/Bernd Baron von Maydell/ Franz Ruland (Hrsg.), Gemeinschaftskommentar zum Sozialgesetzbuch - Gesetzliche Rentenversicherung - GK-SGB VI, Neuwied/Kriftel/Berlin, Stand: Juli 1992; zitiert: GK-SGB VI.

Engisch, Karl: Sinn und Tragweite juristischer Systematik, Studium Generale 1957, 173 ff.

Erichsen, Hans-Uwe: Kommunalaufsicht - Hochschulaufsicht, DVBl. 1985, 943 ff.

– Der Innenrechtsstreit, in: Hans-Uwe Erichsen/Werner Hoppe/Albert von Mutius (Hrsg.), System des verwaltungsgerichtlichen Rechtsschutzes, Festschrift für Christian-Friedrich Menger zum 70. Geburtstag, Köln/Berlin/Bonn/München 1985, S. 211 ff.; zitiert: FS für Menger.

– Das Verwaltungshandeln (§§ 10 bis 35), in: Hans-Uwe Erichsen/Wolfgang Martens (Hrsg.), Allgemeines Verwaltungsrecht, 8. Auflage, Berlin/New York 1988, S. 137 ff.; zitiert: Erichsen/Martens.

– Kommunalrecht, Siegburg 1988.

Erichsen, Hans-Uwe/*Knoke*, Ulrich: Organisation bundesunmittelbarer Körperschaften durch die Länder?, DÖV 1985, 53 ff.

Fehrmann, Wilderich: Kommunalverwaltung und Verwaltungsgerichtsbarkeit - Entwicklungstendenzen in der neueren Rechtsprechung, DÖV 1983, 311 ff.

– Rechtsfragen des Organstreits - Entwicklungstendenzen in der neueren Rechtsprechung, NWVBL 1989, 303 ff.

Finke, Hugo: Die Künstlersozialversicherung in Rechtsprechung und Literatur, Jahrbuch des Sozialrechts in der Gegenwart Band 10 (1988), 333 ff.

– Die Künstlersozialabgabe ist verfassungsmäßig, Die Sozialversicherung 1988, 1 ff.

– 10 Jahre Künstlersozialversicherung - Entstehung, Bilanz, Ausblick, DAngVers 1993, 62 ff.

Finke, Hugo/*Brachmann*, Wolfgang/*Nordhausen*, Willy: Künstlersozialversicherungsgesetz, 2. Auflage, München 1992; zitiert: KSVG.

Fleiner, Fritz: Institutionen des deutschen Verwaltungsrechts, 8. Auflage, Tübingen 1928.

Forsthoff, Ernst: Lehrbuch des Verwaltungsrechts Band I - Allgemeiner Teil, 10. Auflage, München 1973; zitiert: Lehrbuch des Verwaltungsrechts.

Freitag, Hans Otto: Der Gesetzesbegriff in § 30 RVO - Insbesondere Verwaltungsvorschriften als Aufsichtsmaßstab der Staatsaufsicht über die Sozialversicherungsträger -,BKK 1970, 221 ff.

Freund, Heinz-Joachim: Innenrecht und Außenrecht, Frankfurt am Main 1984.

Fröhler, Ludwig: Die Staatsaufsicht über die Handwerkskammern, München/Berlin 1957.

Frotscher, Werner: Rechtsschutz nur gegen Verwaltungsakte?, DÖV 1971, 259 ff.

Gerhardt, Michael: Normkonkretisierende Verwaltungsvorschriften, NJW 1989, 2233 ff.

Gern, Alfons: Das Kommunalverfassungsstreitverfahren, VBlBW 1989, 449 ff.

Gitter, Wolfgang: Sozialrecht, 3. Auflage, München 1992.

Gleitze, Wilfried: Kommentierung von §§ 68, 70, 87, 89 SGB IV, in: Wilfried Gleitze/Peter Krause/Bernd Baron von Maydell/Detlef Merten (Hrsg.), Gemeinschaftskommentar zum Sozialgesetzbuch - Gemeinsame Vorschriften für die Sozialversicherung - GK-SGB IV, 2. Auflage, Neuwied/Kriftel/Berlin 1992; zitiert: GK-SGB IV.

Götz, Hansjörg: Der Vorbehaltsbereich der Bundesregierung, Diss. Tübingen 1993.

Gurgel, Hans-Joachim: Kommentierung von §§ 30, 36 a SGB IV, in: Helmar Bley/Wolfgang Gitter/Hans-Joachim Gurgel/Helmut Heinze/Anton Knopp/Paul Müller/Norbert Schneider-Danwitz/Kurt Schroeter/Gunther Schwerdtfeger (Hrsg.), Gesamtkommentar Sozialversicherung - Loseblattkommentar, Wiesbaden Stand: Oktober 1992; zitiert: RVO-Gesamtkommentar.

Guttenberg, Ulrich: Weisungsbefugnisse und Selbsteintrittsrecht - eine verwaltungsorganisationsrechtliche Untersuchung, Berlin 1992.

Habermehl, Kai: Organisations- und Kommunalrecht, Münster 1986.

Hart, H.L.A.: Der Begriff des Rechts, Frankfurt am Main 1973.

Hase, Friedhelm: Die Künstlersozialabgabe - ein neues Konzept zur Finanzierung der Sozialversicherung?, SF 1987, 136 ff.

Hauck, Karl/*Haines*, Hartmut: Sozialgesetzbuch SGB IV/1 - Gemeinsame Vorschriften für die Sozialversicherung - Loseblattkommentar, Berlin Stand: März 1993; zitiert: Hauck/Haines SGB IV.

- Sozialgesetzbuch SGB VI - Gesetzliche Rentenversicherung - Loseblattkommentar, Berlin Stand: November 1992; zitiert: Hauck/Haines SGB VI.

- Sozialgesetzbuch SGB X/3 - Zusammenarbeit der Leistungsträger und ihre Beziehungen zu Dritten - Loseblattkommentar, Berlin Stand: Februar 1992; zitiert: Hauck/Haines SGB X/3.

Hein, Michael: Die Verbände der Sozialversicherungsträger in der Bundesrepublik Deutschland, München 1990.

Henseler, Paul: Die Künstlersozialabgabe im System der öffentlichen Abgaben, NJW 1987, 3103 ff.

Herbert, Alexander: Die Klagebefugnis von Gremien - Ein Beitrag zur Diskussion des In-sich-Prozesses -, DÖV 1994, 108 ff.

Hill, Hermann: Das fehlerhafte Verwaltungsverfahren und seine Folgen im Verwaltungsrecht, Heidelberg 1986.

- Normkonkretisierende Verwaltungsvorschriften, NVwZ 1989, 401 ff.

Hirschberger, Max: Organleihe - Begriff und Rechtmäßigkeit, München 1989.

Hoffmann, Josef: Der gesetzliche Auftrag im Sozialrecht, VerwArch 79 (1988), 314 ff.

Hoppe, Werner: Organstreitigkeiten vor den Verwaltungs- und Sozialgerichten, Siegburg 1970.

Isensee, Josef: Finanzverfassung und Sozialrecht, SDSRV 35 (1992), 7 ff.

– Gemeinwohl und Staatsaufgaben im Verfassungsstaat, in: Josef Isensee/Paul Kirchhof (Hrsg.): Handbuch des Staatsrecht der Bundesrepublik Deutschland, Band III, Heidelberg 1988, § 57, S. ff.; zitiert: HdbStR III.

Jakobs, Otto-Wilhelm: Staat, Staatsorgan, Behörden - Verwaltungsrechtliche Grundbegriffe im Wandel des politischen Systems, VBlBW 1990, 362 ff.

Jarass, Hans D.: Kommentierung zu Art. 1 und 20 GG, in: Jarass, Hans D./Pieroth, Bodo: Grundgesetz für die Bundesrepublik Deutschland, Kommentar, 2. Auflage, München 1992; zitiert: Jarass/Pieroth.

Jecht, Hans: Die öffentliche Anstalt - Wandlungen und gegenwärtige Struktur, Berlin 1963.

Jellinek, Georg: Allgemeine Staatslehre, unveränderter Nachdruck des fünften Neudrucks der dritten Auflage, Berlin/Zürich 1966.

Kämper, Norbert: Der Sachverständigenrat zur Begutachtung der gesamtwirtschaftlichen Entwicklung - Aufgaben und Rechtsstellung, Berlin 1989.

Kirchhof, Paul: Rechtsquellen und Grundgesetz, in: Christian Starck (Hrsg.), Bundesverfassungsgericht und Grundgesetz, Festgabe aus Anlaß des 25-jährigen Bestehens des Bundesverfassungsgerichts, 2. Band, Tübingen 1976, S. 50 ff.; zitiert: FS BVerfG II.

– Mittel staatlichen Handelns, in: Josef Isensee/Paul Kirchhof (Hrsg.), Handbuch des Staatsrecht der Bundesrepubik Deutschland, Band III, Heidelberg 1988, § 59, S. 121 ff.; zitiert: HdbStR III.

Kisker, Gunter: Insichprozeß und Einheit der Verwaltung, Baden-Baden 1968; zitiert: Insichprozeß.

– Organe als Inhaber subjektiver Rechte - BVerwG E 45, 207, JuS 1975, 704 ff.

Klein, Franz: Zur Verfassungsmäßigkeit der Künstlersozialabgabe nach dem Entwurf des Künstlersozialversicherungsgesetzes, DB 1981, 370 ff.

Klein, Friedrich: Kommentierung zu Art. 83 GG, in: Hermann von Mangoldt/Friedrich Klein (Hrsg.), Das Bonner Grundgesetz, Kommentar, München 1974; zitiert: von Mangoldt/Klein.

Kopp, Ferdinand O.: Das Gesetzes- und Verordnungsprüfungsrecht der Behörden, DVBl. 1983, 821 ff.

Kraegeloh, Wolfgang: Künstlersozialversicherungsgesetz (KSVG), Kommentar - Loseblattausgabe, Frankfurt Stand: März 1988; zitiert: KSVG.

Krause, Peter: Aufsicht in der Sozialversicherung, in: Deutscher Sozialrechtsverband (Hrsg.), Sozialrechtsprechung - Verantwortung für den sozialen Rechtsstaat, Festschrift zum 25-jährigen Bestehen des Bundessozialgerichts, Band 1, Köln/Berlin/Bonn/München 1979, S. 185 ff.; zitiert: FS für BSG.

– Kommentierung zu §§ 29, 30 SGB IV, in: Wilfried Gleitze/Peter Krause/Bernd Baron von Maydell/Detlev Merten (Hrsg.), Gemeinschaftskommentar zum Sozialgesetzbuch - Gemeinsame Vorschriften für die Sozialversicherung, GK-SGB IV, Neuwied/Kriftel/Berlin 1992; zitiert: GK-SGB IV.

Krauskopf, Dieter/ *Schroeder-Printzen*, Günther (Hrsg.): Soziale Krankenversicherung SGB V und Nebengesetze - Kommentar, Loseblattsammlung, München Stand: Januar 1993; zitiert: Soziale Krankenversicherung.

Krebs, Walter: Rechtsprobleme des Kommunalverfassungsstreits, VerwArch 68 (1977), 189 ff.

- Zur Rechtsetzung der Exekutive durch Verwaltungsvorschriften, VerwArch 70 (1979), 259 ff.

- Grundfragen des verwaltungsrechtlichen Organstreits, Jura 1981, 569 ff.

- Die öffentlichrechtliche Anstalt, NVwZ 1985, 609 ff.

- Verwaltungsorganisation, in: Josef Isensee/Paul Kirchhof (Hrsg.) Handbuch des Staatsrechts der Bundesrepublik Deutschland, Band III, Heidelberg 1988, § 69, S. 567 ff.; zitiert: HdbStR III.

Krüger, Herbert: Allgemeine Staatslehre, 2. Auflage, Stuttgart/Berlin/Köln/Mainz 1966.

Laband, Paul: Das Staatsrecht des Deutschen Reiches Band 2, Neudruck der 5. Auflage, Tübingen 1911, Aalen 1964.

Lange, Klaus: Die öffentlichrechtliche Anstalt: VVDStRL 44 (1986), 169 ff.

- Das Weisungsrecht des Bundes in der atomrechtlichen Auftragsverwaltung, Baden-Baden 1990.

Larenz, Karl: Methodenlehre der Rechtswissenschaft, 6. Auflage, Berlin/Heidelberg/New York/ Tokyo 1991.

Leibholz, Gehard/*Rinck*, Hans-Justus/*Hesselberger*, Dieter: Grundgesetz-Kommentar - Loseblattsammlung, 6. Auflage, Köln 1989, Stand: Juni 1992; zitiert: Leibholz/Rinck/Hesselberger.

Leidinger, Adalbert: Zur gerichtlichen Kontrolle von Entscheidungen der Kommunalaufsicht nach nordrhein-westfälischem Recht, in: Hans-Uwe Erichsen/Werner Hoppe/Albert von Mutius (Hrsg.): System des verwaltungsgerichtlichen Rechtsschutzes, Festschrift für Christian-Friedrich Menger zum 70. Geburtstag, Köln/Berlin/Bonn/München 1985, S. 257 ff.; zitiert: FS für Menger.

Lerche, Peter: Kommentierung zu Art. 84, Art. 86, Art. 87 GG, in: Theodor Maunz/Günter Dürig/Roman Herzog/Rupert Scholz (Hrsg.), Grundgesetzkommentar - Loseblattausgabe, München Stand: Dezember 1992; zitiert: Maunz/Dürig.

Löwer, Wolfgang: Der Insichprozeß in der Verwaltungsgerichtsbarkeit, VerwArch 68 (1977), 327 ff.

Lorenz, Dieter: Zur Problematik des verwaltungsrechtlichen Insichprozesses, AöR 93 (1968), 308 ff.

Maier, Kurt: Kommentierung zu §§ 30, 36a, 71 SGB IV, in: Kasseler Kommentar - Sozialversicherungsrecht, Band 1, Loseblattausgabe, München Stand: Mai 1993; zitiert: Kasseler Kommentar.

Marburger, Horst: Die Krankenkassen als ausführende Stellen anderer Verwaltungsträger, RiA 1975, 181 ff.

Maunz, Theodor: Kommentierung zu Art. 87 GG, in: Theodor Maunz/Günter Dürig/Roman Herzog/Rupert Scholz (Hrsg.), Grundgesetzkommentar - Loseblattausgabe, München Stand: August 1979; zitiert: Maunz/Dürig.

Maurer, Hartmut: Allgemeines Verwaltungsrecht, 8. Auflage, München 1992.

von Maydell, Bernd Baron: Kommentierung zu § 86 SGB X, in: Bernd Baron von Maydell/ Walter Schellhorn (Hrsg.), Gemeinschaftskommentar zum Sozialgesetzbuch - Zusammenarbeit der Leistungsträger und ihre Beziehungen zu Dritten, GK-SGB X/3, Neuwied/Darmstadt 1984; zitiert: GK-SGB X/3.

Mayer, Otto: Deutsches Verwaltungsrecht, 1. Band, Leipzig 1895.

Menard, Lutz: Kommentierung zu § 30 SGB IV, in: Kurt Jahn (Hrsg.), Sozialgesetzbuch - Kommentar, Loseblattausgabe, Freiburg Stand: Juni 1990; zitiert: Jahn-SGB IV.

Meyer, Thomas: Staatsaufsicht über Private, insbesondere Wirtschaftsunternehmen, Frankfurt am Main/Bern/New York/Paris 1988.

Meyer, Wolfgang: Kommentierung zu Art. 97 GG, in: Ingo von Münch (Hrsg.), Grundgesetz-Kommentar, Band 3, 2. Auflage, München 1983; zitiert: von Münch-GG.

Meyer-Ladewig, Jens: Sozialgerichtsgesetz-Kommentar, 4. Auflage, München 1991; zitiert: SGG.

Müller, Friedrich: Richterrecht, Berlin 1986.

von Münch, Ingo: Öffentlicher Dienst, in: Ingo von Münch (Hrsg.), Besonderes Verwaltungsrecht, 7. Auflage, Berlin/New York 1985, S. 1 ff.; zitiert: Besonderes Verwaltungsrecht (7. A.).

von Mutius, Albert: Rechtsnorm und Verwaltungsakt, in: Christian-Friedrich Menger (Hrsg.), Fortschritte des Verwaltungsrechts, Festschrift für Hans J. Wolff zum 75. Geburtstag, München 1973, S. 167 ff.; zitiert: FS für Hans J. Wolff.

Oebbecke, Janbernd: Weisungs- und unterrichtungsfreie Räume in der Verwaltung, Köln/Stuttgart/Berlin/Hannover/Kiel/Mainz/München 1986.

Oertzen, Volker: Kommentierung zu §§ 2 und 3 GO-NW, in: Friedrich Wilhelm von Loebell (Hrsg.), Gemeindeordnung des Landes Nordrhein-Westfalen - Kommentar, Wiesbaden Stand: März 1985.

Ossenbühl, Fritz: Verwaltungsvorschriften und Grundgesetz, Bad Homburg v.d.H./Berlin/Zürich 1968; zitiert: Verwaltungsvorschriften.

- Normenkontrolle durch die Verwaltung, Die Verwaltung 1969, 393 ff.

- Aktuelle Probleme der Gewaltenteilung, DÖV 1980, 545 ff.

- Richterliches Prüfungsrecht und Rechtsverordnung, in: Recht als Prozeß und Gefüge, Festschrift für Hans Huber zum 80. Geburtstag, Bern 1981, S. 283 ff; zitiert: FS für Huber.

- Eine Fehlerlehre für untergesetzliche Normen, NJW 1986, 2805 ff.

- Gesetz und Recht - Die Rechtsquellen im demokratischen Rechtsstaat, in: Josef Isensee/Paul Kirchhof (Hrsg.): Handbuch des Staatsrecht der Bundesrepublik Deutschland, Band III, Heidelberg 1988, § 61, S. 281 ff.; zitiert: HdbStR III.

- Rechtsverordnung, in: Josef Isensee/Paul Kirchhof (Hrsg.): Handbuch des Staatsrecht der Bundesrepublik Deutschland, Band III, Heidelberg 1988, § 64, S. 387 ff.; zitiert: HdbStR III.

- Autonome Rechtsetzung der Verwaltung, in: Josef Isensee/Paul Kirchhof (Hrsg.): Handbuch des Staatsrecht der Bundesrepublik Deutschland, Band III, Heidelberg 1988, § 65, S. 425 ff.; zitiert: HdbStR III.

- Die Quellen des Verwaltungsrechts (§§ 5 bis 9), in: Hans-Uwe Erichsen, Wolfgang Martens (Hrsg.), Allgemeines Verwaltungsrecht, 8. Auflage, Berlin/New York 1988, S. 63 ff.; zitiert: Erichsen/Martens.

Osterloh, Lerke: Verfassungsfragen der Künstlersozialabgabe, NJW 1982, 1617 ff.

Pagenkopf, Hans: Kommunalrecht, Band 1, 2. Auflage, Köln/Berlin/Bonn/München 1975.

Papier, Hans-Jürgen: Die verwaltungsgerichtliche Organklage - Ein Beitrag zum Arbeitskreis IX des sechsten Deutschen Verwaltungsrichtertages, DÖV 1980, 292 ff.

– Sozialversicherung und Privatversicherung - verfassungsrechtliche Vorgaben, ZSR 1990, 344 ff.

Pappai, Friedrich: Die Bindung der Sozialversicherungsträger und der Bundesanstalt für Arbeitsvermittlung und Arbeitslosenversicherung an allgemeine Verwaltungsvorschriften der Bundesregierung oder eines Bundesministers, BArbBl. 1962, 27 ff.

Peters, Horst: Handbuch der Krankenversicherung, Teil I/2, Loseblattausgabe, Stuttgart/Berlin/Köln, Stand: August 1991.

Petzold, Siegfried: Die Gemeinde - Hauptträger der kommunalen Selbstverwaltung, in: Siegfried Petzold/Hans-Jürgen von der Heide (Hrsg.), Handbuch zur kommunalen Selbstverwaltung, Kapitel II, S. 26 ff.; zitiert: HdbkSV.

Pickel, Harald: Auftragsweise Aufgabenwahrnehmung im Sozialrecht, SGb 1984, 1 ff.

Pietzker, Jost: Inzidentverwerfung rechtswidriger untergesetzlicher Rechtsnormen durch die Verwaltung, DVBl. 1986, 806 ff.

Preusche, Burkhard: Zu den Klagearten für kommunalverfassungsrechtliche Organstreitigkeiten, NVwZ 1987, 854 ff.

Preuß, Hugo: Über Organpersönlichkeit - Eine begriffskritische Studie, Schmollers Jahrbuch für Gesetzgebung, Verwaltung und Volkswirtschaft im Deutschen Reich 26 (1902), 557 ff.

Püttner, Günter: Organstreitverfahren, in: Bund Deutscher Verwaltungsrichter (Hrsg.), Dokumentation zum sechsten Deutschen Verwaltungsrichtertag 1980, Stuttgart/München/Hanover 1981, S. 129 ff.; zitiert: Dokumentation.

Püttner, Günter/*Jacoby*, Peter: Die politische Bürgermitwirkung, in: Günter Püttner (Hrsg.), Handbuch der kommunalen Wissenschaft und Praxis, Band 2 - Kommunalverfassung, 2. Auflage, Berlin/Heidelberg/New York 1982, S. 26 ff.; zitiert: HdbkWP.

Rauball, Johannes/*Rauball*, Reinhard/*Rauball*, Werner/ *Pappermann*, Ernst/*Roters*, Wolfgang: Gemeindeordnung Nordrhein-Westfalen, 3. Auflage, München 1981.

Renck, Ludwig: Anmerkungen zum Urteil des BayVGH, Normenkontrollurteil vom 1.4.1982, Nr. 15 N 81 A.1679, BayVBl. 1983, 86 ff.

Richter, Lutz: Organisationsgewalt, Leipzig 1926.

Risken, Arno: Grenzen amtlicher und dienstlicher Weisungen im öffentlichen Dienst, Berlin 1969.

Rudolf, Walter: Verwaltungsorganisation (§§ 55 bis 57), in: Hans-Uwe Erichsen/Wolfgang Martens (Hrsg.), Allgemeines Verwaltungsrecht, 8. Auflage, Berlin/New York 1988, S. 617 ff.; zitiert: Erichsen/Martens.

Rupp, Hans Heinrich: Minsterialerlasse - Ausdruck originärer Rechtsetzung der Exekutive?, NJW 1970, 412 f.

– Bemerkungen zur Bundeseigenverwaltung nach Art. 87 Abs. 3 Satz 1 GG, in: Hartmut Maurer (Hrsg.), Das akzeptierte Grundgesetz, Festschrift für Günter Dürig zum 70. Geburtstag, München 1990, S. 387 ff; zitiert: FS für Dürig 1990.

– Grundfragen der heutigen Verwaltungsrechtslehre, 2. Auflage, Tübingen 1991.; zitiert: Grundfragen.

Salzwedel, Jürgen: Staatsaufsicht in der Verwaltung, VVDStRL 22 (1965), 206 ff.

Schirmer, Herwig/*Kater*, Horst/*Schneider*, Fred: Aufsicht in der Sozialversicherung - Loseblattausgabe, Berlin Stand: 1991.

Schlink, Bernhard: Die Amtshilfe, Berlin 1982.

Schmidt, Rudi: Der Künstler- und Publizistenbegriff des Künstlersozialversicherungsgesetzes, ZfS 1988, 129 ff., 160 ff., 193 ff.

Schmidt-Aßmann, Eberhard: Komunalrecht, in: Ingo von Münch (Hrsg.), Besonderes Verwaltungsrecht, 7. Auflage, Berlin/New York 1985, S. 91 ff.; zitiert: Besonderes Verwaltungsrecht (7. A.).

- Kommentierung zu Art. 19 GG, in: Theodor Maunz/Günter Dürig/Roman Herzog/Rupert Scholz (Hrsg.), Grundgesetzkommentar - Loseblattausgabe, München Stand: Juni 1985; zitiert: Maunz/Dürig.

Schmidt-De Caluwe, Reimund: Verwaltungsorganisationsrecht - Bemerkungen zu einigen rechtsdogmatischen Fragen und verfassungsrechtlichen Determinanten einer vermeintlich "trockenen" Rechtsmaterie -, JA 1993, 77 ff., 115 ff., 143 ff..

Schmidt-Jortzig, Edzard: Rechtsschutz der Gemeinden gegenüber fachaufsichtlichen Weisungen bei der Fremdverwaltung - BVerwG, NJW 1978, 1820, JuS 1979, 488 ff.

Schnapp, Friedrich, E.: Zum Funktionswandel der Staatsaufsicht, DVBl. 1971, 480 ff.

- Die Ersatzvornahme in der Kommunalaufsicht, Herford 1972,; zitiert: Ersatzvornahme.
- Amtsrecht und Beamtenrecht, Berlin 1977; zitiert: Amtsrecht.
- Zu Dogmatik und Funktion des staatlichen Organisationsrechts, Rechtstheorie 1978, 275 ff.
- Grundbegriffe des öffentlichen Organisationsrechts, Jura 1980, 68 ff.
- Grenzen des staatlichen Engagements in der Sozialpolitik?, BKK 1980, 253 ff.
- Dogmatische Überlegungen zu einer Theorie des Organisationsrechts, AöR 105 (1980), 243 ff.
- Verhältnismäßigkeitsgrundsatz und Verwaltungsverfahrensrecht, in: Norbert Achterberg/Werner Krawietz/Dieter Wyduckel (Hrsg.), Recht und Staat im sozialen Wandel, Festschrift für Hans Scupin, Berlin 1983, S. 889 ff.; zitiert: FS für Scupin 1983.
- Die Verhältnismäßigkeit des Grundrechtseingriffs, JuS 1983, 850 ff.
- Die Selbstverwaltung in der Sozialversicherung, in: Albert von Mutius (Hrsg.), Selbstverwaltung im Staat der Industriegesellschaft, Festgabe für Georg Christoph von Unruh, Heidelberg 1983, S. 881 ff.; zitiert: FS für von Unruh.
- Zum Behördenbegriff im Kassenarztrecht, ZSR 1984, 140 ff.
- Der Verwaltungsvorbehalt, VVDStRL 43 (1985), 172 ff.
- Das Verwaltungsverfahren im Kassenarztrecht, SGb 1985, 89 ff.
- Staatsaufsicht über die Studentenwerke, WissR 1987, 97 ff.
- Der Streit um die Sitzungsöffentlichkeit im Kommunalrecht, VerwArch 78 (1987), 407 ff.
- Die Einheitsfunktion der Aufsichts- und Versicherungsbehörden, SDSRV 31 (1988), S. 116 ff; zitiert: Einheitsfunktion.
- Die Folgen von Verfahrensfehlern im Sozialrecht, SGb 1988, 309 ff.

– Der On-Line-Zugriff des Parlaments auf Datenbestände der Regierung, NWVBL 1990, 186 ff.

– Kommentierung zu Art. 20 GG, in: Ingo von Münch/Philip Kunig (Hrsg.), Grundgesetzkommentar, Band 1, 4. Auflage, München 1992.; zitiert: von Münch/Kunig.

– Aufsicht und Finanzprüfung, in: Handbuch des Sozialversicherungsrechts, Band 1 - Krankenversicherungsrecht, Bertram Schulin (Hrsg.), München 1994, § 52, S. 1289 ff.; zitiert: Handbuch der Krankenversicherung.

– Der Bundespräsident, demnächst JuS; zitiert: Der Bundespräsident, Skript.

Schnapp, Friedrich E./*Friehe*, Heinz-Josef: Prüfungskompetenz und Rechtsschutz bei Streitigkeiten über Amtshilfeverpflichtungen, NJW 1982, 1422 ff.

Schneider, Albrecht: Was wird aus dem KSVG? Fakten und Probleme der Künstlersozialversicherung, ZUM 1986, 27 ff.

– Abgabepflicht, Bemessungsgrundlage und Entgelt beim KSVG - Zur Änderung des Künstlersozialversicherungsgesetzes (KSVG), DB 1988, 2255 ff.

– Zur KSVG-Entscheidung des Bundesverfassungsgerichts: "...gewisse symbiotische Züge", ZUM 1987, 555 ff.

– Neue Daten zum KSVG, ZUM 1987, 175 ff.

– Zur Änderung des Künstlersozialversicherungsgesetzes (KSVG), ZUM 1989, 1 ff.

Schneider, Hans: Gesetzgebungslehre, 2. Auflage, Heidelberg 1991.

Schoch, Friedrich: Der Kommunalverfassungsstreit im System des verwaltungsrechtlichen Rechtsschutzes - OVG Koblenz, NVwZ 1985, 283, JuS 1987, 783 ff.

Schreyer, Edith: Pluralistische Entscheidungsgremien im Bereich sozialer und kultureller Staatsaufgaben, Berlin 1982.

Schröder, Meinhard: Die Geltendmachung von Mitgliedschaftsrechten im Kommunalverfassungsstreit, NVwZ 1985, 246 f.

– Grundfragen der Aufsicht in der öffentlichen Verwaltung, JuS 1986, 371 ff.

– Die Bereiche der Regierung und der Verwaltung, in: Josef Isensee/Paul Kirchhof (Hrsg.): Handbuch des Staatsrecht der Bundesrepublik Deutschland, Band III, Heidelberg 1988, § 67, S. 499 ff.; zitiert: HdbStR III.

Schulin, Bertram: Sozialrecht, 4. Auflage, Düsseldorf 1991.

Schwerdtfeger, Gunther: Formen der Kooperation und der Koordination der Sozialversicherungsträger, SDSRV 34 (1991), 123 ff.

Seewald, Otfried: Herstellungsanspruch bei unterlassener Zusammenarbeit, SGb 1986, 133 ff.

Seufert, Leo: Die nicht erfüllten Gesetzgebungsgebote des Gundgesetzes und ihre verfassungsrechtliche Durchsetzung - Ein Beitrag zum Problem gesetzgeberischen Unterlassens, Diss. Würzburg 1969.

Spanner, Hans: Grenzen des Rechts zum Erlaß von Verordnungen und Satzungen nach der Rechtsprechung des Bundesverfassungsgerichts, BayVBl. 1986, 225 ff.

Starke, Klaus-Peter: Anmerkung zum Urteil des Bundesverfassungsgerichts vom 8.4.1987, AfP 1987, 590 f.

Staupe, Jürgen: Parlamentsvorbehalt und Delegationsbefugnis, Berlin 1986.

Stettner, Rupert: Grundfragen einer Kompetenzlehre, Berlin 1983.

Stober, Rolf: Kommunalrecht, Heidelberg 1987.

Störmer, Heinz: Das nicht erlassene Ausführungsgesetz, Diss. Heidelberg 1968.

Stößner, Rolf: Die Staatsaufsicht in der Sozialversicherung, 2. Auflage, Sankt Augustin 1978; zitiert: Staatsaufsicht.

Tervooren, Fritz: Die Auftragsangelegenheiten der gesetzlichen Krankenkassen, in: Horst Peters (Hrsg.), Sozialrecht und Sozialpolitik, Festschrift für Kurt Jantz zum 60. Geburtstag, Stuttgart/Berlin/Köln/Mainz 1968, S. 137 ff.; zitiert: FS für Jantz.

Tettinger, Peter J.: Rechtsanwendung und Kontrolle im Wirtschaftsverwaltungsrecht, München 1980; zitiert: Rechtsanwendung.

– Die Selbstverwaltung im Bereich der Wirtschaft - Verkehrswirtschaft, Energiewirtschaft, Banken und Versicherungen, in: Albert von Mutius (Hrsg.), Selbstverwaltung im Staat der Industriegesellschaft, Festgabe für Georg Christoph von Unruh, Heidelberg 1983, S. 809 ff.; zitiert: FS für von Unruh.

Tipke, Klaus/*Kruse*, Wilhelm: Abgabenordnung - Finanzgerichtsordnung, Kommentar zur AO und FGO, 12. Auflage, Band I, Köln 1986.

Triepel, Heinrich: Die Reichsaufsicht, unveränderter reprografischer Nachdruck der Ausgabe Berlin 1917, Darmstadt 1964.

Ule, Carl Hermann/*Laubinger*, Hans-Werner: Verwaltungsverfahrensrecht, 3. Auflage, Köln/Berlin/Bonn/München 1986.

Walecki, Rainer: Die Normsetzungspflicht des Gesetzgebers und ihre Erzwingbarkeit, Diss. Würzburg 1972.

Wegmann, Bernd: Die transferverfassungsrechtliche Problematik der Künstlersozialabgabe der Vermarkter, BB 1986, 1845 ff.

Westbomke, Konrad: Der Anspruch auf Erlaß von Rechtsverordnungen und Satzungen, Berlin 1976.

Weyreuther, Felix: Über die Rechtsnatur und die Rechtswirkung von Verwaltungsvorschriften, DVBl. 1976, 853 ff.

Wilke, Dieter: Bundesverfassungsgericht und Rechtsverordnungen, AöR 98 (1973), 196 ff.

Wolff, Hans J.: Organschaft und juristische Person, Band 1: Juristische Person und Staatsperson, Band 2: Theorie der Vertretung, berichtigter Neudruck der Ausgabe Berlin 1933/34, Aalen 1968.

Wolff, Hans J./*Bachof*, Otto: Verwaltungsrecht I, 9. Auflage, München 1974.

– Verwaltungsrecht II, 4. Auflage, München 1976.

Ziebeil, Reiner: Künstlersozialversicherungsgesetz (KSVG), Sankt Augustin 1989; zitiert: KSVG.

Zuleeg, Manfred: Die Ermessensfreiheit des Verordnungsgebers, DVBl. 1970, 157 ff.

– Hat das subjektive öffentliche Recht noch eine Daseinsberechtigung?, DVBl. 1976, 509 ff.

Papier | Fördert gute Waldnutzung
FSC® C083411

Kolibri 360 GmbH
Ferdinand-Jühlke-Straße 7
99095 Erfurt, Deutschland
produktsicherheit@kolibri360.de

Druck:
CPI Druckdienstleistungen GmbH
im Auftrag der
Kolibri 360 GmbH
Ferdinand-Jühlke-Str. 7
99095 Erfurt